Dora Prinz
mit Sabine Eichhorst

Ein Tagwerk Leben

Erinnerungen einer Magd

Dora Prinz
mit Sabine Eichhorst

Ein Tagwerk Leben

Erinnerungen einer Magd

Droemer

Zum Schutz der genannten Personen wurden alle Namen,
außer denen der Familienmitglieder, anonymisiert.

Besuchen Sie uns im Internet:
www.droemer.de

Die Folie des Schutzumschlags sowie die Einschweißfolie
sind PE-Folien und biologisch abbaubar.
Dieses Buch wurde auf chlor- und säurefreiem Papier gedruckt.

Originalausgabe April 2009

Umschlaggestaltung: ZERO Werbeagentur, München
Umschlagabbildung: FinePic®, München
Bildnachweis:
S. 2 und S. 285: FinePic®, München/H. Henkensiefken
S. 30, 107, 155, 175, 206, 258: Sabine Eichhorst
S. 36, 59, 73, 104, 140, 164, 225, 232, 236, 281: privat
Satz: Adobe InDesign im Verlag
Druck und Bindung: CPI – Ebner & Spiegel, Ulm
Printed in Germany
ISBN 978-3-426-27418-7

4 5 3

Die Hebamme

Im grauen Morgenlicht schwang der Bauer die Geißel und trieb die Gäule den schmalen Schotterweg entlang, der hinüber zum Stöckle-Hof führte. Neben ihm auf dem Fuhrwerk hockte die Hebamme, ihre Tasche fest gegen die Brust gepresst. Ich trat vom Fenster zurück. Zog eilig ein Hemd an, ein Kleid und eine Schürze, flocht das Haar zu einem Zopf. Dann weckte ich die Frida und die Monik und lief die Stiege hinunter in den Hausgang.

Draußen lag Nebel über den Wiesen, die Wolken hingen tief. Kalter Wind blies. Im Stall beim Vieh war es warm. An einem Balken über dem Gang hing eine Petroleumlampe, in ihrem schummrigen Licht drängten sich die Kühe aneinander, die Emma rieb ihren Kopf am Hals von der Rosa, die Rosa schlug nach Fliegen.

»Zur Nachbarin ist die Hebamme unterwegs.«

Die Mutter sah hinter der Rosa hervor. »So früh?« Sie schlug geschwind ein Kreuz, mit der anderen Hand wehrte sie den Schwanz der Rosa ab.

Ich nahm einen Melkschemel, strich der Emma über den Rücken und hockte mich ins Stroh. Die Emma ist schon immer meine Lieblingskuh gewesen, ein prächtiges Allgäuer Braunvieh mit kurzen, dicken Hörnern.

»Gestern hat die Stöckle-Bäuerin noch Holz gemacht«, seufzte die Mama und wandte den Kopf zur Seite, damit Rosas Schwanz sie nicht traf. Ihre Hände waren geschickt, mit gleichmäßigem Strahl lief die Milch in den Eimer. Auch Emmas Euter war prall. Ich wischte es sauber und strich mit den Daumen über die Zitzen, bis die Milch herausschoss. Die Emma bog den Kopf und schnupperte an meiner Schulter. Aus ihren Nüstern quollen weiße Dampfwolken, auf ihrer Nase tanzten Fliegen. »Bist ein feines Tier«, murmelte ich, »bist die Beste …« Die Emma gab immer die meiste Milch und verlor nie die Ruh.

Die Mama stand auf, goss Rosas Milch in eine Kanne und hockte sich unter die nächste Kuh. Schweigend molken wir, beide in Gedanken bei der Nachbarin. Das Vieh schnaufte, hier und da ein Schmatzen, ein hungriges Muhen, das Klirren der Ketten. Wir füllten Heu in die Traufe und Wasser nach, gabelten altes Stroh in einen Schubkarren und breiteten frisches aus. Ich stellte Milch fürs Frühstück beiseite, zog eine Jacke an, verschloss die Kanne mit einem Deckel und schnallte sie mir mit zwei ledernen Riemen auf den Rücken.

Über den Hügeln lag fahles Licht, der Nebel löste sich nur langsam. Ich klappte den Kragen hoch. Der Weg, der an unserem Haus entlangführte, machte eine Kurve und führte zu einem Wäldchen, kahle Fichten, die sich bis zum Ufer des Hinterweihers hinunterzogen. Wind schlug mir ins Gesicht und bei jedem Schritt spürte ich, wie die Milch in der Kanne schwappte. Auf dem Schotter lagen vertrocknete Fichtennadeln und eine dünne Schicht Reif, die Tropfen glänzten auf den Steinen. Ein Vogel rief, ein anderer antwortete. Am Wegkreuz unter dem schäbigen Holzstand lagen frische Blumen. Hinterm Wald tauchte rechts in einer Senke die Mühle auf, der Knecht lud Säcke auf einen Wagen, ein Hund bellte. Ich winkte und lief weiter zur Dorfstraße und hinauf zur Käserei.

Wieder daheim, saßen die Frida und die Monik in der Stube. Im Ofen prasselte Feuer und die Katze schlief auf dem Kanapee. Hungrig setzte ich mich an den Tisch, trank einen Schluck Milch. »Wo ist der Sepp?«, fragte der Papa. »Der Bub verschläft den ganzen Tag.«

»Er ist noch klein.« Die Mama stellte eine Kanne Malzkaffee auf den Tisch.

»Helfen könnt er schon.« Der Papa tauchte seinen Löffel in die Mehlsuppe. Die Mama sagte nichts, goss nur Kaffee ein und brach drei Stück Brot für die Frida, die Monik und mich.

Später, als der Vater in den Wald und meine Schwestern nach Herlazhofen zur Schule aufgebrochen waren, ging die Mutter in die Speis. Mit Mehl, Eiern und Zwetschgen kehrte sie zurück.

Am Nachmittag, als die Hebamme heimfuhr, hatte die Stöckle-Bäuerin ihr zehntes Kind geboren.

Der Kuchen war noch warm, als die Mutter ihn in ein Tuch schlug. Die Frida und die Monik hatten ihre Schulkleider gegen Werktagskleider getauscht und saßen in der Stube über ihren Hausaufgaben. Der Vater öffnete die oberste Schublade der Kommode, nahm den Kamm heraus, spuckte darauf und fuhr sich durchs Haar. Er setzte seinen Hut auf, betrachtete sich in der Spiegelscherbe neben dem Ofen, zog die Hosenträger straff und seine Jacke an. »Gehen wir«, sagte er und nahm den Sepp bei der Hand.

Es war dunkel und es regnete, als wir zum Stöckle-Hof liefen.

In der Stube waren die Scheiben beschlagen. Es roch nach Pfeifentabak und Most. Verwandte und Nachbarn hatten Kuchen mitgebracht, manche Kleidung für das neue Baby. Kinder spielten Ringewerfen, ein paar kleine hockten barfuß und in Kitteln auf dem Dielenboden und schauten zu. Die Mama stieg mit der Frida, der Monik und mir die Stiege hinauf zu den Schlafkammern. Blass und müde lag die Kindbetterin zwischen den Kissen. Das Baby schlief in einer Wiege. Es hatte schmale Augen, eine winzige Nase und runzlige Wangen. Die Monik kniete nieder. »So ein süßes Butzele …«

Die Frida hatte Tränen in den Augen und sprach ein Gebet. Die Hebamme, ein kräftiges Weib mit schwarzem Haar und groben Gesichtszügen, stopfte blutige Laken in einen Korb. Leise hörte ich sie zur Mama sagen: *Schlechte Lage … Füße zuerst …*

Später drängten sich alle in der Stube. Ein paar Weiber schnitten Zwetschgendatschi und Hefezopf auf, und ich half und wusch in der Küche Teller und Gläser. Die Hebamme stand am Herd und rührte in einem Kessel. Sie erzählte von einer Bäuerin in Ottmannshofen, die vor kurzem ihr zweites Kind bekommen hatte. »Ein Bub, gesund und kräftig. Aber den Pfarrer haben's dagehabt, weil das erste Kind, ein Mädle, bald nach der Geburt gestorben ist.«

»Heiliger Vater …«, seufzte die Bäuerin vom Geissler-Hof.

Ich stapelte Kuchenstücke auf einen Teller, und die Hebamme sah zu. Dampf umhüllte ihre groben Züge und ließ sie weicher wirken. Doch ihr Blick machte mich nervös. »Wie alt bist, Mädle?«

Ich strich meine Zöpfe glatt und streckte die Schultern. »Sechzehn.«

Schwarz ragten die Bäume in den Himmel, als wir aufbrachen. Eine Krähe schrie, und im Stall trat ein Ross gegen die hölzerne Wand. Der Regen hatte nachgelassen, doch der Wind blies scharf und der Vater zog den Hut tiefer ins Gesicht und rief: »April, der Spektakel macht, bringet Heu und Korn in Pracht.«

»Bringet Heu in Korn und Pracht …«, plapperte der Sepp, der sich Mühe gab, mit dem Vater Schritt zu halten. Die Frida, die Monik, die Mama und ich lachten und hakten einander unter.

Daheim ging der Vater in den Stall und sah noch einmal nach dem Vieh. Er spritzte jeder Kuh und den beiden Gäulen ein wenig Weihwasser auf die Stirn und wünschte allen eine gute Nacht. Die Mama brachte den Sepp zu Bett. »Und ihr Mädle geht auch schlafen.«

Auf Socken hüpften wir die Stiege hinauf zur Schlafkammer, banden uns gegenseitig die Schürzen auf, zogen die Kleider aus und schlüpften in Unterwäsche unter die kalten Decken. Wir stritten um die Bettflasche, und grad hatte ich sie unter Fridas Füßen hervorgezogen, da rief der Vater meinen Namen. Ich zog eine Weste über und lief hinunter.

Am Tisch in der Stube saß die Hebamme.

»Ich will nicht lange herumreden, Dora. Der Bauer in Ottmannshofen sucht ein Mädle zum Helfen. Willst hingehen?« Im Ofen brannte Feuer und auf der Ofenstange hingen Socken, ein Hemd und Fridas blaue Schürze. Es roch nach Holz und auch ein wenig nach den Krautknödeln vom Nachtessen. Ich hockte mich auf die Ofenbank. »Er hat gesagt, ich soll mich umhören, weil ich in viele Häuser komm.« Die Hebamme sah mich an, wieder mit diesem prüfenden Blick. Eine Fliege landete auf meinem Kinn. Die Pendeluhr schlug; es war Viertel vor zehn.

Die Mutter ging in die Küche und kam kurz darauf mit einem Krug Most zurück. Sie schenkte dem Vater und der Hebamme ein, ihre Hand zitterte ein wenig. Die Hebamme strich ihren Kragen zurecht. Ihr Haar war zu einem dünnen Zopf geflochten, und ihr Gesicht leuchtete im Schein der Petroleumlampe. Sie griff nach einem Becher, hielt ihn mit beiden Händen und trank in kleinen Schlucken. Ich sah von ihr zum Vater und vom Vater zur Mutter.

»Musst selbst wissen, ob du gehen willst«, sagte der Papa.

»Wir schicken keins von euch Kindern fort«, sagte die Mama.

Ich schaute auf meine Füße, die in gestopften Socken steckten und kaum den Boden berührten.

In der Früh feuerte die Mutter den Ofen. »Geh schon vor, ich komm gleich.«

Ich zog meine Stallkleider an, nahm eine Lampe und ging zum Vieh. Die Emma leckte der Rosa den Hals und die Berta scharrte mit ihren Klauen im Stroh. Ich nahm einen Melkschemel. Kaum fuhr ich mit den Daumen über die Zitzen, kam auch schon die Milch. »Bist eine ganz feine Kuh.« Die Emma schmatzte und schüttelte ihren riesigen Kopf.

Es dämmerte, als alle Kühe gemolken und gefüttert waren. Der Vater lud die Milchkanne auf, um sie zur Käserei zu fahren, während die Mama und ich frühstückten und in unsere Sonntagskleider schlüpften, um nach Mariä Himmelfahrt in Gebrazhofen zu pilgern.

Es war der Schmerzhafte Freitag.

Die Luft war kühl und frisch. Morgensonne schien auf die Hügel, ließ das Gras leuchten. »So wie die Weiden daliegen, möcht man grad eine Kuh sein«, sagte die Mutter und stieg aufs Fahrrad. Ich raffte meinen Rock und hockte mich auf den Gepäckträger.

»Mir ist's lieber, du bist keine«, lachte der Vater, lud die leere Milchkanne ab und schirrte die Gäule aus.

Im Wald schrie ein Eichelhäher, und nahe dem Wegkreuz hatten Wildschweine Löcher gegraben und sich in feuchter Erde gesuhlt. Die Mutter trat in die Pedale. »Halt dich gut fest.«

Beim Hinterweiher glänzte das Wasser dunkel, fast schwarz, weil der Regen Torf aus dem Winnismoos heruntergespült hatte. Alle Äcker waren frisch geeggt, auf manchen rupfte der Wind an den zarten Blättern von grad gesetzten Kartoffeln oder Kohlrabi.

Immer wieder dachte ich an die Hebamme.

In Toberazhofen nahm die Mutter den Weg Richtung Nannenbach. Grüne Hügel zogen sich bis zum Horizont, dahinter sah man die Alpen. Hier und da schmiegte sich ein einzelner Hof in eine Talmulde. Ein Weiler, ein paar Bäume. Ein Heustadel. Ein Güllewagen am Ackerrain.

Ich dachte an die fremde Bäuerin.

»Obacht!«, rief die Mama. Im selben Moment polterte das Rad durch ein Schlagloch, beinahe hätte es mich vom Gepäckträger geworfen. Die Mama lachte. »Halt dich gut fest, es wird uneben.« Sie lenkte das Rad durch Kuhlen und über Steine und ich schlang beide Arme um ihren Bauch. Am Himmel trieb der Wind Wölkchen vor sich her wie eine Glucke ihre neugierigen Küken.

Nach einer Weile tauchten in der Ferne der Buchwald und die Kirche von Gebrazhofen auf. Die Kirche mit ihrem mächtigen Glockenturm lag auf einem Hügel und überragte das gesamte Dorf. Ihr Geläut war weithin zu hören. Jedes Jahr strömten die Leut aus den umliegenden Dörfern am Freitag nach dem ersten Fastensonntag nach Mariä Himmelfahrt, um vor dem Bild der Muttergottes niederzuknien und zu beten.

Im Dorf auf dem Platz am Fuß des Kirchenhügels drängten sich die Wallfahrer und aus allen Straßen liefen immer mehr Weiber und Mannsbilder und Mädle und Buben herbei. Die Mutter hielt an, ich stieg ab. Wir schoben das Rad, lehnten es schließlich gegen die Mauer, die den Kirchplatz umgab, und reihten uns ein in die Menge, die die Stufen hinaufschritt, die Hände andächtig gefaltet. An den Gedenksteinen für die Gefallenen und Vermissten des Ersten Weltkriegs hielten manche kurz inne. Das Kreuz auf dem

Dach der Kirche glitzerte in der Sonne, die hohen Fenster funkelten.

Durch eine eher unauffällige Holztür traten wir ins Innere. Es roch nach Weihrauch und feuchtem Gemäuer. Im Gestühl saßen die Leut dicht beieinander, es gab kaum noch Sitzplätze, doch die Mama zog mich mit sich und wir schoben uns auf einen freien Platz neben einer Säule unter der Empore, auf der der Organist sich einspielte. »Hier sehen wir gut.« Die Mutter strich mir übers Haar und richtete meinen Kragen.

Hinterm Altar hing das goldgerahmte Bild der Muttergottes.

Auch die Kanzel war prächtig geschmückt, an den Seitenwänden des Kirchenschiffs hingen Bilder und geschnitzte Figuren von Heiligen. Überall schlugen Mannsbilder Kreuze und fromme Weiber knieten in den Bänken, Rosenkränze in den faltigen Händen.

Gegrüßet seist du, Maria,
voll der Gnade,
der Herr ist mit dir,
du bist gebenedeit unter den Weibern,
und gebenedeit ist die Frucht deines Leibes,
Jesus …

Hunderte Stimmen beteten, so innig, dass einem das Herz schneller schlug.

Nach der Messe radelten wir eilig heim. Die Sonne wärmte, doch ein kalter Wind fuhr uns ins Gesicht. Die Mutter stemmte sich dagegen, trat in die Pedale, den Rücken gebeugt, die Hände fest um das Lenkrad geklammert. Ich hielt mich an ihr fest und schmiegte meine Wange in ihre Jacke.

Hinter dem Wegkreuz, kurz bevor der Weg in einer

langen Kurve auf unser Haus zuführte, hielt die Mutter an. Sie hieß mich absteigen. Ihre Wangen waren gerötet und ihr Blick traf mich ins Herz. Sie strich eine Haarsträhne hinters Ohr, die sich aus ihrem Dutt gelöst hatte. »Was wirst tun?«

Ich schluckte. »Ich werd schaffen.«

Den Rest des Wegs schob ich das Fahrrad und die Mama war ganz still.

Daheim hatten die Frida und die Monik Kartoffeln geschält. Ich band eine Schürze um, gab Fett in eine Pfanne und rieb die Kartoffeln zu Mus. Die Mama schnitt Suppengrün, und wieder zitterten ihre Hände. Später trug die Frida die heiße Suppe in die Stube und der Papa sprach ein Tischgebet.

Schweigend aßen wir zu Mittag.

Nach dem Essen stieg ich in die Kammer hinauf, packte Wäsche, zwei Paar Socken, ein Kleid, zwei Schürzen und mein Gebetbüchlein in einen kleinen Koffer. Ich umarmte die Frida und sie sprach ein Vaterunser. Ich umarmte die Monik und der Sepp rief: »Jetzt nehm ich dein Kopfkissen!« Ich gab ihm einen Klaps.

Im Stall sagte ich der Emma und den anderen Kühen Lebewohl. Ich verabschiedete mich von den Gäulen, den Katzen, dem Hund und dem Papa, der im Tor stand und auf einem von seinen Zigarrenstumpen kaute, die ich so mochte, weil sie so gut rochen.

Vor der Scheune stand die Mama mit dem Fahrrad.

Wir bogen um die Kurve und folgten dem Weg am Ufer des Hinterweihers, am Wegkreuz vorbei und weiter in den Wald hinein. Über den Bach und vorbei an der Mühle. Die Mama radelte, ich lief nebenher, denn auf dem Gepäckträger hatte der Papa meinen Koffer befestigt.

In Herlazhofen bogen wir auf die Dorfstraße, liefen am

Pfarrhaus hinunter ins Unterdorf und hinaus aus dem Ort. Vor uns lagen flache Weiden, die sich bis an die Ränder der Stadt zogen und zwischen denen sich ein Schotterweg wie ein dunkles Band hindurchschlängelte. Vor der Feldkapelle flogen Stare auf. Eine Katze spielte mit einer toten Maus.

»Der Sepp hat mein Kopfkissen genommen«, sagte ich.

»Ja«, sagte die Mama.

In Leutkirch waren die Gassen voll, Weiber trugen Einkaufskörbe, manche schoben Kinderwagen, Mannsbilder fuhren mit Fahrrädern über das Pflaster, dass die Reifen klapperten. Die Mutter stieg ab und schob unser Rad. Wie jedes Mal staunte ich über die vielen Läden. Vor einem Lebensmittelgeschäft in der Marktstraße blieben wir stehen. Regale bis unter die Decke waren gefüllt mit Dosen, Flaschen und bunten Schachteln. Neben der Kasse auf der Theke hatte der Kaufmann Konservendosen zu einem Turm gestapelt. Einmal hatte der Vater eine Fischkonserve heimgebracht, eine Dose mit Heringen. Zuerst schmeckte der Fisch seltsam streng und salzig, doch mit einem Stück Brot war er köstlich.

»Lass uns weitergehen.« Die Mutter zog mich vom Schaufenster fort und hielt auf den Marktplatz zu. Am Brunnen am Gänsbühl standen zwei Männer in Uniform, und als ein Herr mit einem Hut vorbeilief, grüßten sie mit ausgestrecktem Arm. Der Herr nickte und eilte weiter. Auf dem Marktplatz verkaufte ein fliegender Händler bunte Tücher. Im Sommer zum Kinderfest stand unter den Bäumen, wo jetzt die Koffer und Körbe des Händlers überquollen, ein Karussell. Waren wir beim Heuen fleißig gewesen, war der Vater immer mit uns nach Leutkirch gefahren, wir hatten dem Festumzug zugeschaut und für zehn Pfennig Kettenkarussell fahren dürfen.

Wenn ich fortging, gab es daheim einen Esser weniger.

Beim Spital bogen die Mutter und ich ab. Die Sonne stand nun hoch. Seit einer Stunde waren wir unterwegs und hatten die Hälfte des Wegs hinter uns. Er war breit, aber steinig und staubig und führte nun steil bergan. Ab und zu überholte uns ein Auto, doch die meisten Leut waren mit Fuhrwerken oder Fahrrädern oder zu Fuß unterwegs. Links und rechts wuchsen Fichten, ab und zu eine Weißtanne oder Buche, doch sie warfen keine Schatten. Der erste Hügel machte mir nichts aus, doch beim zweiten begann ich zu schwitzen und die Mama schob das Rad. »Die Bäuerin ist ein gutes Weib«, sagte sie, ein wenig außer Atem. »Sie ist von Herlazhofen, sie hat Verwandtschaft im Dorf.«

»Und der Bauer, von wo kommt der?«

»Der ist von Ottmannshofen.«

Als wir den dritten Hügel erklommen hatten und aus dem Wald heraustraten, erstreckten sich zu beiden Seiten weite Wiesen. Höfe mit Schindeldächern und Scheunen und Häuser mit bunt bemalten Fensterläden und hölzernen Giebeln zogen sich den Hügel hinab. In einer Schreinerei fragten wir nach dem Futscher-Hof. Umständlich beschrieb der Schreiner den Weg zum Dengler-Hof, von dort sei es nicht mehr weit.

Wir liefen am Feuerwehrhaus vorbei. Aus einer Schmiede dröhnten Hammerschläge und Dengelgeräusche, es roch nach Feuer. An der Kirche, die etwas abseits am Hang lag, machte der Weg einen Knick. »Der Bauer und die Bäuerin werden dich sicher mit zur Messe nehmen«, sagte die Mama.

Ich nickte.

Am Ortsausgang gabelte sich der Weg, ein Pfad führte in die Äcker, doch wir folgten dem Schotterweg, der langsam bergab lief. Vor uns lag eine Senke und darin verstreut duckten sich einzelne Höfe.

»Dort muss es sein.« Die Mama deutete auf ein Gehöft. Wir liefen langsamer. Zwei Vögel zogen in gerader Linie über das weite Tal.

Feiner, kalter Regen setzte ein, als wir den Futscher-Hof erreichten. Am Wegrand stand eine mächtige Linde, erste Knospen sprossen an den Zweigen. Hinter einer Scheune mit schiefem Dach, als wollte es sich verstecken, lag das Wohnhaus, grau und etwas schäbig. Im Schutz einer Hecke hatte jemand einen kleinen Garten angelegt, Hühner liefen umher und ein schwarzbrauner Spitz sprang hinter einem Holzstapel hervor. Zögernd hielten die Mutter und ich auf eine Tür zu.

»Geht's vorn rein!« Ein Weibsbild warf das Stalltor hinter sich zu und stapfte davon, ohne uns weiter zu beachten. Ihre Füße steckten in Holzpantinen, die ihr viel zu groß waren.

Die Mama und ich schauten uns an. Dann liefen wir ums Haus herum.

Die Bäuerin mit ihrem Baby im Arm öffnete, als wir an die vordere Tür klopften. »Grüß Gott«, sagte die Mama.

»Grüß Gott«, sagte ich.

»Kommt's herein«, sagte die Bäuerin. Sie war ein schönes Weib, schmal, das blonde Haar zu einem Knoten gebunden. Ihre Augen leuchteten grün wie das Wasser in einem Weiher im Wald. Das Baby war so runzlig und rotbackig wie das von der Nachbarin daheim.

»Du bist also die Dora.«

Ich nickte. Das Baby rülpste.

»Man hat uns schon ausgerichtet, dass du kommst. Der Ullrich, der Bauer, ist draußen. Ich geh ihn holen.« Sie deutete auf eine Tür. »Geht's ruhig in die Stube und wartet dort.«

Unsere Schuhe waren voller Dreck, drum zogen wir sie aus und ließen sie im Hausgang stehen. Auf Socken betraten wir die Stube. Sie war groß, größer als daheim. Der Ofen brannte und es war sehr warm. Der Ofen hatte einen weiß gekalkten Sockel und darüber grüne Kacheln mit hübschen Verzierungen. Auf der Ofenbank lagen weiche Kissen, auf der Ofenstange hing ein Leintuch. Es gab ein Kanapee, ein Spinnrad und einen großen Tisch mit gedrechselten Beinen, eine Eckbank, mehrere Stühle. Im Herrgottswinkel stand die Jungfrau Maria unter einem Kreuz, zu ihren Füßen eine Kerze und ein Kranz aus getrockneten Schneeglöckchen.

»Du musst nicht fort, wenn du nicht willst«, flüsterte die Mama und suchte meinen Blick.

»Aber ich tät Geld verdienen, wenn ich hier schaff«, flüsterte ich.

Im Hausgang polterten Schritte. Im nächsten Moment blies ein kalter Wind zur Tür herein. »Grüß Gott!«

»Grüß Gott«, antworteten die Mama und ich wie aus einem Mund.

Der Bauer war ein kräftiger Mann mit knochigem Gesicht, spitzem Kinn und dicken wilden Locken. Er wirkte riesig, als er nur ein paar Schritte entfernt von mir stehen blieb und auf mich herabschaute. »Bist ja noch ein Mädle«, sagte er und maß mich mit einem Blick, so wie ein Viehhändler ein Kalb betrachtet.

Ich straffte die Schultern. »Aber ich kann schaffen.«

Er hob sein Kinn und schnaubte: »Wie groß bist?«

Mit fester Stimme sagte ich: »Einen Meter vierzig.«

»Das ist nicht groß.« Er schnaubte wieder. An seiner Weste hing eine Uhrkette, in seinen Mundwinkeln klebten Krümel. Seine dicken Locken waren voller Staub und er roch nach Feuer. Er pulte in seinem Ohr, fuhr sich durchs Haar, musterte mich. Mir war, als würden Stunden vergehen. Dann schlug er in die Hände und reichte mir seine riesige, rissige Pranke. »Aber die Hebamme sagt, du bist ein gutes Mädle.«

»Ich hab daheim müssen melken, mähen und misten. Ich kann Holz hacken, dreschen und Mehl machen. Ich kann kochen, buttern, nähen, stopfen, einwecken. Ich hab …« Ich machte eine Pause und schaute dem Futscher-Bauern mitten ins Gesicht. »Ich hab sogar schon allein einer Kuh ihr Kalb geholt.«

»Soso.« Er rieb sein Kinn. »Und wie alt bist, Mädle?«

»Sechzehn.«

»Und wie viele Kinder seid's daheim?«

»Vier.«

»Da muss die Älteste beizeiten fort.«

Ich sagte nicht, dass ich Geld verdienen wollte. Ich sagte gar nichts. Stand nur still dort und wartete ab, was geschah.

»Warum gehst nicht zu Verwandten?«, fragte der Bauer.

»Das ist selten gut, lieber zu Fremden«, gab ich zurück.

»Gut.« Der Bauer zog die Uhr aus seiner Westentasche, klappte sie auf und wieder zu. »Kriegst zehn Reichsmark im Monat.«

Ich nickte.

»Dafür musst ordentlich schaffen!«

Wieder nickte ich.

Bald darauf fuhr die Mutter heim. Es war der 11. April 1936.

Als ich später am Nachmittag in die Küche kam, stand eine Kasserolle auf dem Herd, an ihren Rändern klebte eingetrocknete Milch. Auf dem Boden lagen Reisigreste und kalte Asche. Ich band die Bänder meiner Schürze fester, klaubte das Reisig zusammen, sammelte ein paar schmutzige Kellen, Schöpfer und Rührlöffel ein, füllte Wasser aus einem Topf in die Kasserolle und scheuerte, bis die Ränder glänzten.

Im Kamin neben dem Herd rumpelte es.

Ich nahm einen Besen, der an einem Schrank lehnte, und fegte die Asche zusammen. Ordentlich reihte ich die Töpfe auf, hängte die Schöpfkellen an die Stange über dem Herd, legte den Schürhaken neben die Luke. Auf einem gemauerten Sims standen drei graue Tonkrüge, ein blauer Krug mit Most und ein Butterfass. Ich öffnete die Schranktür; drinnen waren Teller, Schüsseln, Becher und Tassen gestapelt. Die Bäuerin besaß einiges Geschirr.

Im Kamin polterte es.

In der Schublade unterm Herd fand ich Feuerholz, doch es war kein Reisig zum Schüren da. Ich lief hinaus in den Hausgang. Unter der Treppe lagen sauber aufgestapelt Holzscheite, daneben gebundenes Reisig. Ich nahm ein Bündel.

»Die ist ja schon ganz daheim«, sagte eine Stimme.

Ich fuhr zusammen. In der Stubentür stand die Bäuerin mit ihrem Baby im Arm, dahinter drängte sich ein kräftiges Weibsbild in einer geblümten Schürze. »Ich hab Feuer machen wollen«, sagte ich, es klang fast wie eine Entschuldigung.

»Ist schon recht«, sagte die Bäuerin. Das Baby greinte leise.

»Aber das Feuer muss warten«, rief das Weibsbild in der geblümten Schürze, lauter, als es nötig war. »Der Kaminkehrer ist gekommen!« Die Bäuerin trat beiseite und das Weib drängelte sich vor wie ein neugieriges Mädle. Sie war größer als ich und kräftig, ihr Haar leuchtete wie reifer Weizen.

»Das ist die Cecilia, eine Schwester vom Bauern«, sagte die Bäuerin, schaukelte das Baby und strich sich eine Haarsträhne aus dem Gesicht. Die Cecilia kicherte.

Ich stand dort, das Reisigbündel in den Händen, und wusste nicht, was ich sagen sollte.

»Komm mit.« Die Bäuerin schob mich in die Küche. »Besser, du bist rührig, als wenn ich dir alles sagen muss.«

Im Kamin krachte und kratzte es.

Ich legte das Reisig in die Schublade unterm Herd und wischte mir die Hände an der Schürze ab. »Kannst kochen?«, fragte die Bäuerin.

Ich nickte.

»Was kannst kochen?«

»Kartoffelsuppe, Erbsenbrei und Krautnudle.«

»Da musst du aber noch manches lernen!« Die Cecilia stand im Türrahmen, beide Hände in die Hüften gestützt. Die geblümte Schürze spannte über ihrer Brust. Sie gab ein gurgelndes Geräusch von sich; ich war sicher, dass es nicht das Baby war.

»Lass gut sein, Cecilia. Die Dora ist grad den ersten Tag hier.«

»Maultaschen kann ich auch.« Ich straffte die Schultern. »Und Biskuit-Torte!« Entschlossen hielt ich Cecilias Blick stand. Sie lachte, es klang ein wenig dümmlich.

Draußen im Hausgang polterten Schritte. Die Cecilia schlug die Augen zum Himmel. Das Baby begann zu weinen. »Ssscht …«, machte die Bäuerin und strich dem Kind über den Kopf.

»Grüß Gott!« Ein Mannsbild in schwarzen Hosen und einer schwarzen Jacke, die ein breiter Gürtel zusammenhielt, betrat die Küche. Über seiner Schulter hing ein Seil mit einer schweren Eisenkugel am einen und einer Bürste mit festen, staubschwarzen Borsten am anderen Ende. Er sah sich um, schloss die Tür hinter sich und ging hinüber zum Schornstein. Mit jedem Schritt hinterließ er einen schwarzen Fußabdruck auf den Holzdielen, und die Cecilia rollte die Augen. Aus einer Schlaufe an seinem Gürtel zog der Kaminkehrer einen Haken und klopfte damit gegen die Tür am unteren Ende des Kamins. Das Baby schrie. Cecilia versuchte, den Buben zu trösten, doch es klang, als würde sie ihn ausschimpfen, ihre Stimme war laut und er schrie noch lauter. Der Kaminkehrer hockte sich nieder und öffnete die Luke. Im selben Moment stürmte ein Bub zur Tür herein. »Meister …«

Eine Rußwolke fuhr aus dem offenen Kamin.

»Herrschaftszeiten!« Der Kaminkehrer sprang auf, hustete und wischte sich die Augen. Die Bäuerin breitete einen Schürzenzipfel über den Kopf des Babys und lief hinaus, die Cecilia hinterher, schimpfend und hustend.

»Mei… Meister …«, stammelte der Lehrbub, der ebenfalls schwarze Hosen und eine Jacke mit einem breiten Gürtel trug und wie angewurzelt stehen blieb. »Ich … ich wollt … ich wollt nur …« Sein Gesicht war dunkel, nur das Weiß seiner Pupillen leuchtete. Er war höchstens ein, zwei Jahre älter als ich.

»Was willst!? Dir ein paar saftige Ohrfeigen fangen?«

»Nein, Meister … ich mein … ohh, Meister …«

»Verschwind!« Der Kaminkehrer wischte sich den Ruß aus dem Gesicht und je mehr er wischte, desto schwärzer wurde es. Auch ich hustete. Meine Augen brannten und tränten und ich sah, wie in der ganzen Küche feiner schwarzer Staub herniederregnete und sich auf Töpfe, Krüge, Bänke, Dielen legte.

Nachdem der Kamin geputzt war und der Kaminkehrer und sein Lehrbub wieder fort waren, machte ich Feuer und setzte einen Kessel Wasser auf. Mit heißem Wasser,

Seife und einem Lumpen schrubbte ich den Herd und den Sims, die Krüge und die Kasserollen. Ich nahm alle Teller und Schüsseln und Becher aus dem Schrank und spülte sie und putzte jedes Fach, bevor ich das Geschirr zurückstellte. Zum Schluss warf ich den Lumpen ins Feuer und scheuerte den Boden mit einer Bürste.

Draußen dämmerte es. Mein Gesicht spiegelte sich in einer Fensterscheibe. Das Weiß meiner Pupillen leuchtete. Ich sah aus wie die Kaminkehrer, schwarz vom Scheitel bis zu den Füßen.

Im Stall nahm die Bäuerin mich beiseite. »Melken kann ich, wir haben daheim sechs Kühe.«

»Trotzdem werd ich schauen, ob du es recht machst.« Sie reichte mir einen Eimer. Ein Kälbchen blickte neugierig auf. »Bist ein liebes Mockele«, sagte ich und strich ihm über die Stirn. Das Kalb hob den Kopf und leckte meine Hand. Die Kuh sah aufmerksam zu. Ich klopfte ihr auf die Flanke, streichelte ihren faltigen Hals und tat auch ihr schön, damit sie keine Angst um ihr Junges hatte. Dann hockte ich mich ins Stroh. Mit dem Schürzenzipfel wischte ich Stroh vom Euter, fuhr mit den Daumen über die Zitzen und schon floss die Milch. Zügig wechselten meine Hände zwischen den Zitzen hin und her, strichen auf und ab und drückten, bis das Euter leer war, molken gründlich noch den letzten Rest aus. Das Kalb leckte mit seiner rauhen Zunge über meinen Arm. Die Bäuerin nickte und reichte mir einen Melkschemel.

Gemeinsam molken wir zwölf Kühe. Die Cecilia warf Futter vom Heuboden, ein anderes Weib, das ihr sehr ähnlich sah, fütterte das Vieh, der Bauer mistete. Die Kühe kauten, zermalmten das Futter zwischen ihren Zähnen und ab und zu hob eine den Schwanz und ein kräftiger Strahl ergoss sich ins Stroh.

»Kommst mit?«, fragte der Bauer, als er die Milchkannen auf den Karren lud. »Milch fortbringen zur Käserei?«

»Freilich.«

Er trieb den Gaul an, ich lief hinterher. Auf dem unebenen Weg den Hügel hinauf schaukelten die Kannen, und ich gab acht, dass keine umfiel. Der Himmel hing voller Wolken. Wind rauschte durchs Gras, und am Wegrand blühten Palmkätzchen, die kleinen Blüten glänzten silbern. »Das war eine rechte Freud in der Küche, gell?« Der Bauer verzog sein knochiges Gesicht zu einem Grinsen. »Dein Einstand!« Er lachte und sein spitzes Kinn sah noch spitzer aus.

»Ist schon recht«, antwortete ich. Der Karren holperte durch Senken und Mulden, über Steine und Äste. Der Bauer schnalzte und trieb den Gaul an, doch das Ross war müde. Ich lehnte mich gegen die Rückwand und schob.

»Schaffst du's?«

»Freilich!«

Leichter, kalter Regen setzte ein. Ich klappte den Kragen meiner Jacke hoch, stemmte mich gegen den Karren und jedes Mal, wenn der Gaul nachließ, schob ich die Milchkannen den Hügel hinauf. Der Bauer zog ein Taschentuch hervor, wischte sich über die Stirn und schneuzte sich. Sein Blick maß mich, doch bevor er etwas sagen konnte, rief ich: »Ist schon recht!«

Der Gaul schnaubte. Ich schwitzte.

In der Käserei goss der Käser die Milch in einen Kessel. Seine weiße Gummischürze reichte bis zum Boden, darunter trug er blaue Hosen und ein graues Hemd, die Ärmel hatte er bis über beide Ellbogen aufgekrempelt. Er wartete, bis der Messbalken an der Milchwaage die Menge anzeigte, dann zog er einen Bleistift hinterm Ohr hervor, nahm aus einem Setzkasten an der Wand das Kontoheft des Bauern und trug die Zahlen ein. Der Senn füllte die Milch in den Milchkühler. Im Hintergrund glänzten die kupfernen Käsekessel.

Auf dem Heimweg spannte der Bauer aus und führte den Gaul am Geschirr, während ich den Karren mit den leeren Milchkannen den Hügel hinabzog. Der Weg erschien viel kürzer. »Wie weit ist es vom Hof zur Käserei?«

»Einen Kilometer.« Der Bauer runzelte die Stirn. »Warum, machst schlapp?«

»Bestimmt nicht. Daheim ist der Weg doppelt so weit.« Allerdings führte er erst auf den letzten zweihundert Metern bergan, doch das sagte ich nicht.

Während der Bauer den Gaul ausschirrte, wusch ich die Milchkannen aus. »Und?«, fragte der Bauer, als wir ins Haus gingen. »Willst bleiben?«

»Freilich.«

Zum Nachtessen fanden sich alle in der Stube ein. Der Bauer saß oben am Tisch, neben ihm die Bäuerin, gegenüber die Cecilia und das weizenblonde Weib, das sicher ihre Schwester war. Geschwind rutschte ich auf die Bank neben die Bäuerin. Die, die die Mutter und mich so barsch angefahren hatte, trug Gelbe-Rüben-Suppe, eine Schüssel mit Schupfnudeln, einen Laib Brot, Käse und Most auf. Dann setzte sie sich ans Ende des Tischs. Der Bauer war das einzige Mannsbild; es gab wohl keinen Knecht auf dem Hof. Er faltete die Hände und sprach das Tischgebet.

Herr, segne uns und diese Gaben, die wir von deiner Güte empfangen haben, durch Christus, unseren Herrn. Amen.

Dann griff er nach seinem Löffel und deutete mit dem Stiel auf mich. »Das ist die Dora.«

Alle sahen auf. Wie Kühe die Köpfe heben, wenn ein Fremder den Stall betritt.

»Und das ist die Kreszentia.« Der Bauer zeigte auf das Weib neben der Cecilia. »Die beiden sind meine Schwestern.« Die Kreszentia lächelte, so, wie die Cecilia mich vorher in der Küche angelächelt hatte, dümmlich. Ich schätzte beide auf ungefähr dreißig Jahre. Sie waren also alte Jungfern, wenn sie auf dem Hof ihres Bruders lebten.

»Und das ...«, der Bauer schwenkte seinen Löffel, so dass der Stiel auf die Magd zeigte, »... das ist die Josefine.«

Sie verzog keine Miene. Sie war nicht viel größer als ich und schlank, sie hatte ein hübsches Gesicht, doch sie starrte grimmig auf den Teller vor sich und schöpfte ihn voll Suppe, ohne einmal aufzusehen. Schließlich schob sie die Schüssel der Kreszentia hin, die nahm sich und schob sie weiter. Als sie bei mir ankam, war sie beinahe leer. Ich nahm von den Schupfnudeln und aß hastig. Die Bäuerin brach ein Stück Brot ab, der Bauer schnitt ein Stück Käse vom Laib und steckte es in den Mund. Alle kauten, niemand sprach, alle hatten Hunger.

Nach dem Essen fuhr sich der Bauer mit dem Ärmel über die Lippen, steckte seinen Löffel in den Lederriemen unterm Tisch, wischte die Hände an den Hosen ab und sprach noch ein Gebet.

Wir danken dir, Herr, Gott, himmlischer Vater,
dass du uns Speis und Trank gegeben hast.
Amen.

Alle standen auf und ich half der Magd abtragen.

»Bring den Most in die Speis«, sagte sie, als ich den Krug auf den Sims stellte.

Ich trug den Krug in die Speisekammer.

»Überall Staub und Ruß«, schimpfte die Magd, während ich Töpfe schrubbte, und wischte Schmutz fort, der gar nicht da war.

Ich sagte nichts.

Später stieg die Bäuerin mit mir in den ersten Stock. Zwei Betten standen in der Kammer, neben jedem ein Nachtschränkchen. An der Stirnseite ein Bauernschrank mit breiten Türen, eine stand offen. Ein Nachttopf. Ein Herrgottswinkel.

»Dort schläft die Josefine.« Die Bäuerin deutete auf das Bett an der gegenüberliegenden Wand.

Ich stellte meinen Koffer ab. Beide Betten waren an den Kopfenden verziert, ebenso die Türen der Nachtschränke. Jede Matratze war so breit wie die, die ich daheim mit meinen Schwestern geteilt hatte. Durchs Fenster sah man hinunter auf den Hof, die Linde, die sich im Wind wiegte. Ein Gockel krähte.

»Die Schwestern vom Bauern schlafen nebenan. Sie werden dir ein Laken und eine Decke geben.«

»Danke.« Ich setzte mich auf den Rand meines neuen Betts.

»Es wird dir bei uns gefallen.« Die Bäuerin lächelte, und wieder dachte ich an einen Weiher im Wald, als ich in ihre Augen sah. Mein Hals schnürte sich zusammen. Etwas in meiner Brust drückte. Dann schrie irgendwo das Baby und die Bäuerin ging und zog die Tür hinter sich zu.

Minutenlang saß ich dort, horchte auf die fremden Geräusche im Haus. Ich dachte an den Sepp, der nun auf meinem Kopfkissen schlief. An die Mama, die ihre Älteste nicht mehr bei sich hatte. An den Papa, der um diese Zeit wie jeden Tag in den Stall ging, den Kühen geweihtes Wasser auf die Stirn spritzte und ihnen eine gute Nacht wünschte.

Ich stand auf und trat ans Fenster. Draußen war es dunkel. In der Dunkelheit erkannte ich eine Säge und einen Stapel Holz unten auf dem Hof. Der Spitz kläffte, und eine Elster schrie. Ich wandte mich um und kniete vor dem Herrgottswinkel nieder. Ich betete ein Vaterunser für die Mutter und eins für den Vater, eins für meine Geschwister. Eins für die Tiere daheim. Eins für die Bäuerin und den Bauern und dass es gutgehen möge auf diesem Hof.

Ich faltete grad meine Wäsche und hängte mein Kleid in die leere Hälfte vom Schrank, als die Magd hereinkam. Ihr Blick streifte mich, sie schnaubte leise. Ich hielt inne. Als sei ich nicht da, schlüpfte die Josefine aus ihren Schuhen, band ihre Schürze auf, zerrte das Kopftuch von ihren Haaren und warf es auf das Nachtkästchen. Sie schlug die Decke zurück, löschte die Lampe und stieg halb angezogen, wie sie war, ins Bett. Ich schloss die Schranktür, schob meinen Koffer unters Bett und kroch unter meine Decke.

Kurze Zeit später hörte ich leises Schnarchen.

»Heut geh ich Mist ausbringen und du hilfst, Dora«, sagte der Bauer am nächsten Morgen nach dem Frühstück. Die Josefine lachte leise.

»Freilich«, antwortete ich. »Mir ist jede Arbeit recht, die getan werden muss.« In der Früh hatte ich den Ofen und den Herd gefeuert, gemolken, gefüttert, gemistet und die Kühe geputzt.

Im Hausgang stand eine Bank und darunter lagen Schuhe, manche achtlos hingeworfen, manche dreckverkrustet. »Zieh die an«, sagte die Cecilia und deutete auf ein Paar Holzpantinen. Ich schlüpfte hinein. Sie waren viel zu groß.

»Kleinere haben wir nicht«, kicherte die Kreszentia.

»Ist schon recht«, antwortete ich schroff, band mein Kopftuch um und ging hinaus. Ich lief über den Hof. Bei jedem Schritt rutschte ich aus den Pantinen. Die Schwestern standen in der Tür und lachten, doch ich scherte mich nicht darum und lief ums Haus herum. Der Himmel über den Wiesen war blau wie Enzian, nirgendwo eine Wolke. Ein sanfter Wind wehte, und Spatzen tschilpten. Ich atmete tief ein; zum ersten Mal, seit der Winter vorüber war, roch man den Frühling.

Hinterm Haus wartete der Bauer. Auch er trug seine ältesten Kleider und Holzpantinen, hohe Ledergamaschen schützten seine Beine. Er hatte einen Wagen, der nur aus einem Brett als Ladefläche und zwei Planken an der Seite bestand, neben den Misthaufen gefahren. Mist aufladen war Arbeit für Mannsbilder, doch ich griff nach einer Mistgabel, stach in den dampfenden Haufen und wuchtete eine Ladung nach der anderen auf den Wagen. Das Stroh war nass und schwer. Es stank. Doch man gewöhnte sich an den Geruch.

Der Bauer sah zu.

Er schien überrascht, als ich aufsah, doch ich wandte den Blick rasch wieder ab und schaffte weiter. Als der Wagen voll war, schlug ich von allen Seiten mit einer Schaufel gegen den Mist, patschte ihn fest, so dass nichts von der kostbaren Fracht herunterrutschte. Der Bauer spannte ein. Ich legte den Kopf in den Nacken und streckte den Rücken.

»Was ist los?«

»Nichts, passt schon.«

»Sicher?«

»Freilich.«

Der Bauer schnalzte und trieb die Gäule an. Ich lief hinterher und gab mir Mühe, nicht bei jedem Schritt aus den Holzpantinen zu rutschen. Auf dem Nachbarhof flatterte Wäsche im Wind, und ein Hund jagte kläffend einen Gockel die Einfahrt hoch. Kinder winkten, und drüben am Waldrand graste eine Herde Schafe.

Draußen auf dem Acker lud ich den Mist ab, türmte alle paar Schritte einen Haufen auf, lief Reih um Reih auf und ab und lockerte sie mit der Mistgabel. Ich streute den Dünger aus, bis überall eine feste Decke auf der vor kurzem geeggten Erde lag. Der Bauer lehnte am Wagen und sah zu.

»Ist es recht so?«, fragte ich.

Er nickte. Er schien nicht unzufrieden, doch in seinem knochigen Gesicht war schwer zu lesen.

»So hab ich's daheim mit dem Vater gemacht.«

Der Bauer nickte wieder, zog sein Taschentuch hervor und schneuzte sich.

Stur zog ich weiter meine Reihen. Die Erde war noch feucht vom Regen am Vortag, immer wieder blieb ich mit den Holzpantinen stecken. Einen Moment überlegte ich, sie einfach auszuziehen; doch der Geruch würde tagelang nicht vergehen, wie oft ich auch die Füße wusch. Die Josefine würde sich aufregen. Der Gedanke machte mir eine heimliche Freude, doch ich besann mich. Wir würden uns zusammenraufen müssen.

Auf dem Weg zurück zum Hof zog der Bauer einen kleinen Krug mit einem Zinndeckel aus seiner Tasche. Er klappte ihn hoch und nahm einen Schluck. Dann reichte er ihn mir. Der Most war gut, kühl und frisch. Ich leckte mir die Lippen.

»Selbst gemacht«, sagte der Bauer und ließ den Deckel zuschnappen.

Als wir die vierte Wagenladung Mist fuhren, stand die Sonne hoch am Himmel. Fliegen umschwirrten uns und die Gäule schlugen mit ihren Schweifen. Am Nachmittag, als wir die neunte Ladung ausbrachten, sagte der Bauer: »Streu du den Mist, ich hol unterdessen die nächste Fuhre.«

»Ich kann mit aufladen.«

»Ist schon recht.« Der Bauer schnalzte und die Gäule setzten sich in Bewegung. Ich stach mit der Gabel in den Mist und häufelte und streute, bis mir Hände und Rücken brannten.

Am Abend hatten wir vierzehn Fuhren auf den Äckern ausgebracht und der Misthaufen war noch immer riesig. »Wenn wir übermorgen fertig sind«, sagte der Bauer, »musst du Kartoffeln setzen.« Dabei musterte er mich wie eine kranke Sau.

Ich rieb mir den Rücken und nickte.

In der Küche rümpfte die Josefine ihre Nase. Sie hieß mich Mehl und Schmalz aus der Speis holen und schickte

Blick vom Futscher-Hof hinüber nach Ottmannshofen

mich im nächsten Moment fort, es wieder zurückzutragen. Sie hieß mich den Herd putzen, obwohl er blinkte. Ich war müde und wollte grad etwas sagen, da baute sie sich vor mir auf und maß mich mit scharfem Blick. »Du hast zu gehorchen. Auf diesem Hof bin ich die Obermagd.«

Ich nahm einen Lumpen und putzte den Herd ein zweites Mal.

Am Sonntag richteten sich die Bäuerin, der Bauer und seine Schwestern für die Prozession. »Kommst mit, Dora?«, fragte die Bäuerin.

»Freilich.« Ich trug bereits mein Sonntagskleid, und meine Schuhe waren frisch gewichst. Gemeinsam liefen wir ins Dorf hinauf. Die Kirche war klein und schmucklos, eine niedere Mauer umgab sie, hinten grenzte der Friedhof an. In der Messe las der Pfarrer die Passion und segnete die Palmkätzchenzweige, die die Frauen mitgebracht hatten. Auch ich ließ einen segnen. Beim Hinausgehen füllte ich ein wenig geweihtes Wasser in eine Flasche.

Gleich nach dem Gottesdienst lief ich die drei Hügel hinab, bog am Spital ab, lief die Marktstraße hinunter bis zum Hotel Post, vorbei am Friedhof und die vier Kilometer zur Stadt hinaus und hinüber nach Herlazhofen. Dort traf ich eine Tante. »Grüß dich, Dora, wie ist es auf dem neuen Hof?«

Ich winkte, eilte weiter und rief: »Ist schon recht!«

An der Dorfstraße nahm ich den Weg hinaus zur Mühle. In der Früh hatte es geregnet, noch immer war die Luft feucht und die Erde roch würzig, doch je weiter ich lief, desto blauer wurde der Himmel, bis nur noch ein paar Wolkenstreifen am Horizont hingen. Das Gras leuchtete satt, und in der Ferne hörte ich das Geläut von

Kuhglocken wie eine vertraute Musik. Ich lief an der Mühle vorbei, über den Bach in den Wald hinein. An der Gabelung, wo ein verwittertes Schild den Weg in die Viehweid wies, klopfte mein Herz. Als ich dem Weg am Ostufer des Hinterweihers entlang folgte und die sanft geschwungenen Wiesen sah, die Höfe, die sich in die Mulden schmiegten, war mir, als wäre ich sehr lange fort gewesen.

Am Wegkreuz lagen wieder frische Blumen, und Blaumeisen pickten in der Erde. Ich lief schneller, hüpfte und sprang über Pfützen, bis ich schließlich um die Kurve bog und vor meinem Elternhaus stand.

Der Papa saß auf der Bank vorm Haus und rauchte eine Zigarre.

Als er mich sah, huschte ein Lächeln über sein Gesicht. Er stand auf und rief die Mama, ihre Hände waren voller Mehl, als sie mich in die Arme schloss.

Die Frida sprach ein Gebet und der Sepp fragte: »Willst du jetzt dein Kopfkissen zurück?« Ich zog ihn an den Ohren.

Die Mama stellte meinen Palmzweig in die Vase im Herrgottswinkel. »Möge er das Haus und seine Bewohner vor Unheil schützen.« Sie schlug ein Kreuz, ich tat es ihr nach.

Im Ofen buk ein Biskuitkuchen und die Monik holte einen Hefezopf aus der Speis. Es duftete, ich kochte Malzkaffee und schlug Rahm, und als wir in der Stube um den Tisch herum saßen, erzählte ich vom Bauern und der Bäuerin, vom Bubele, der Cecilia und der Kreszentia, von der großen Stube und der Küche und meiner Kammer, von den Gäulen und den zwölf Stück Vieh. Ich erzählte vom Mistfahren und dass ich allein mit dem Bauern vierzehn Fuhren ausgebracht hatte. Ich erzählte die Geschichte vom Kaminkehrer und alle lachten. Von der Josefine sagte ich nichts. Und auch nichts von den stummen, prüfenden Blicken des Bauern.

Zwei Stunden später brach ich auf, um rechtzeitig zum Melken wieder in Ottmannshofen zu sein.

In der Viehweid

Am Morgen des Tages im Februar anno 1919, als die Stöckle Elisabeth den Prinz Josef heiratete, zierten Eisblumen die Fenster und der Schnee lag so hoch, dass man bei jedem Schritt darin versank. Die Mutter trug ein schwarzes, bodenlanges Kleid und ein weißes Spitzenhäuble im Haar, der Vater einen Anzug mit Gehrock und einem Zylinder. Nachdem sie sich im Kloster Beuron, einem Wallfahrtsort im Donautal, das Ehesakrament gespendet und vor dem Fotografen posiert hatten, feierten sie im Gasthaus Zum Adler auf dem Herlazhofener Kirchplatz, bis sie zur Stallzeit heimkehren und das Vieh versorgen mussten.

Die Mutter war in der Viehweid geboren; ein Weiler, so genannt, weil die Herlazhofener Bauern hier draußen einst ihr Vieh zusammengetrieben hatten. Einer der acht Höfe war seit Generationen im Besitz der Stöckle-Familie. Man besaß zwanzig Morgen Land und ein paar Kühe und weil die Mutter fünf Geschwister hatte, Tanten, Onkel und Großeltern zu versorgen waren, blieb nie viel übrig.

Der Vater wuchs zwei Höfe weiter auf. Mit sechs Kindern und sechs Kühen lebte man auch auf dem Prinz-Hof von der Hand in den Mund. 1914 zogen die Söhne in den Krieg; nur der Vater und sein Bruder Oswald kehrten zurück. Der Vater war ein stattliches Mannsbild mit breiten Schultern, dunklem Haar, blauen Augen, er trug einen Schnurrbart und einen schnurgeraden Scheitel. Auch die Mutter war ein hübsches Mädle, mit blondem Haar und Augen, die blitzten, wenn sie wütend wurde, und sie war sehr tüchtig. Die Eltern kannten einander seit ihrer Kindheit, und als sie beschlossen zu heiraten, war man auf dem Stöckle-Hof froh, dass künftig ein Esser weniger am Tisch saß. Bisher hatte die Mutter als Magd geschafft, der Vater war als Knecht gegangen. Nun übernahmen sie den Hof seiner Eltern mit sechs Stück Vieh, zwei Gäulen, einer Sau, ein paar Hühnern und dreißig Morgen Land.

Und die Mutter war bereits in freudiger Erwartung.

Die Stöckle Elisabeth und der Prinz Josef: das Hochzeitsfoto

Im Juli stand die Sonne hoch und das Korn wurde gemäht, doch der Vater musste einspannen und mit dem Fuhrwerk nach Leutkirch, denn die Mutter lag in den Wehen.

»Ein Mädle«, sagte die Hebamme am Abend. Es war der 22. Juli 1919.

Die Viehweid war zu klein für eine eigene Kirche, und so liefen, kaum dass die Mutter aufstehen konnte, die Eltern hinüber nach Herlazhofen. Eine von Mutters Schwestern war Patin und man taufte mich auf ihren Namen, Viktoria. Doch gerufen wurde ich Dora.

Bald musste der Vater wieder einspannen und in die Stadt fahren. Diesmal holte er den Doktor, denn ich schrie Tag und Nacht. Meine Muskeln waren schwach und krampften. Meine Knochen wurden weich, ich wuchs kaum. Der Doktor untersuchte mich, doch er konnte nichts ausrichten. »Das Kind hat die Englische Krankheit«, sagte er und riet den Eltern, mich reichlich und gut zu füttern. Doch sie waren arm. Sie verkauften Milch und Eier, mal ein Kalb, und der Vater schaffte als Holzarbeiter im Wald.

Ich schrie und schrie.

»Du bist nicht auszuhalten!«, rief der Vater schließlich. Die Mama war verzweifelt, weinte. Auf vielen Höfen waren Kinder krank, manche starben, niemand hatte Geld, stets den Doktor zu holen. Die Mutter brühte Tee gegen die Schmerzen und manchmal, wenn sie nicht mehr weiterwusste, ließ sie mich plärren.

Ich schrie und schrie.

»Ich werf dich zum Kammerfenster hinaus«, brüllte der Vater am Ende seiner Kraft, »wenn du nicht endlich eine Ruh gibst!«

Ich schrie und schrie.

Kurz nach meinem dritten Geburtstag pilgerten die Patin und der Vater nach Einsiedeln. Lange hatte er gezögert, gegrübelt, gerechnet, sich schließlich bei anderen Bauern verdingt, um das Fahrgeld zusammenzubringen; in der Familie konnte ihm niemand helfen, die anderen besaßen auch nichts. Im trüben Morgenlicht machten sich beide auf den Weg, und schon während der Fahrt beteten sie um die Gnade der höheren Mächte. In der Kapelle zündeten sie eine Wallfahrtskerze an, knieten vor dem Bild der Muttergottes nieder und beteten zu Unserer Lieben Frau vom Finstern Walde um Hilfe. Sie beteten und beteten und flehten den Herrgott und die Madonna, die vom Ruß der vielen Kerzen und Lampen schwarz geworden war, an, mich gesund zu machen.

Spät in der Nacht kehrten sie erschöpft und mit einer Flasche geweihten Wassers zurück. Jeden Morgen und jeden Abend tupften die Eltern einen Tropfen davon auf meine Stirn und Brust. Bald hörte ich auf zu schreien.

Und wurde gesund.

1924

Der Himmel glänzte weiß wie Milch und auf den Wiesen schmolz der Schnee. Grüne Halme bohrten sich durch den Matsch, doch es blies ein kalter Wind. Mit meinen Cousinen und Cousins und anderen Nachbarskindern saß ich in der Stube, wo der Papa mit Kreide einen Kreis auf dem Boden gezogen hatte, und spielte Murmeln. »Zieht's euch an und geht's raus!«, rief die Mama aus der Küche.

Ich tat, als hätte ich nichts gehört.

»Wird's bald?«

»Es ist kalt.«

»Bewegt euch, dann wird's euch warm.«

Ich widersprach kein zweites Mal. Am Waschtag war die Mutter nicht gut zu haben. Der Willi steckte die Murmeln ein, im Hausgang zogen wir Jacken an und schlüpften in unsere Stiefel, nur der Franz ging barfuß. Sie waren daheim sechzehn Kinder. Der Bahle-Bauer hatte gar vierundzwanzig Buben und Mädle, seine erste Frau hatte vier geboren, dann war sie gestorben, die zweite Frau hatte zwanzig zur Welt gebracht. Mit so vielen Kindern waren die Familien bettelarm.

Draußen riss der Wind an unseren Zöpfen. Er fuhr in unsere Kleider und Schürzen, rupfte an den Hosen der Buben. Er kratzte und biss und machte unsere Wangen rot. Die Bäume waren kahl, wie schwarze Gespenster klapperten sie im Wind. »Spielen wir Verstecken?«, fragte der Willi und stupste mich. Er war auch fünf Jahre alt, aber fast einen Kopf größer.

»Das Wetter ist mies, lasst uns in den Stadel gehen«, sagte der Franz.

»Oder wir gehen zur Luise, die hat eine Rutsche.« Ich bohrte die Spitze meines Stiefels in den Matsch und hoffte, die anderen würden auch lieber drinnen spielen.

»Besser in den Stadel«, sagte der Franz. »Dann spielen wir dort Verstecken.«

»Dora, nimm die Frida mit!«, rief die Mutter, die mit zwei Eimern zum Brunnen lief. »Die macht mich noch ganz narrisch.«

Ich verdrehte die Augen, aber so, dass die Mama es nicht sah, und lief ins Haus zurück. Meine kleine Schwester hockte in der Stube auf der Ofenbank und kaute am Fuß ihrer Strohpuppe. Ich griff nach ihrer Hand. Sie schrie.

»Geht's raus, bevor es mir zu bunt wird!« Die Mama schleppte Wasser in die Küche und goss es in den Waschkessel auf dem Herd, Tropfen zischten auf der Herdplatte. Ihre Wangen glänzten, feuchte Haarsträhnen klebten ihr im Gesicht. Ihre Augen blitzten.

»Komm, Frida«, sagte ich. »Komm, wir gehen zu den Katzen im Stall.« Meine Schwester saß mit baumelnden Beinen auf der Ofenbank, schaute mich an und schüttelte den Kopf.

»Frida!«, rief die Mutter drohend. »Beweg dich, hopp, hopp!« Meine Schwester schaute von der Mama zu mir und schüttelte den Kopf.

»Frida!« Die Mutter schwenkte den Kochlöffel. Der Boden in der Küche war voller Pfützen, überall standen Zuber. Die Frida starrte auf den Kochlöffel, verzog das Gesicht und rutschte von der Ofenbank. Ich zog sie in den Hausgang und schloss schnell die Stubentür. Ich half ihr, eine Jacke und meine alten Schuhe anzuziehen, und weil die Schuhe zu groß waren, lief ich in den Stall und stopfte Stroh in die Spitzen. Die Frida protestierte. »Jammer nicht«, sagte ich und schob ihre Füße in die Schuhe. Die Frida schrie, in der Küche schimpfte die Mutter und ich wollte fort, bevor ihr einfiel, dass ich auch noch das neue Baby hüten könnte.

Draußen fing die Frida an zu plärren, Rotz und Tränen liefen ihr übers Gesicht, doch ich zog sie mit zum Stadel. Alle größeren Kinder halfen ihren Eltern, halfen beim Heuen, klaubten Kartoffeln, sammelten Kohlrabi ein. Die Kleinen durften spielen. Den Bäuerinnen, die ohnehin das Haus voller Kinder hatten, war es gleich, wenn ein paar dazukamen, und auch die Mama ließ uns in der Stube spielen, nur am Waschtag wollte sie uns nicht in der Nähe haben. Manchmal half ich ihr, hängte Schürzen, Nachthemden und Socken auf die Ofenstange in der Stube. Ich sammelte Holz und stapelte es im Schopf. Im Winter lief ich mit den Erwachsenen in den Wald und klaubte Reisig, das andere Bauern nicht haben wollten, im Sommer hütete ich Kühe, trieb sie mit einem Stecken auf die Weide und am Abend wieder heim. Mit den Nachbarsmädle brachte ich Milch zur Käserei, das war gesellig.

»Ich hab dich!«, rief der Franz, als ich mit der Frida auf dem Heuboden kauerte. Die Frida hatte eine Maus gesehen und laut gequiekt.

»Dummes Mädle!«, schimpfte ich. »Hast uns verraten.«

Die Frida sah mich stumm an. Sie war eben erst drei.

In der Dämmerung liefen wir heim. Meine Schwester hatte in die Hose gemacht und ich zog ihr die nassen Kleider aus. Die Mama wischte sich den Schweiß von der Stirn. »Grad hab ich die Wäsche fertig, da macht's euch schon wieder schmutzig.« Ihre Hände waren rot und ihre Augen blitzten immer noch. Der Papa kam vom Holzmachen und ging in den Stall. Die Mama molk, fütterte das Vieh, dann stellte sie in der Stube einen Laib Brot, heiße Kartoffeln und kalte Milch auf den Tisch, und der Papa sprach das Tischgebet.

Von deiner Gnade leben wir,
und was wir haben, kommt von dir,
wir danken dir, o Herr. Amen.

Am Abend hockte ich auf der warmen Ofenbank. »Hockst wieder auf der Höll' drauf?«, fragte der Papa und sein kantiges Gesicht leuchtete im Schein der Flammen, als er das Ofentürle öffnete und ein Holzscheit hineinwarf. Ich schaute ins Feuer und ein Schauer fuhr mir den Rücken hinab. Der Papa setzte die Frida neben mich, sie zog an den Haaren ihrer Puppe und brabbelte vor sich hin. Die Mama zündete eine zweite Petroleumlampe an, nahm ihre

Stricknadeln und ein Knäuel Wolle aus dem Korb auf der Kommode und setzte sich zu uns auf die Bank. Die Frida grub den Kopf in Mamas Schoß. Die Minka, die dicke weiße Katze, strich um meine Beine, ich nahm sie hoch und streichelte sie. Unterm Tisch kratzte sich der Hund. »Auf dem Stöckle-Hof gibt's bald ein Kind«, sagte die Mama.

»Deine Schwägerin ist fleißiger als manche Kuh«, lachte der Vater.

Im Hausgang hallten Schritte, und der Hund spitzte die Ohren. »Grüß Gott«, rief der Oswald von draußen, Vaters Bruder, der bei uns wohnte, weil er immer noch nicht verheiratet war. Die Tür ging auf und ein Schwall kalter Luft fuhr herein. Der Ammi sprang auf und schnüffelte an Oswalds Stiefeln, an seinen Hosenbeinen. Ich rief ihn zurück. Der Oswald knöpfte seine Jacke auf, schüttelte sich und lachte. Der Hund bellte.

»Aus!«, rief ich. Der Ammi zog den Schwanz ein, stand dort mit offenem Maul und heraushängender Zunge.

»Bei Fuß.« Er kam, leckte meine Hand, als ich ihn streichelte, und rollte sich zu meinen Füßen zusammen.

»Das Mädle versteht sich mit Viechern.« Der Oswald hängte seine Jacke an den Haken an der Tür. Er war kräftig wie der Vater, aber größer und stieß beinahe an die Decke. Er war der Pate vom Oswald gewesen, dem Buben, den die Mutter ein Jahr nach mir geboren hatte und der gestorben war. Er setzte sich zum Papa an den Tisch und schob seine Mütze zurück, sein Bart war struppig, er sah müde aus. Die Frida musterte ihn mit großen Augen und kaute am Fuß ihrer Puppe. Der Papa goss zwei Becher Most ein. »Mein Bein tut weh, es wird Regen geben.« Der Onkel lehnte sich zurück, sein Atem ging schwer.

Der Vater schob ihm einen Becher hin. »Machst eine Wettervorhersage?«

»Hat uns im Krieg manchmal geholfen, oder?« Der Oswald scheuchte eine Fliege vom Rand seines Bechers.

Die Mama schaute von ihrem Strickzeug auf.

Der Vater nahm ein Kartenspiel aus der Lade unterm Tisch. Er mischte, teilte aus. Die Männer schlugen die Karten auf den Tisch, und weil der Onkel Oswald immer gewann, lachte er und schaute bald nicht mehr so müde aus. Oben in der Kammer schrie das Baby und die Mama legte das Strickzeug beiseite, nahm die Frida hoch und streckte die Hand nach mir aus. »Jetzt geht's schlafen.«

Im Bett schob sich die Frida unter meine Decke und ich wärmte ihre kalten Füße. Unten lachten der Papa und der Onkel Oswald, doch ihr Lachen wurde immer leiser.

Dann schlief ich ein.

1926

Der Vater war mit dem Rad in die Stadt gefahren, und als er zurückkam, packte er einen braunen Lederranzen aus, der wie ein zusammengerolltes Tier auf dem Tisch lag und in der Sonne glänzte. Er zog neue Sandalen hervor und sagte: »Zur Schule ziehst Schuhe an.« Ich schaute auf meine nackten Füße; im Sommer liefen alle Kinder barfuß. Dann gab er mir ein flaches Päckchen. »Bring das geschwind der Mutter.« Tags darauf saß die Mama in der Stube an der Nähmaschine. Bis in die Nacht wippten ihre Füße auf dem Trittbrett, es quietschte leise, das Schwungrad drehte sich und die Nadel ratterte. Sie nähte ein neues Kleid für mich.

Wie alle Tage stand ich um fünf Uhr auf und half beim Melken. Um sechs lud ich die Kanne auf den Milchwagen und lief nach Herlazhofen zur Käserei. Der Himmel war blass, die Sonne hing diesig über den gemähten Wiesen. Die Bäume warfen weiche Schatten. Die Eisenräder knirschten auf dem Schotterweg. Ein Kuckuck rief, Insekten summten.

Auf dem Heimweg rannte ich beinahe. Hastig aß ich meine Mehlsuppe, lief hinauf in die Schlafkammer, zog den Ranzen hervor, schaute nach den Heften, der Fibel, dem Rechenbuch. Ich strich über die Schiefertafel, den Lappen und den Griffel, den die Oma, die Mutter vom Vater, mir geschenkt hatte. Dann schlüpfte ich in das neue Kleid; es war aus feinem blauem Stoff, hatte einen kleinen Kragen und einen bauschigen Rock. Ich zog die Sandalen an und band eine saubere Schürze um. Die Mama löste mein Haar, kämmte und flocht es.

Dann lief ich zum zweiten Mal an diesem Tag ins Dorf.

Alle Mädle trugen saubere Schürzen und Schulkleider, die Buben kurze Hosen und Jacken. Einer aus dem Oberdorf trug ein Hemd mit Matrosenkragen, ein anderer einen Janker mit Knöpfen aus Horn. Mit ihren Müttern standen sie auf dem Platz vor dem Rathaus am Fuß der Kirche in der Sonne, alle redeten durcheinander, lachten, die Weiber fächelten sich Luft zu; es war Viertel vor neun und schon sehr warm.

»Dort oben wohnt der Oberlehrer.« Die Mama deutete auf zwei Fenster.

»Warum wohnt er im Rathaus?«

»Weil die Schule im Rathaus ist und über der Schulstube, im ersten Stock, liegt die Lehrerwohnung.«

Ich dachte darüber nach. »Und wo sind die Kühe vom Oberlehrer?«

Die Mama lachte, doch ehe sie antworten konnte, legte sie einen Finger auf ihre Lippen und deutete auf die Tür. Ein kleiner, dicker Mann trat heraus und ließ seinen Blick über die Kinder schweifen. Der Frau vom Adlerwirt nickte er zu, ihrer Tochter. Dann runzelte er die Stirn. Umständlich fischte er einen Schlüssel aus seiner Hosentasche und schloss die Tür zur Schule auf. Alle Kinder waren mucksmäuschenstill. Ein Mädle, das seine Zöpfe zu Affenschaukeln gebunden hatte, legte den Arm um ein anderes, kleineres, das aussah, als würde es gleich zu weinen anfangen. Auch mir war seltsam.

»Die Weiber können heimgehen«, sagte der Oberlehrer und ließ den Schlüssel wieder in seine Tasche gleiten. Er räusperte sich. Er musterte uns und sah dabei aus, als hätte er Zahnweh. »Niemand drängelt, verstanden?«

Ein Raunen ging über den Platz. Mütter fuhren ihren Kindern durchs Haar, rückten Ranzen zurecht, zogen verrutschte Kniestrümpfe hoch. »Sei brav und pass gut auf«, sagte die Mama und strich über meinen Kragen.

Ich nickte.

Vor uns lag ein dunkler Gang. Der Oberlehrer öffnete eine zweite Tür und wir traten, in ordentlichen Zweierreihen, in die Schulstube. Sie war weiß und grün getüncht, vorne stand eine Tafel, an der Seitenwand hingen eine Landkarte und ein Bild der Muttergottes. Über der Tür hing ein Kruzifix. An der Tafel stand in großen geschwungenen Buchstaben *Schule Herlazhofen 1926;* doch das wusste ich nur, weil ein älterer Bub es vorlas. Die Schüler der oberen Klassen saßen nämlich schon auf ihren Plätzen in den hinteren Reihen.

Der Oberlehrer sprach leise mit dem Lehrer für die unteren Klassen, einem feschen Mannsbild, das neben dem Ofen stand und seine Brille putzte. Dann wandte er sich wieder uns zu. »Die Buben stellen sich hinter den Pulten auf der rechten Seite auf, die Mädle links.« Der Oberlehrer sprach anders als die Leut im Dorf, spitz und scharf schossen die Worte aus seinem Mund. Er verschränkte die Arme vor seinem Bauch und holte Luft. »Hopp, hopp, worauf wartet ihr?«

Schuhe schoben sich über den glatten Boden, Ranzen schlugen an Bänke. In der zweiten Reihe fand ich einen Platz zwischen der Ida und der Sophie und schob meinen Ranzen unters Pult. Es war aus dunklem Holz und hatte tiefe Kerben. Ich strich meine Zöpfe zurück, richtete mich auf und streckte die Schultern.

Der Oberlehrer rief unsere Namen auf. »Prinz Dora?«

»Hier!«

»Wo?«, bellte der Oberlehrer. Alle Köpfe drehten sich zu mir. Ein paar Kinder kicherten. Ich war sieben Jahre alt, gesund, aber zu klein, um über den Tisch zu schauen.

»Wo?«, bellte der Oberlehrer.

»Hier«, flüsterte ich. Die ganze Schule lachte. Ich schaute zu Boden und wartete, bis der Oberlehrer den nächsten Namen vorlas. Als er alle Kinder aufgerufen hatte, sich alle auf ihre Plätze gesetzt hatten, faltete er die Hände. Wir standen wieder auf, diesmal auch die älteren Schüler, und der Oberlehrer sprach das Morgengebet.

Dann begann der Unterricht.

Während der Oberlehrer die älteren Schüler unterrichtete, hieß der Lehrer für die unteren Klassen uns, Fibeln und Hefte auszupacken. Er sprach wie die Leut im Dorf, seine Stimme klang weich und seine runde Brille blitzte, wenn ein Sonnenstrahl durchs Fenster fiel. Er nahm ein Stück Kreide und malte Buchstaben an die Tafel. Wir Erstklässler saßen, die Hände auf dem Tisch, in unseren Bänken und schauten zu, bis er uns erlaubte, unsere Griffel aus dem Ranzen zu holen. Ein paar Kinder hatten daheim geübt, ich auch, denn als die Oma mir den Griffel geschenkt hatte, hatte ich so lange gebettelt, bis sie mir das *Abc* aufschrieb. Es gefiel mir, die Buchstaben abzumalen, es gelang mir auch gut. Nur das *H* mit seinem auf den Kopf gestellten Schnörkel und das *Q* mit seinen schroffen, schrägen Strichen waren eine rechte Plage.

In der dritten Stunde hatten wir Singen und gingen hinüber in die Kirche. Der Pastor las eine Schülermesse, der Lehrer orgelte und wir sangen *Danke für diesen guten Morgen* … Ich sang nicht gern, doch wenn alle sangen, fiel nicht auf, wenn ich einen Fehler machte. In der letzten Stunde hatten wir Rechnen, während die Fünftklässler Erdkunde lernten und die Sechst- und Siebtklässler Geometrie. Ab und zu schaute ich mich um, zählte. Wir waren zweiundfünfzig Kinder in der Schulstube. Oder vierundfünfzig. »Aufpassen!«, rief der Lehrer.

Ich fuhr zusammen.

»Zehn weniger vier ist …?« Der Lehrer schaute mich an. »Dora?«

»Sechs.«

»Immerhin, gescheit bist.« Der Lehrer nickte und schrieb eine Sechs an die Tafel. Ich spürte, wie mir warm wurde. Der Rudi in der dritten Reihe stieß den Alois an. Ein Heft fiel zu Boden. Mit einem Satz schoss der Oberlehrer über den Mittelgang. Sein Stock zischte, als er ausholte und zuschlug, er zielte nicht, schlug einfach zu, schneller, als wir es fassen konnten. »Es trifft schon den Rechten!«, schrie er und sah auf den Rudi herab.

Der Bub rieb sich die Finger. »Der Alois hat meine Griffelbüchse genommen«, flüsterte er.

Der Lehrer schlug auch den Alois. »Wer nicht brav ist, bekommt Tatzen. Nur damit ihr's wisst!«

Mittags waren Rudis Finger geschwollen und er hatte Tränen in den Augen. Der Lehrer und der Oberlehrer waren schon aus der Schulstube; der Haselnussstecken lag auf dem Pult vor der Tafel. Plötzlich nahm der Alois ihn und warf ihn in den Ofen, auch wenn der nicht brannte. Die Tochter vom Adlerwirt wurde bleich. Ich erschrak auch, doch ich musste auch lachen und schlug mir die Hand vor den Mund und lief hinaus.

Am nächsten Tag brachte der Oberlehrer einen neuen Stecken mit, und nach dem Morgengebet schlug er erst den Alois und dann den Rudi. So ging es von nun an an vielen Tagen; sobald ein Kind flüsterte, schoss der Oberlehrer durch die Schulstube und schwang seinen Stock. Wir Mädle mussten an den Nachmittagen oft noch einmal zur Schule; die Eißler Else, eine alte Jungfer mit einem kurzen Bein, lehrte uns Handarbeiten. Mit ihrem klobigen Schuh humpelte sie zwischen den Reihen hindurch, prüfte mit strengem Blick die Socken, die wir strickten, die Handschuhe, Schals. Sie brachte uns bei, Hemden und Schürzen zu nähen, wir mussten häkeln und sticken, und jedes Mal, wenn etwas misslang, kniff sie ihre Lippen zusammen und schimpfte.

Doch am schlimmsten war der Turnunterricht.

Der Lehrer hieß uns laufen und springen und Kniebeugen machen, dann sollten wir uns alle in einer Reihe aufstellen. Meist rief er die Alma und den Ambros auf, manchmal auch andere Kinder, sie traten vor und bildeten zwei Mannschaften fürs Völkerballspiel.

Mich rief man als Letzte auf.

Einmal rief ein Bub aus dem Unterdorf, grad so laut, dass der Lehrer es nicht hörte: »Die ist zu klein, die taugt doch nichts!«

Ich fuhr herum, packte seinen Arm und zischte: »Wohl taug ich was, du wirst schon sehen!«

Der Bub verzog das Gesicht.

»Und plärr jetzt bloß nicht los!«

Der Mund stand ihm offen. Eine Fliege flog hinein und wieder heraus.

Auf dem Heimweg holte er mich mit seinen Freunden ein. Sie zogen an meinen Zöpfen und riefen: »Du taugst nichts, du bist zu klein! Du taugst nichts, du bist zu klein!«

Daheim brach die Mama ein Stück Brot ab und schnitt eine Scheibe von der Schwarzwurst. »Hast du eine Hausaufgabe auf?«

Ich schüttelte den Kopf.

»Dann geh spielen.« Sie strich mir übers Haar. »Aber zieh dein Schulkleid aus. Und zum Melken bist zurück, gell?«

Ich band den Hund von der Leine und wir liefen auf die Weide zu den Kühen. Die Emma lag in der Sonne. Ich hockte mich ins Gras, schlang meine Arme um ihren Hals und schmiegte mich in die Kuhle in ihrem Nacken. Ich streichelte ihr Fell und schaute den Wolken zu. Irgendwann erzählte ich vom Oberlehrer, von der Eißler Else und vom Turnunterricht. Die Emma kaute und manchmal schnaubte sie leise.

1929

In der Früh half ich dem Vater und dem Oswald im Stall, denn die Mutter lag in Leutkirch im Spital. Später bereitete die Amme Frühstück. Sie stieg die Treppe hinab in die Speis. »Habt ihr kein Mehl?«

Ich stand am Herd und goss warme Milch in eine Schale. »Nein.«

Schnaufend stieg die Amme die Stufen wieder hinauf und sah mich an. Ich zuckte mit den Schultern und tauchte einen Brocken altes Brot in die Milch. »Es ist kein Korn mehr da, das der Vater zur Mühle bringen könnt.« Ich nahm einen Krug Honig vom Sims und stellte ihn in der Stube auf den Tisch. Verkaufte der Vater ein Kalb auf dem

Viehmarkt, kehrte er mit einem Rucksack voller Geld zurück. Doch man konnte nichts dafür kaufen. »Milch und Honig sind auch ein Frühstück.«

Die Amme seufzte und schüttelte den Kopf.

Ich tunkte einen zweiten Brocken in den Honig. Vor ein paar Tagen hatte der Oswald die Frida, die Monik und mich zu seinen Bienenstöcken mitgenommen. Mit einem Besen hatte er die Bienen von den Honigwaben gekehrt, die Waben in einer Kasserolle erwärmt, bis der Honig in einem dicken goldenen Strahl herauslief. Als der erste Krug voll war, hat er schnell einen zweiten gegriffen und uns die leeren Waben zum Auslecken gegeben. Wir haben unsere Münder hineingedrückt, so gierig und hungrig waren wir. Sogar das Wachs haben wir mitgegessen.

Oben in der Schlafkammer hörte ich Schritte. Ich stand auf und ging hinauf. Die Frida kniete in ihrem Sonntagskleid vor dem offenen Fenster, in den Händen meine Kerze.

»Tu nicht schon wieder so heilig!« Ich nahm die Kerze und schloss das Fenster.

Mit verklärtem Blick schaute die Frida mich an.

»Du machst mich narrisch mit deinen ständigen Gebeten.«

Die Monik saß auf dem Bett und kicherte.

»Kleid dich an und geh frühstücken.« Ich scheuchte sie, schüttelte die Kissen aus und strich das Laken glatt.

»Mir ist kalt!«, rief die Monik.

»Kleid dich halt schneller an. Wenn du bald zur Schule kommst, wirst du das wohl können, gell?«

Sie zerrte an ihrem Kleid und riss an den Knöpfen.

»Frida, hilf deiner Schwester.«

Ich zog die schwarzen Strümpfe an und die Schuhe, die die Mutter besorgt hatte, wickelte die Kerze in ein Stück Papier, nahm mein Gebetbüchlein und lief die

Stiege hinunter. Im Hausgang wichste ich die Schuhe. In der Stube nahm ich eine Jacke vom Haken an der Tür; auf dem Tisch standen Kartoffeln, Milch und Honig für meine Schwestern. Ich rief *Ade!* und zog die Tür hinter mir zu.

Der Hund lag vor seiner Hütte, und als er mich sah, sprang er auf. Er legte den Kopf schräg, spitzte die Ohren und leckte meine Hand, als ich ihn streichelte. Im Stall muhte das Vieh, ich muhte zurück. Auf den Wiesen blühte Löwenzahn und der Himmel lag wie ein blaues Tuch über den Wiesen. Der Hund lief mal vor und mal hinter mir, schnüffelte an einem Zaunpfahl, an einem Baumstamm. Eine Amsel sang, und als wir das Wäldchen am Ufer des Hinterweihers erreichten, raschelte es im Unterholz und ein Hase schoss heraus. Der Hund jagte hinterher. Der Hase war schneller. Hechelnd und mit heraushängender Zunge kehrte der Ammi zurück und ich bückte mich und kraulte sein struppiges Fell. »Und jetzt lauf wieder heim.« Er sah mich an, die Ohren gespitzt, die Rute schwang hin und her. Er nieste zweimal, dann wandte er sich um und trottete fort.

Im Dorf nahm ich den Weg zur Käserei, den Hügel hinauf, vorbei am Gasthof Krone mit den vielen grünen Fensterläden. Vor der Käserei hängte der Senn Kästücher auf, ich grüßte, er winkte. Im Oberdorf machte der Weg eine Kurve, vorbei am Geislinger-Hof, einem stattlichen Bauernhaus, und dem kleineren Reutlinger-Hof. Ich klopfte an der Tür der Näherin.

»Ist offen!«

Ich trat ein. Es dauerte einen Moment, bis meine Augen sich an das schummrige Licht gewöhnten. Es roch süß und auch etwas scharf. Die Stube war klein, außer einem Tisch, zwei Stühlen, dem Ofen, der Nähmaschine und einem Kanapee war für nichts Platz. Die Näherin kniete neben dem Kanapee. »Der Mama geht's heut nicht gut.« Sie breitete eine Decke über die Alte. »Sie muss immer spucken.«

»Grüß Gott.« Ich knickste und reichte der Alten die Hand; ihre war kalt, die Haut dünn wie Papier. Sie bewegte die Lippen, doch ich verstand nicht, was sie sagte.

Die Näherin war ein kräftiges Weib mit dunklem Haar und dunklen Augen, eine schöne Frau, obwohl unter ihren Augen Schatten lagen. Sie war ledig und brachte mit Näharbeiten sich, ihre Tochter und die kranke Mutter durch. Sie hatte unsere Sonntagskleider genäht; die Werktagskleider und unsere Schürzen nähte die Mama selbst. Sie erhob sich und deutete auf ein weißes Kleid, das auf einem Bügel an einem Haken an der Wand hing. »Schau, dort hängt's. Ich werd's geschwind bügeln. Du kannst dich schon auskleiden.« Mit einem Haken fischte sie Kohlen aus dem Ofen und füllte sie ins Bügeleisen. Ich zog meine Jacke aus und löste die Bänder meiner Schürze.

»Dein Hemd gehört gestopft«, sagte die Näherin, als ich in Hemd und Hose vor ihr stand.

»Die Mama ist fort«, murmelte ich.

»Ist sie schon im Spital?«

Ich nickte.

»Aber sie kommt ja bald wieder.« Die Näherin stellte das Bügeleisen beiseite und hielt das Kleid hoch. Der Stoff raschelte. Die Alte auf dem Kanapee schluckte und hustete, ihre Tochter warf ihr einen besorgten Blick zu. Die Alte schloss die Augen. Die Näherin legte ihr eine Hand auf die Stirn, als wollte sie prüfen, ob ihre Mutter Fieber hatte. Die Alte atmete flach. Die Näherin schlug ein Kreuz und fuhr sich mit der Hand durchs Gesicht. Dann nahm sie das Kleid und knöpfte es auf. »Hättest gern ein Brüderchen? Oder noch eine Schwester?«

Ich zuckte mit den Schultern. Ich wollt gar kein neues Baby; doch das traute ich mich nicht zu sagen.

Die Näherin streifte mir das Kleid über. »Aber ihr solltet eine Störnäherin holen. Mit Löchern in den Sachen könnt's doch nicht herumlaufen.«

Ich fuhr in die Ärmel und mit dem Kopf durch den Ausschnitt. Der Stoff knisterte und raschelte. Der Vater hatte der Mutter verboten, eine Störnäherin zu holen; beim Flicken würde sie den ganzen Tag in der Stube sitzen und man müsste sie bei jeder Mahlzeit mitessen lassen.

Die Näherin zog das Kleid zurecht. Sie schloss die Knöpfe, bauschte die Ärmel, strich über den kleinen Kragen, kniete nieder und kontrollierte den Saum. Dann schob sie mich vor den Spiegel. »Siehst aus wie eine kleine Braut.« Sie zupfte einen Fussel von der Manschette. »Gefällt's dir?«

Ich nickte. Das Kleid war von der Brandl-Bäuerin, sie hatte es der Mutter geschenkt und die hatte es zur Näherin gebracht, um es kürzen und abnähen zu lassen. Jetzt sah es aus, als wäre es für mich geschneidert worden. »Fein ...« Ich beugte mich vor und zog die Strümpfe hoch.

»Komm, ich frisier dich geschwind.« Die Näherin löste das Band in meinem Zopf. »Du sollst ordentlich aussehen an deinem Weißen Sonntag.« Sie nahm einen Kamm, zog einen Scheitel und begann mein Haar mit einer Bürste zu bürsten. Es war lang und dick und glänzte, je länger sie es bürstete. Sie flocht es zu einem Zopf und mit ein paar Haarnadeln befestigte sie einen Blumenkranz. Dann trat sie einen Schritt zurück. »Schad, dass die Mama dich nicht so sieht.«

Ich biss mir auf die Lippe. »Der Vater hat gesagt, er lässt eine Fotografie machen. Dann kann's die Mama sehen.« Die Alte auf dem Kanapee schlug die Augen auf und lächelte.

Ich wickelte meine Kerze aus, nahm mein Gebetbüchlein. Die Näherin spuckte auf ihren Schürzenzipfel und wischte über meine Wange. »Und jetzt lauf zur Kirche!«

Ich sprang die Stufen hinab, lief über die Straße. Doch ich sah den Stock nicht, der vor dem Brunnen lag, und stolperte.

»Dora!« Im nächsten Augenblick hockte die Näherin neben mir. »Hast dir weh getan?«

Ich setzte mich auf, Tränen in den Augen. Mein Kleid hatte Flecken, die Kerze war gebrochen.

»Kind, du bist manchmal so stürmisch.«

Ich stand auf. Die Näherin tauchte einen Schürzenzipfel in den Brunnen und wischte den Schmutz von meinem Kleid. Starr stand ich dort und dachte, wenn die Mama da gewesen wäre, wäre das nicht geschehen.

Je länger die Näherin rieb, desto größer wurden die Flecken. »Das richten wir anders.« Sie nahm mich an der Hand und ich stolperte hinterher. In ihrer Stube zog ich das Kleid aus, sie wusch die Flecken heraus und trocknete es mit dem Bügeleisen. Sie zündete eine Kerze an und hielt meine Kommunionskerze über die Flamme, bis das Wachs weich wurde, dann verrieb sie es. Der Riss war kaum noch zu sehen. Die Näherin half mir, das Kleid wieder anzuziehen, reichte mir die Kerze und mein Gebetbüchlein, führte mich zur Tür. »Diesmal gib acht …«

Vorsichtig stieg ich die Stufen hinab, lief den Hügel hinunter und bog in die Gasse, die zum Kirchplatz führte. Der Vater, die Frida und die Monik, der Oswald und die Oma warteten bereits. Alle trugen Sonntagskleider.

Nur ich trug ein weißes Kleid.

»In zwei Jahren hab ich Kommunion, dann bekomm ich das Kleid«, raunte die Frida.

»Warten wir's ab«, sagte ich knapp.

»Und eine Kerze bekomm ich auch.«

»Warten wir's ab.«

Die Glocken begannen zu läuten und ich trat neben den Vater und schritt zwischen ihm und der Oma in die Kirche. Stimmen hallten von den Wänden wider. Durch die hohen Fenster fiel Sonnenlicht, der Altar war mit Rosen, Margeriten und Buchsbaumzweigen geschmückt, auch im Gang neben den Bänken standen kleine Blumenbuketts. Das Holz vom Kirchengestühl knarrte und ächzte. Die Luft roch nach Weihrauch und Wachs. Alle Erstkommunionsmädle trugen weiße Kleider und Blütenkränze, die Buben schwarze Hosen und Hemden mit Matrosenkragen. Jedes Kind hielt eine lange, schmale Kerze in der einen und ein Gebetbüchlein in der anderen Hand.

Wir stellten uns neben dem Altar auf. Weil ich die Kleinste war, stand ich in der ersten Reihe. Ich sah, wie die Kirchenbänke sich füllten, und als die Orgel einsetzte, huschte die Näherin mit ihrer Tochter zur Tür herein, sie benetzten die Finger mit Weihwasser, bekreuzigten sich und rutschten auf einen Platz nahe dem Beichtstuhl. Der Kirchenchor stimmte *Halleluja, lasst uns singen* an. Ich dachte an die Mama. Ein Schauer lief mir über den Rücken.

Der Pfarrer erhob sich, schritt zum Altar, kniete nieder und verharrte einen Moment. Als er sich wieder erhob, ließ er seinen Blick durch die Reihen schweifen, faltete die Hände und sprach das Schuldbekenntnis.

Ich bekenne Gott, dem Allmächtigen,
und allen Brüdern und Schwestern …

Plötzlich fühlte ich mich noch kleiner vor den hohen Mauern, den Säulen, der Kanzel, den Seitenaltären, dem Kreuz und dem Heiland, der für uns gestorben war. Der

Pfarrer sah hinauf zur Empore und der Organist spielte das *Kyrie eleison.* Die Gemeinde sang und ich sang mit, ein altes Weib putzte sich die Nase, ein Gehstock schlug zu Boden. Die Gemeinde sang das *Gloria,* und als der Pfarrer zu predigen begann, drang seine Stimme noch bis in den hintersten Winkel. Meine Beine wurden schwer. Ich trat von einem aufs andere. Mein Kleid raschelte. Die Marie neben mir schaute streng herab. Die Gemeinde erhob sich, alle blätterten in den Gesangbüchern, Papier raschelte. »Lasset uns unseren Glauben bekennen«, rief der Pfarrer und faltete die Hände.

Ich glaube an Gott, den Vater,
den Allmächtigen,
den Schöpfer des Himmels und der Erde …

Alle sprachen mit dem Pfarrer.

… und an Jesus Christus,
seinen eingeborenen Sohn, unsern Herrn …

Meine Lippen bewegten sich, ein gleichmäßiges Murmeln, ein vielstimmiger Chor erfüllte die Kirche, stieg hinauf bis unter die Kuppel.

… empfangen durch den Heiligen Geist,
geboren von der Jungfrau Maria …

Ich dachte an den Katechismus, die Merksätze, die wir auswendig gelernt hatten, die der Pfarrer wieder und wieder abgefragt hatte. Die wir manchmal nicht verstanden hatten, doch Fragen waren nicht erlaubt, wir sollten brav lernen und sonst schweigen.

... ich glaube an den Heiligen Geist,
die heilige katholische Kirche,
Gemeinschaft der Heiligen,
Vergebung der Sünden,
Auferstehung der Toten
und das ewige Leben.

Ich dachte an die Beichte, die wir vor der Erstkommunion hatten ablegen müssen, obwohl ich nicht wusste, was zu sagen, weil ich mir alle Tage Mühe gab, brav zu sein und hart zu schaffen.

»Amen«, sprach der Pfarrer.

»Amen«, flüsterte ich.

Wieder setzte die Orgel ein. Die Agathe neben mir kratzte sich. Der Alois gähnte. Wir sangen *Fest soll mein Taufbund immer stehen* und *Lasst die Kinder zu mir kommen* und schließlich *Lobe den Herrn*. Als der Gesang verstummte, hing der letzte Ton der Orgel noch in der Luft. Nachdem er verklungen war, herrschte Stille. Man hätte eine Nadel auf den Boden fallen hören können.

Der Pfarrer wandte sich den Kommunionskindern zu. Er trat vor die Marie. »Vor euch brennen die Kerzen ...«

Die Marie fasste ihre ein bissle fester. Ihre Wangen leuchteten.

Der Pfarrer sah die Agathe an. »Ich frage euch ...«

Er sah mich an. »Glaubt ihr an Gott ...«

Er sah den Alois und die anderen Kinder an. »Glaubt ihr an Gott, den Vater unseres Herrn Jesus Christus, der euch das Leben gegeben hat, weil er euch innig liebt?«

»Ja, das glauben wir.«

»Glaubt ihr an Jesus Christus, den Sohn Gottes, der ganz uns Menschen gleich wurde, der sein Leben für uns gegeben hat und von den Toten auferstanden ist?«

»Ja, das glauben wir.« Ein Gesangbuch fiel zu Boden.

Ein Kind hustete. Mein Magen knurrte. Ich sah den Vater, die Oma, den Oswald, die Monik und die Frida, die zur Muttergottes emporschaute und die Lippen bewegte. Ich war wohl eine gute Christin, aber vielleicht nicht die beste. Ich war nicht so heilig wie meine mittlere Schwester.

»Herr, unser Gott, diese Kinder bekennen vor dir ihren Glauben. Beschütze und segne sie.« Die Stimme des Pfarrers klang rein und mächtig. Ich senkte den Blick. Die Orgel setzte ein und wir sangen.

O Herr, wir loben und preisen dich,
und danken dir von Herzen.
Wir dürfen alle, Groß und Klein,
zu Gast an deinem Tische sein,
du hast uns eingeladen …

In seinem weiten Messgewand wandte der Pfarrer sich um, trat an den Altar, griff nach dem Kelch und den Hostien. Nacheinander traten wir vor zu unserem ersten Abendmahl. Die Enden seines Schnurrbarts zitterten in der Luft, als der Pfarrer mich den Mund öffnen ließ und mir die Hostie auf die Zunge legte. Ich schloss die Lippen. Die Augen.

Nach der Messe fuhren wir heim. Es roch nach Hasenbraten und Kraut. Der Vater sprach das Tischgebet und schloss ein Vaterunser für die Mutter an. Der Oswald zwinkerte mir zu. »Den Hasen hab ich für dich gefangen, meine Große.«

Die Monik kicherte. »Dora ist doch die Kleinste.«

»Halt den Mund«, fuhr ich sie an.

Die Amme trug Most auf und Sprudel und alle langten zu, schlangen Fleisch hinunter, stachen mit den Gabeln in die Krautkrapfen. Ich zerteilte einen, zog das Kraut heraus und schob es in den Mund. Es war kein rechtes Kommunionsessen ohne die Mama. Die anderen Kinder saßen jetzt mit ihren Eltern im Gasthaus, in der Krone, im Adler oder im Hirsch in Heggelbach. Sie bekamen Armbanduhren zu ihrer Kommunion geschenkt. Mir hatte die Oma einen neuen Griffel gegeben, der Onkel Oswald ein Taschentuch. Der Papa hatte nicht an ein Geschenk gedacht.

Am Abend schlug ich meine Kommunionskerze in ein Stück Stoff und legte sie in die Kommode in der Stube. Das Kleid hängte ich in der Schlafkammer auf einen Bügel.

Anderntags fuhr der Vater mit dem Fuhrwerk ins Spital. Die Mutter hatte einen Buben geboren.

Die Älteste ist die Kleinste: die Monik, die Dora und die Frida (von links nach rechts) bei Moniks Kommunion

Fichten leuchteten im Sonnenlicht, die Luft war warm und weich. Grillen zirpten. »Komm jetzt.« Ich streckte die Hand nach dem Sepp aus.

»Neiiin!«

»Komm, sag ich.«

»Neiiin!« Mein Bruder lernte sprechen. Nein war sein liebstes Wort.

»Gleich verlier ich die Geduld!« Ich wandte mich um und lief ein paar Schritte den Pfad hinunter. Noch ein Kind hätte es wirklich nicht gebraucht, ständig war ich Kindsmagd. Als Älteste war ich in Zucht und Ordnung, der Josef wurde verhätschelt. Ich kehrte um, packte ihn mit festem Griff und hob ihn hoch. Der Sepp strampelte und schrie. Ich scherte mich nicht darum. In einer Stunde musste ich im Stall sein zum Melken.

Ich lief den Pfad zum Ufer des Hinterweihers hinab. Vorne kassierte der Müller, dem der Weiher gehörte, weil aus ihm das Wasser für seine Mühle kam, Eintritt. Der Bauer am Südufer verlangte ebenfalls Eintritt auf seinen Wiesen. Er schimpfte: »Die Leut kommen nicht wegen dem Wasser, sie kommen wegen der Sonne!« Als im Winter an der Schleuse das Wasser abgelassen wurde, pflanzte der Bauer im leeren See Kartoffeln. Sie wuchsen nicht. Als es im Frühjahr zu regnen begann, lief der See wieder voll und der Streit ging weiter.

»Neiiin!«, schrie der Sepp, rot im Gesicht.

»Gib Ruh.« Der Bub war schwer, doch ich stapfte über den weichen Boden. Eidechsen raschelten im Gebüsch, in der Ferne zog ein Fuhrwerk eine gelbe Staubfahne hinter sich her. Am Nordufer des Weihers besaß der Vater eine Wiese.

»Au!« Ich stolperte. Mein Bruder riss sich los und lachte bös. Ich rieb meinen Arm, den Abdruck seiner Zähne. Wütend lief ich ihm nach. »Warte, du frecher Bengel …« An der Stelle, an der der Hinterweiher einen Bogen machte, packte ich ihn und gab ihm eine Ohrfeige.

Der Sepp plärrte.

Ich schleifte ihn mit, vor zur Wiese. Das Gras stand hoch, überall blühten Pusteblumen und weißer Klee. Der Sepp warf sich zu Boden. Ich ließ ihn, raffte mein Kleid und die Schürze und lief die Böschung hinab. Das Wasser war kühl, aber nicht kalt. Dort, wo die Leut zum Baden gingen und der Weiher stets aufgewirbelt wurde, war es kälter. Ein leiser Wind blies durchs Schilf, es raschelte, ein feines, helles Geräusch. Die Birken am Westufer spiegelten sich im Wasser. Vor mir schwamm ein Fisch dicht unter der Wasseroberfläche, und als er abtauchte, zogen Kreise übers Wasser, die sich immer weiter ausdehnten. Der lehmige Grund unter meinen Füßen schmatzte, ich spreizte die Zehen. Zwei Buben waren weit hinausgeschwommen, sie tauchten einander unter, schossen prustend wieder hoch; die Buben lernten Schwimmen, wir Mädle liefen meist nur mit nackten Füßen durchs Wasser.

Der Sepp saß am Ufer und zupfte Gras. Ich streckte meine Hand aus. »Magst nicht ins Wasser kommen?«

Er schaute grimmig und schüttelte den Kopf. Sein blondes Haar war kurz geschoren. Sein rechtes Augenlid hing ein wenig herunter; so war er schon zur Welt gekommen. Er schlug nach einer Pusteblume und sie zerstob. Dummer Bub, dachte ich. Seit Tagen brannte die Sonne, nicht eine Wolke stand am Himmel. Ich hockte mich ans Ufer und ließ das Wasser über meine Waden plätschern. Amseln tschilpten.

Drüben am anderen Ufer sprangen ein paar Burschen mit Geschrei vom Steg. Im Schatten eines Buschs saß ein

Mädle mit langen braunen Zöpfen und einer blauen Schürze. Ein anderes lief ins Wasser, das nasse Kleid klebte an seinen Beinen. Es drehte sich um und rief: »Pauline, komm!«

Es war die Monik. Dabei hatte die Mutter sie zum Beerensammeln geschickt. Ich biss mir auf die Lippe. Meine kleine Schwester war frech und faul. Hieß der Vater sie Kühe hüten, trieb sie sie auf die Weide und lief zu ihren Freundinnen. Am Abend mussten der Papa und ich das Vieh suchen.

Jede Kuh folgte besser als meine Schwester.

Eine Fliege torkelte, als hätte sie zu viel Most genascht, über meinen Arm. »Neiiin!«, schrie der Sepp und schlug mit einem Stecken nach einem Schmetterling. Der Bub machte mich narrisch. Am Sonntag würde ich allein zur Oma gehen, sollten die Frida oder die Monik ihn hüten. Die Oma machte uns oft Geschenke, einen Federhalter für die Schule, ein kleines Fass mit Tinte, Farben, Hefte. Sogar im Winter, im hohen Schnee, lief ich gern die drei Kilometer nach Engerazhofen, brachte ihr Milch, Butter, Eier, Kartoffeln. Die Oma hatte kein Vieh, drum hatte sie Zeit. Sie erzählte Märchen oder Geschichten von früher, als sie ein Mädle war, oder Neuigkeiten aus dem Dorf. Sie strickte Socken und buk Plätzchen. Mit Mädle konnte man so etwas tun, aber nicht mit Buben, die waren anders, Rabauken wie der Sepp. Jeden Samstagabend, wenn die Mama Wasser pumpte, schrie er. Wir Schwestern liefen in die Küche, wo frische Wäsche für die nächste Woche lag, stiegen nacheinander in den Waschzuber, wuschen unsere Haare, schrubbten uns, bis die Haut brannte und wir nach Seife dufteten. Der Sepp schlug um sich, wenn die Mama ihn badete, hinterher war sie so nass wie er. Am Sonntag, wenn die Eltern um acht im Hausgang standen, weil wir um neun in der Kirche sein mussten, gab ich acht, mich nicht schmutzig zu machen. Der Sepp saute sich gleich ein.

Ich stand auf, schüttelte das Wasser von den Beinen, band meine Schürze und lief die Uferböschung hinauf. Der Sepp hob seinen Kittel und pinkelte ins Gras; er trug dieselben Kittel, die schon meine Schwestern und ich getragen hatten, die Mutter hatte kein Geld für neue Garderobe. Ich streckte meine Hand nach dem Buben aus. »Komm, wir gehen nach Hause.«

»Hunger!«, greinte er.

»Wenn die Mama und ich gemolken haben, gibt's Essen.«

»Hunger!« Der Sepp ließ seinen Kittel los, schob die Unterlippe vor und sah aus, als würde er gleich plärren. Ich nahm eine Pflaume aus meiner Schürzentasche, biss hinein, Saft spritzte. Ich gab ihm eine Hälfte. Flink steckte er sie in den Mund und rief mit vollen Backen: »Mehr!« Ich gab ihm die andere Hälfte.

Die Mutter war schon im Stall. Sie klopfte der Berta auf die Flanke. »Los, beweg dich ein Stückle ...« Die Berta schob sich zur Seite und die Mama fuhr mit der Mistgabel in die Streu. Ich nahm einen Melkeimer und hockte mich unter die Emma.

»Fünf tote Ratten hab ich gefunden.«

»Haben sie die Pfannkuchen gefressen?«

»Ja. Die Kadaver hab ich grad auf den Misthaufen geworfen.« Die Mutter klopfte der Rosa auf die kantigen Hüftknochen. »Beweg dich ...« Die Kuh schnaufte. Auf ihrer nassen Nase saß ein Schwarm Fliegen. Sie schüttelte den Kopf, doch die Fliegen rührten sich nicht. Am Vorabend hatten wir einen alten Topf genommen, minderes Fett ausgelassen und Pfannkuchen gebacken. Die ganze Küche hatte geduftet, doch wir ließen die Pfannkuchen abkühlen, teilten sie, gaben Rattengift in jede Hälfte und wickelten sie zu Rollen. Auf der Bühne, wo der Vater Mausbollen gefunden hatte, legten wir sie aus. Die letzte Ernte war gut gewesen, doch man wusste nie, wie es heuer würde.

Als ich von der Käserei zurückkehrte, wusch ich mir am Brunnen die Hände. In der Küche stand die Mutter am Herd, sie rührte in einem Kessel, Dampf stieg auf. Die Fenster standen offen, doch die Luft war heiß, die Mutter schwitzte, aus ihrem Dutt hatten sich Strähnen gelöst und fielen ihr ins Gesicht. Plötzlich sah sie schmal und müde aus. Sie füllte heiße Himbeeren in Weckgläser und stellte jedes auf ein Tuch auf dem Sims. Ich nahm etwas Mehl, siebte es, drückte eine Mulde in die Mitte, gab Salz, Eier und Wasser hinein. Immer wieder schaute ich zu ihr hinüber, während ich den Teig knetete und schlug. Dann legte ich den Klumpen in eine Schüssel und breitete ein Tuch darüber. »Ich verschließ die Weckgläser und trag sie in die Speis. Ruh dich einen Augenblick aus.«

Die Mutter sah auf. »Ist schon recht.« Sie strich sich das Haar aus dem Gesicht, hielt mitten in der Bewegung inne, schlug nach einer Fliege. Sie seufzte. »Gehen wir halt gemeinsam.«

Im Keller unter der Küche war es kühl und es roch nach Erde, Most und Würsten. Ich zog einen Kasten her, schob Gläser und Krüge beiseite, um Platz im Regal zu schaffen. Die Mama stand hinter mir. Ich drehte mich um, sie reichte mir ein Weckglas. Ihr Blick fuhr mir durch alle Glieder. »Was ist, Mama?«

Sie schüttelte den Kopf, rieb die Hände an ihrer Schürze.

»Geht's dir nicht gut?«

»Ach, Kind, es geht nicht um mich.« Sie schaute zu Boden, auf den Kasten, auf dem ich stand. Eine Tür quietschte. Der Gockel krähte. Sie schaute auf die Spitzen ihrer ausgebeulten Schuhe, schlang die Hände ineinander, auf ihrer Stirn eine tiefe Falte. »Du müsstest halt ein bissle wachsen.«

Ich schluckte. Schob das Glas ganz nach hinten ins Regal. »Du bist auch nicht groß.«

»Aber die Monik ist acht, die Frida zehn und beide sind größer als du.«

Ich zuckte mit den Schultern.

»Du brauchst mehr Lebertran.«

»Den ess ich schon.«

Die Mama seufzte wieder.

»Ich ess auch den Honig vom Oswald, der macht gutes Blut. Trotzdem wachs ich nicht.«

Die Mama seufzte noch tiefer und schwieg. Dann wandte sie sich ab und stieg langsam die Stufen hinauf. Ich verstaute alle Gläser und leckte meine Finger, sie schmeckten süß nach Himbeeren.

Oben in der Küche wirkte die Mutter wie ausgewechselt. Sie reichte mir einen Becher Sprudel, strich mir übers Haar. »Nimm's nicht schwer, Dora. Es ist wegen der Englischen Krankheit, da kann man nichts machen.«

Ich nickte und trank. Dann gab ich Schmalz in eine Pfanne, um Kraut zu dünsten. Ich nahm es nicht schwer. Meine Schwestern waren größer, aber ich war tüchtiger. Sie waren beim *Bund deutscher Mädel*, mir hatte man gesagt, ich sei zu klein, mit mir könne man nichts anfangen; aber ich wollte auch gar nicht mitmachen.

»Kleine Teufel sind nie groß.« Ein schelmisches Lachen zog über Mamas Gesicht.

»Ich hab halt Leben in mir«, gab ich zurück.

Die Mutter lachte und schob die Ärmel hoch. Ihre Arme waren schmal und sehnig. »Manchmal könnt ich euch alle vier bloß fortjagen …«

»Das meinst du nicht so, Mama.« Ich nahm den Teig aus der Schüssel.

»Nein«, lachte sie und sah aus dem Fenster. Draußen trieb die Bahle Pauline das Vieh heim. »Nun, der Herr hat mir eben vier lebhafte Kinder geschenkt.«

In dem Augenblick kam der Sepp in die Küche gelaufen. »Hunger!«

»Ja, mein Butzele.« Die Mama hob ihn hoch, schwang ihn durch die Luft. Sie ging zum Herd, fuhr mit ihrem Finger durch den Kessel, in dem sie die Himbeeren eingeweckt hatte, und hielt ihn dem Buben zum Abschlecken hin.

Der lachte. »Mehr!«

Ich rollte den Teig aus, gab Kraut darauf, wickelte eine feste Rolle und schnitt sie in Stücke. Ich trug einen Krug Milch und einen mit Most in die Stube. Im Hausgang sang der Papa ein Schnaderhüpfl.

Im Winter ist's kalt, und im Sommer ist's warm,
und wenn man kein' Schatz hat, dann ist man
recht arm …

Sang der Vater, war er gut aufgelegt. Ich lachte, briet die Krautkrapfen, bis sie braun waren, goss Wasser darüber, gab Salz hinein und ließ sie garen.

Wir aßen, bis nichts mehr übrig war. Später saß die Mutter im Garten, flickte Säcke und Socken, und der Vater und der Oswald spielten mit uns Kindern Halma, bis über den Wiesen ein runder, blasser Mond aufging.

1932

Am 2. Februar klirrte die Luft vor Kälte. Weiß zogen sich die Hügel bis zum Horizont, und im Wald schrien die Rehe, so dass der Förster sie mit Eicheln und Kastanien fütterte. Die Viehweider Männer spannten ihre Gäule vor einen riesigen Schneepflug und räumten den Weg ins Dorf und zur Käserei. »Und jetzt wird gefeiert!«, rief der Geissler-Bauer, als sie zurückkehrten.

Die Mutter kochte und buk seit Tagen, in der Küche standen Schüsseln mit Pilzen, Schalen mit in Schmalz gebratenen Zwiebeln, Töpfe mit selbstgemachten Nudeln. In der Speis lag ein Blech mit Bratäpfeln, zehn Laibe Brot türmten sich unter einem Tuch und der Vater hatte ein Fass Most angestochen. Am Vortag war er nach Engerazhofen gefahren, um die Oma zu holen; sie hatte auf dem Kanapee geschlafen. Nun hockte sie in der Küche, rupfte mit ihren knochigen Fingern ein Huhn, während die Mama Kartoffeln in eine große Pfanne schnitt. Der Sepp lag auf dem Boden und spielte mit Federn, ich schlug Eier für Biskuitkuchen in eine Schale.

Draußen schob ein Weib ein Fahrrad. Die Scheiben waren beschlagen, und erst als sie näher kam, erkannte ich Vaters Schwester Kreszentia, die Magd bei einem Bauern am Bodensee war. Später würden auch die anderen Schwestern und Mutters Geschwister kommen.

»Geh und hol mir Schmalz aus der Speis«, sagte die Mama zur Monik.

Die Frida brachte Holz und Reisig und feuerte den Herd und den Ofen in der Stube.

Ich liebte diese Tage.

Weihnachten und Ostern waren hohe Feste, doch für die Mägde und Knechte war Mariä Lichtmess das schönste Fest. An Nikolaus fragten die Bauern ihre Dienstboten, ob sie gingen oder blieben. An Lichtmess endete das Dienstbotenjahr und sie bekamen den Rest ihres Lohns und eine Woche Ferien und fuhren heim.

»Eine Woche ohne Arbeit!«, rief die Tante Kreszentia, als sie in die Stube trat. Sie sah aus wie ein Schneemann und die Frida und die Monik halfen ihr aus Schuhen, Schal und Mantel. »Was habt ihr für schöne Locken!« Die Tante fuhr der Frida und der Monik durchs Haar. Vaters andere Schwestern waren mager, doch die Kreszentia war wie der Vater und der Oswald groß und kräftig und sie war eine tüchtige Magd. Sie nahm ihren Korb. »Eine Woche ohne Arbeit …«

»Melken und misten musst schon«, murmelte die Oma, »das Vieh draußen geht nicht in die Ferien.«

Die Tante hörte nicht, was ihre Mutter sagte, denn sie schob ein Tuch beiseite und holte zwei Karpfen hervor. »Gut schaust aus, Mädle.« Sie trat einen Schritt zurück.

Ich lachte und streckte die Schultern.

»Ich kenn kein Mädle, das so langes blondes Haar hat wie du. Und diese Locken!«

»Die Mama hat uns am Samstag nach dem Baden kleine Zöpfe geflochten.« Ich legte die Fische in eine Kasserolle. Sie rochen nach Schlamm und Teichwasser und ihre Schuppen schillerten.

»Wie alt bist jetzt?«

»Dreizehn.«

»Dann bist bald mit der Schule fertig.«

Ich nickte. Und wartete drauf, dass sie sagte, bis dahin müsste ich aber noch wachsen.

»Da haben deine Eltern ja eine rechte Hilfe im Haus.« Die Tante sah zur Mama hinüber. »Fleißig ist das Mädle, erzählt man sich.«

Die Mama lächelte.

»Die Arbeit muss getan werden.« Mit einem scharfen

Messer schlitzte ich einem der Karpfen den Bauch auf. Die Monik kam mit dem Schmalz und die Mutter gab einen großen Löffel über die Bratkartoffeln. Es zischte, dampfte, duftete. Wie arm die Leut auch waren, an Mariä Lichtmess wurde aufgefahren. Eine Woche kochten und aßen, tranken und feierten sie. Sie gingen in die Kirche, ließen Kerzen weihen und stellten sie in ihre Herrgottswinkel, um Unheil von Häusern und Höfen abzuwenden.

Die Geissler-Bäuerin platzte herein und zerrte ein kleines Fass über die Schwelle. Am Saum ihres Kleids klebten Schnee und Eis. »Meine Schwester ist aus Leutkirch heimgekommen. Ihr Bauer war ein Geizhals, ein Lump, drum hat sie gekündigt und dies mitgenommen.«

Sie zog den Deckel ab und der Sepp steckte seinen Kopf hinein. »Gurken!«

»Greift zu!«, rief die Geissler-Bäuerin.

Die Mama lachte und nahm eine Schale. »Kommt später zur Vesper zu uns herüber.« Sie biss in eine Gurke. »Ihr seid's alle eingeladen!«

Die Geissler-Bäuerin lachte und entblößte einen braunen Zahn. Ich nahm den zweiten Karpfen aus, legte beide in die Kasserolle, walkte den Teig für die Kuchen, schob den ersten in den Ofen. Der Vater kam und mit ihm der Oswald und der Bahle-Bauer. Er drückte auf den neuen Lichtschalter und die Stube war taghell. Er sang ein Schnaderhüpfl und der Oswald jodelte, der Sepp stürmte um sie herum. Die Frida stellte einen Strauß Schneeglöckchen in die Vase im Herrgottswinkel und sprach ein Gebet. Der Bahle-Bauer hängte seine nassen Socken zum Trocknen auf die Ofenstange und zog ein Kartenspiel aus der Tasche seiner Jacke, der Oswald schenkte Most ein. »Heut Abend machen wir Musik, alle Viehweider kommen, von allen Höfen.«

Die Monik kicherte.
»Das wird eine richtige Kapelle geben!«
Ihre Wangen leuchteten und sie strich ihr Haar zurück.
Zur Vesper stellte die Mutter die Pfanne mit den Bratkartoffeln und eine Schüssel mit Pilzen auf den Tisch. Der Vater holte Most und Sprudel. Die Oma und die Tante Kreszentia, die Geissler-Bäuerin und ihre Familie, der Oswald, die Frida, die Monik, der Sepp und ich drängten uns auf Bänken und Stühlen und langten mit Gabeln und bloßen Fingern zu. Bis das neue Bauernjahr begann, würden wir essen, spielen, tanzen, schwätzen. Wir würden Verwandte und Nachbarn besuchen, feiern und kaum schlafen. Wir würden morgens und abends das Vieh versorgen und am Sonntag in die Kirche gehen und die restliche Zeit faul sein wie ein Hund in der Sommersonne.
»Prosit!«, rief der Vater und hob seinen Becher.

1936

Es war dunkel, als ich aufstand, ein zweites Paar Socken anzog, die blaue Trainingshose und ein Kleid, meine Schürze umband, ein Kopftuch. Leise lief ich die Stiege hinunter. In der Stube hörte ich die Mutter einheizen.
Draußen fegte kalter Wind über die Wiesen. Unter dem Baum am Wegrand lagen Zweige, Reisig, das der Sturm in der Nacht heruntergebrochen hatte. Irgendwo klapperte ein Fensterladen. Ein Hund bellte wütend. Eine Ratte kroch aus dem hohen Gras. Ich ging in den Stall und der Hund trottete hinterher. Seit die Viehweid Strom bekommen hatte, war es in der Früh hell im Stall. Die Rosa scharrte mit ihrer Vorderklaue, die Leni blinzelte und sah

mich neugierig an, aus ihrem Maul hing ein Halm. Die Emma war im Sommer gestorben, fünfzehn Jahre alt. Ich nahm einen Eimer und einen Melkschemel und hockte mich unter die Berta.

Auf dem Weg zur Käserei traf ich die Pauline vom Bahle-Hof. Wir luden ihre Kanne auf meinen Schlitten und zogen ihn gemeinsam. Und weil sie keine Handschuhe hatte, gab ich ihr einen von meinen. Im Wald knackten die Äste unter der Schneelast. Der Bach war zugefroren, Elstern schrien. Die kalte Luft brannte in unseren Lungen. Im März lag oft Schnee, doch in diesem Jahr dauerte der Winter besonders lang, schon Anfang Oktober hatte es zu frieren und zu schneien begonnen, früh wie nie zuvor. »Ich bin froh um meine Hosen.« Ich schaute zur Pauline.

Die Spitzen ihrer Wimpern waren weiß und gefroren. »In der Schule mussten wir sie immer ausziehen.«

»Ja, aber auf dem Schulweg war ich froh drum.«

Sie nickte. Raben hüpften durch die Zweige über unseren Köpfen, Schnee rieselte herunter.

»Was machst du, wenn im Sommer deine Schwester aus der Schule kommt?«, fragte ich.

»Der Papa sagt, ich soll ins Tagwerk gehen. Oder als Magd zu Verwandten.«

»Zu Verwandten ist nicht gut. Die behandeln dich wie ihr Eigentum und daheim darfst nichts sagen, wenn sie schlecht zu dir sind, sonst denken die Eltern, du bist narrisch.«

»Das hat meine Tante auch gesagt.«

Im Dorf blitzte der Glockenturm über den verschneiten Häusern. Die Schlittenkufen knirschten im Schnee, und wo Eis lag, rutschten sie, und die Pauline zog und ich schob den Schlitten den Hügel hinauf. Oben angekommen, war's mir warm.

»Grüß Gott, Mädle.« Der Käser stellte eine Kanne Käswasser vor die Tür. »Wollt's ihr Käswasser mitnehmen? Ist von gestern, ist übrig geblieben.«

»Gern, die Mama wird sich freuen.« Die Pauline zog den Handschuh aus und rieb sich die Hände. »Sie wird's der Sau geben, aber vielleicht gibt sie mir was ab. Die Molke macht die Haut schön weich.«

Der Käser lachte und half uns, die Milchkannen abzuladen. »So junge Mädle müssen sich doch darum noch keine Sorgen machen.«

Der Untersenn wog die Milch. Draußen unter kahlen Bäumen poussierte der Knecht vom Geislinger-Hof mit der Magd vom Reutlinger-Hof, Spatzen hüpften durch den Schnee, auf der Suche nach Käskrümeln. Der Käser trug die Milchmengen in die Kontobücher ein. Im Nebenraum lagen drei riesige goldgelbe Emmentaler in einem Regal. »Die Mama hätt gern ein bissle Käs«, sagte ich. Der Käser klappte das Kontobuch wieder auf.

Mit einem Stück Käs, Käswasser und Hunger machten wir uns auf den Heimweg. Die volle Kanne zwischen uns, die leeren in den Händen, rutschten wir mit dem Schlitten den Hügel hinunter, bis rechts der Weg zur Mühle und in die Viehweid abzweigte.

Daheim putzte der Vater die Gäule. Stumm stand er dort und striegelte, sagte nicht einmal einen Gruß, als ich den Schlitten in den Stadel zog. Seit der Onkel Oswald in der Stube mit einem Gewehr gespielt, sich ins Bein geschossen hatte und eine Woche später im Spital gestorben war, gab es Tage, an denen der Vater kaum sprach. Drinnen trug die Mutter den Sepp aus der Elternkammer hinunter in die Stube und zog ihn an. Er gähnte, seine Augen fielen immer wieder zu. Die Frida und die Monik saßen am Tisch und aßen Mehlsuppe. Ich nahm einen Löffel und aß mit.

Die Schüssel war leer, als der Vater mit schweren Schritten durch den Hausgang lief. Er trat in die Stube, nahm seinen Hut ab, fuhr sich durchs Haar und ließ sich auf die Bank fallen, dass die Katze fortsprang. Er nahm ein Stück Brot, kaute. Die Mama kämmte die Frida und die Monik, sie zogen Trainingshosen unter ihre Kleider, schlüpften in ihre Stiefel und machten sich auf den Weg zur Schule. Der Vater setzte seinen Hut wieder auf und sagte: »Ich fahr mit dem Buben zum Markt.«

Doras Mutter (links) mit ihrer Schwester (rechts) und ihrem jüngsten Sohn, dem kleinen Sepp (Zweiter von links)

Ich trug das Geschirr in die Küche und weil kein Wasser auf dem Herd stand, wischte ich es mit einem Lumpen sauber. Durchs Küchenfenster sah ich, wie der Papa das Fuhrwerk aus dem Stadel holte, den Fuchs und den Braunen einspannte und den Sepp auf den Bock hob. Als ich das nächste Mal aufsah, war das Fuhrwerk hinter den weißen Hügeln verschwunden.

Die Mama schleppte Wasser herein. »Wenn alle fort sind, werd ich waschen.« Sie heizte den Waschkessel ein. Sie schimpfte leise, weil es eng war in der Küche. Ich wrang die Laken aus, die über Nacht in einer Wanne mit Sodawasser gelegen hatten, und sah zu, dass ich fortkam.

Vor der Tür pfiff ich nach dem Hund. Er schoss hinterm Stadel hervor. Ein Schwarm Spatzen flog auf. Hechelnd blieb der Ammi stehen, blickte ihnen nach, bellte hinter den zeternden Vögeln her. Als hätte er allen gezeigt, wer der Stärkere war, trottete er auf mich zu und legte den Kopf schief. Ich kraulte ihn zwischen den Ohren. »Komm, wir gehen zu den Kühen.«

Am Brunnen füllte ich einen Eimer, dann gingen wir in den Stall. Die Berta ließ sich gern putzen, die Rosa und die Linda auch. Ich bürstete ihr Fell. Mit leichtem Strich fuhr ich an den Beinen hinab, damit sie nicht auswarfen. »Bist ein feines Vieh«, lobte ich die Leni. Als Kalb hatte ich sie oft gestreichelt, jetzt stand sie da wie ein Lamm, wenn ich sie putzte. Nacheinander wusch ich jeder Kuh den Schwanz, tauchte die Bürste in den Eimer, kratzte Mist und Dreckklumpen aus den Haaren.

Dem Meerschweinchen gab ich ein Stück Futterrübe, dann machte ich seinen Stall sauber. Ich fütterte die Hühner. Zum Schluss sah ich nach den Hasen. Du Lump, dachte ich. Zu seinem sechsten Geburtstag hatte der Vater dem Sepp zwei Hasen geschenkt. Er spielte mit ihnen, nahm sie auf den Arm, trug sie herum. Aber füttern und misten mussten wir Mädle. Ich öffnete das Gitter und packte die Hasen im Genick. Wenn es so weiterging, hatten die Monik, die Frida und ich beschlossen, würden wir die Hasen im Frühling auf der Wiese springen lassen.

Würde der Sepp schon sehen.

Wütend setzte ich die Hasen in eine Kiste, klaubte die

stinkende Streu heraus, holte neue und füllte frisches Heu in die Traufe. Dann lief ich hinüber zum Bahle-Hof und ging mit der Pauline in den Wald, Reisig hacken.

Am Nachmittag kehrte der Vater vom Markt zurück. Er sang ein Schnaderhüpfl und lud zwei Körbe vom Fuhrwerk, in einem lagen eine Kuhglocke und eine Jacke, im anderen Stoff und eine Bettflasche. Der Sepp sprang vom Bock. »Ganz viele Stände hat's auf dem Fastenmarkt gehabt und die Händler kamen von Memmingen und sogar von Stuttgart.« Er zog die Nase hoch und grinste. »Und Karussell bin ich auch gefahren.«

»Und ich hab deine Hasen gefüttert und gemistet.«

Einen Moment war der Sepp still. Er schaute zum Vater, doch der hatte nichts mitbekommen. Er grinste wieder, aber nicht mehr so frech. Sein rechtes Augenlid hing wie immer ein wenig herab. Wütend wandte ich mich ab, nahm einen Korb und trug ihn ins Haus.

Später half ich der Mutter, Wäsche aufzuhängen. »Bei der Stöckle-Bäuerin ist's bald so weit«, sagte sie und schlug ein Laken aus, dass es knallte. »Nächsten Monat kommt sie nieder, mit ihrem zehnten Kind.«

Die Obermagd

Kornblumenblau leuchtete der Himmel über dem Tal, als der Futscher-Bauer die Gäule aus dem Stall führte. Auf dem Fuhrwerk standen Körbe mit Saatkartoffeln. »Die Josefine, die Zilli und die Zenz gehen auch mit.« Er deutete auf seine Schwestern, die mit wilden Strichen den Hof kehrten.

Der Acker lag nahe am Haus, der Fußmarsch war kurz. Das Fuhrwerk knarrte, und die Stute und der Wallach schnauften; nur mindere Bauern spannten Ochsen ein, die ganz armen sogar Kühe. Die Cecilia lief mit ausholenden Schritten, die Kreszentia schwang die Arme, die beiden wirkten wie Witzfiguren. Die Obermagd marschierte schweigend hinterher, der Zipfel ihres roten Kopftuchs wippte auf und ab. Am Wegrand blühten Butterblumen, und winzige Vögel hüpften umher. Die Sonne blendete und der Bauer zog seinen Hut tiefer ins Gesicht. »Ist der April sonnig und warm, macht's den Bauern auch nicht arm.« Sein knochiges Gesicht verzog sich zu einem Lachen.

Der Acker grenzte an einen Fichtenwald. Im Herbst hatte der Bauer ihn gepflügt, im März geeggt und noch einmal gepflügt, diesmal nicht so tief, hatte saubere, schnurgerade Furchen gezogen. Trocken und locker rieselte die Erde durch meine Finger, als ich eine Hand in den Boden grub. Die Obermagd zog einen Korb von der Ladefläche, ich nahm einen anderen und lief zum Ackerrain und kniete nieder. Die Obermagd folgte mir. In gerader Reihe setzte ich die Kartoffeln in die Erde, teilte größere in zwei Hälften und gab acht, dass auf jeder Hälfte ein Keimling saß. »Ist's recht so?«, fragte ich.

Sie verzog das Gesicht und wandte sich wortlos ab.

Der Bauer bückte sich, strich der Stute mit der Hand die Fessel hinab, dass sie den Huf hob, und kratzte etwas vom Hufeisen. Dann schob er seinen Hut zurück, kletterte auf den Bock und schnalzte. »Ich fahr und hol Mist.« Schwerfällig zogen die Rösser an. Die Sonne wärmte, und der Himmel war blassblau, ein paar Wolken weiß wie Rahm zogen langsam übers Tal. In der Ferne sah man die Berge, grau und schroff und mit verschneiten Spitzen. Die Schwestern hockten ein Stück entfernt, ab und zu kicherte eine. Sie schienen dem Bauern keine Hilfe zu sein; sie schafften oft langsam, umständlich, als verrichteten sie eine Arbeit zum allerersten Mal. Kinder waren tüchtiger als diese beiden Weiber. Wahrscheinlich konnten sie froh sein, dass ihr Bruder sie bei sich aufgenommen hatte.

Etwas stieß gegen meine Schulter, ich verlor das Gleichgewicht und fiel vornüber. »Du schaffst nicht grad geschwind.« Die Obermagd stützte sich auf eine Hacke und sah auf mich herab.

Langsam richtete ich mich auf. Ich wischte die Erde von meinen Händen, tat einen Schritt auf sie zu und streckte die Schultern. Sie war nicht viel größer als ich. Ihr Kopftuch hing tief ins Gesicht, ihr Blick war kalt. Über ihrer Oberlippe wuchs blonder Flaum. Wir standen einander so dicht gegenüber, dass ich ihren Atem spürte. »Ordentlich soll's schon sein, gell?«

»Bis zum Sommer kannst dir nicht Zeit lassen. Dann wollen wir die Kartoffeln nämlich ernten ...« Ihr Mund verzog sich zu einem bösen Lächeln.

Statt zu antworten, wandte ich mich um, schob den Korb mit dem Fuß weiter, nahm eine Handvoll Kartoffeln und bückte mich. Ich klaubte einen Stein aus der Erde, setzte weiter eine Saatkartoffel nach der anderen in die Furche und überlegte, was die Obermagd getan hätte, wäre der Bauer nicht fortgefahren. Eine der Schwestern setzte sich auf, schirmte mit der Hand ihre Augen gegen die Sonne ab und sah zu uns herüber. Die Obermagd lächelte. »Mach's ordentlich«, zischte sie, trat mit ihren Holzpantinen nach den Kartoffeln und schulterte ihre Hacke.

»Dummes Weib«, murmelte ich und legte die Kartoffeln, den Keimling nach oben, zurück in die Furche.

»Vesperzeit!«, rief die Kreszentia. Ich tat, als hätte ich nichts gehört, stand auf, trug den Korb zur nächsten Reihe und kniete nieder. Kartoffeln auszubringen war nicht die schwerste Arbeit, in der Viehweid hatte ich es oft getan, hatte mit der Mutter und den anderen Weibern geschwätzt und es war gesellig gewesen. Schaffte man schweigend, war es eintönige Arbeit. Ich schlug nach einer Fliege, die auf meiner Nase landete. Vögel zwitscherten, und ein Käfer krabbelte durch die aufgewühlte Erde. Vom Ackerrain hörte ich Gelächter, das Schnappen von Verschlüssen, das Rascheln von Pergament. Ich dachte daran, wie die Obermagd an meinem ersten Abend auf dem Hof in unsere Kammer gekommen war, sich wortlos ausgekleidet hatte und ins Bett gestiegen war. Ein heller, dünner Wurm kroch vor meinem Knie entlang. Ich zerdrückte ihn mit einem Stein.

Der Korb war fast leer, als der Bauer mit dem Mistwagen zurückkehrte. Mit klammen Fingern legte ich die letzten Kartoffeln in die Erde, lief vor, lud mit der Gabel einen Haufen Dung ab. Reihe um Reihe breitete ich ihn gleichmäßig über die Furchen. »Man könnt meinen, der Teufel ist hinter dir her«, sagte der Bauer, »so verbissen schaust aus.«

Unwillkürlich sah ich zur Obermagd, die ihr rotes Kopftuch band. »Ich schaff halt ordentlich«, murmelte ich und lief weiter. Der Bauer sah mir nach, mit einem seiner

Blicke, die schwer zu lesen waren. Mit dem Rechen zog ich Erde über die mit Mist bedeckten Kartoffeln.

»Gib Obacht und tritt nicht auf die Kartoffeln«, zischte die Obermagd im Vorbeigehen. Stur rechte ich weiter, bis der Boden eben und alle Kartoffeln bedeckt waren.

Am Abend hatten wir drei Morgen Land bestellt.

Um vier in der Früh lag Tau auf den Weiden und ich musste laufen, um Schritt zu halten mit dem Bauern, der einen Schubkarren den Pfad hinterm Haus entlangzog. Die Weiden glänzten silbrig in der Dämmerung, Tautropfen glitzerten auf den Halmen, feuchte Spinnweben schillerten in den Zweigen der Apfelbäume. An der Schlaufe seines Gürtels klapperte ein ausgehöhltes Kuhhorn mit einem Wetzstein darin.

»Weißt, wie man wetzt?« Er nahm eine Sense aus dem Wagen.

»Freilich.«

»Zeig's mir.« Er zog den Wetzstein aus dem Kuhhorn.

Mit schnellen Strichen schliff ich ein paarmal über das Sensenblatt, ein lautes Geräusch in der Morgenstille, Vögel flogen auf.

Der Bauer deutete auf den Wiesenrand. »Fang dort drüben an. Nicht dass ich dir beim Ausholen die Füß wegmäh.«

Das Gras war weich und feucht. Ich tat einen Schritt vor, so dass ich fest stand, packte die Sense an beiden Griffen, holte aus und mähte. Das Gras fiel zu Boden, leicht, wie Daunen einer frisch gerupften Gans.

Ich hab schon immer gern gemäht.

Als Kind hatte ich eine Freude, wenn die Viehweid-Bauern in weiten Reihen über Wiesen und Äcker zogen, mit ihren Sensen Gras und Getreide mähten, Heu und Korn fielen wie dahingeweht. Es war eine anstrengende

Arbeit, doch schön sah es aus. Als der Vater mich Mähen lehrte, hielt er meine Hand und ich hab's gleich verstanden. Bald holte ich das Gras für die Hasen, für die Gänse.

Der Bauer stapfte vor und begann ein Stück entfernt zu mähen. Er holte weit aus, er war ein Mannsbild; meine Bewegungen waren kleiner, dafür mähte ich schneller. Schweigend schafften wir, während es langsam heller wurde, die Tiere erwachten und der Gesang der Vögel sich mischte mit dem gleichmäßigen Klang der Sensen, die durchs Gras fuhren. In zwei Stunden wäre der Tau fort und das Gras nicht mehr so leicht zu schneiden, die Kleeblumen, der Löwenzahn. Der Bauer hustete und spuckte aus. Er zog den Wetzstein aus dem Kuhhorn und schärfte seine Sense. Ich begann, das Gras zusammenzurechen und in den Schubkarren zu laden. Es türmte sich, doch bei zwölf Stück Vieh reichte ein voller Wagen grad einen Tag lang.

»Das ist genug«, sagte der Bauer, lehnte seine Sense gegen den Wagen und nieste, laut wie ein Gewitter. Spatzen flogen davon. Aus der Hosentasche zog er ein Taschentuch und schneuzte sich. »Gehen wir.« Er schob den Schubkarren, ich trug die Sensen und den Rechen.

Der Wetzstein im Kuhhorn klapperte bei jedem Schritt.

Unterdessen hatte die Obermagd gestallt, grad trug sie Milchkannen auf den Hof. Der Bauer und ich schippten das Futtergras in die Tröge, die Kühe muhten und drängelten, rupften, kauten und schmatzten. Nebenan grunzten die Sauen. »Du bringst die Milch zur Käserei«, raunte die Obermagd und verschwand ins Haus.

Ich lud die Kannen auf und machte mich auf den Weg.

Wieder auf dem Hof, saßen der Bauer und die Obermagd in der Stube, kauten Brot und Käse. Kaum hatte ich mich gesetzt, sprang der Bauer auf. »Beim Misten hast gezeigt, was du kannst. Mal schauen, wie du dich beim Heuen anstellst.« Er schob noch ein Stück Käse in den Mund, trank seinen Malzkaffee aus, strich sein dickes Haar zurück und setzte seinen Hut auf.

Schweigend zogen wir, jeder eine Sense über der Schulter, wieder hinaus. Diesmal liefen wir zu einer der Wiesen in der Nähe des Walds. Inzwischen war es hell, man hörte das Vieh, die Rösser, die schnaubten, Geißen, Gänse, Gockel. Auf dem Nachbarhof hingen Bettlaken auf der Leine, wie weiße Bretter standen sie in der Luft, steif und glatt, denn es ging kein Wind. Insekten surrten, erste Fliegen umkreisten uns. Eine rollige Katze schrie.

Bis neun Uhr mähten wir, dann liefen wir heim, um zu frühstücken. Die Bäuerin schob mir einen Löffel hin, gierig tauchte ich ihn in die Mehlsuppe. »Später geht's zum Heuwenden.« Der Bauer riss ein Stück Brot ab. In seinem Becher dampfte frischer Malzkaffee. »Beim Misten hast dich geschickt angestellt, beim Mähen auch«, sagte er mit vollem Mund. Ich sah nicht auf, doch ich war sicher, dass die Obermagd zusammengezuckt war. »Mal schauen, wie dich beim Wenden anstellst.« Er nahm einen Schluck Kaffee.

»Wie ein Depp werd ich mich nicht anstellen.« Ich kratzte die letzte Suppe aus der Schüssel. »Aufladen hab ich mit dem Vater oft müssen.«

»Ein winziges Mädle wie du?« Die Obermagd rümpfte die Nase. Die Schwestern kicherten. Ich trank einen Schluck Milch. Und nickte.

»Abendtau im Mai bringt viel Heu!«, sagte der Bauer und schaute mich über den Becherrand hinweg an. »Bestes Wetter zum Heuen, also los, auf!«

Ich lief hinauf in die Kammer und band ein Kopftuch um. Als ich herunterkam, warteten auf dem Hof die Schwestern, die Bäuerin und ein paar Weibsbilder, einige hatte ich schon in der Käserei gesehen. Ein Bub jagte den

Spitz, der wild kläffte, eine Katze streifte um den Misthaufen. Die Weiber trugen Schürzen und einige hatten ihre Kopftücher gegen Strohhüte getauscht. Alle hatten Heugabeln und Rechen dabei. »Das sind Nachbarinnen von den umliegenden Höfen. Sie helfen uns beim Heuen und anschließend helfen wir ihnen.« Die Bäuerin schlüpfte in ihre Holzpantinen.

Ich nickte. »So halten wir es in der Viehweid auch.«

»Man muss einander helfen.« Sie wischte sich eine Wimper von der Wange.

Die Mütter riefen ihre Kinder, die meisten waren barfuß. Eine Alte in einem geflickten, beinahe bodenlangen Rock hatte spröde Füße wie Holzscheite. Der Bauer hieß die Obermagd, den Handkarren mit dem Essen für die Vesper zu ziehen, und die Bäuerin zog ein Leiterwägele, in dem ihr Bub schlief. Wir liefen nach Osten, der Sonne entgegen. Hier und da auf einer Wiese stand ein Heustadel, das Holz grau vom Regen; Bauern, deren Höfe weit entfernt lagen, hatten sie gebaut, um Heu und Öhmd darin einzulagern. Schafe weideten, und ein Hund trieb eine Herde Geißen vor sich her. »Dort vorne beginnt Bayern.« Ein Mädle neben mir deutete in die Ferne.

»Der Ort drüben in den Wiesen?«

Sie nickte. »Das ist Dilpersried und gehört zu Bayern.«

»So nah ist die Grenze?«

»Freilich.« Sie hatte lange blonde Zöpfe wie ich, war aber ein gutes Stück größer. »Uns gehört der Weiler-Hof dort drüben.« Sie deutete auf ein Gehöft. »Ich bin die Magdalene.«

»Dora. Ich komm aus der Viehweid.« Sie sah mich an, drum fügte ich hinzu. »Bei Herlazhofen.«

»Da war die Mutter neulich zu Besuch.«

Der Bauer setzte seine Heugabel ab. »Hier fangen wir an.« Vor uns lag die Wiese, die wir gestern gemäht hatten, rund fünf Morgen groß. Die Bäuerin schob das Leiterwägele unter einen Apfelbaum; der Bub ballte im Schlaf seine Hände zu kleinen Fäusten. Die größeren Kinder nahmen Rechen und die Weiber ihre Heugabeln. In einer langen Reihe verteilten sie sich über die Wiese und begannen, das gemähte Heu zu wenden. Wenn es eingefahren wurde, musste es trocken sein, sonst konnte es sich in der Scheune entzünden. War das Wetter feucht und unbeständig, hängte man das Heu auf Hoize, hölzerne Gestelle, die in die Erde gerammt wurden. Doch da seit Tagen die Sonne schien, konnten wir es heuer auf dem Boden trocknen lassen.

»Schneller, hopp, hopp!«, zischte die Obermagd, die plötzlich neben mir stand. »Auch wenn du kurze Arme hast.« Sie ging weiter, als sei nichts geschehen.

Dummes Weib, dachte ich und wischte mir mit dem Schürzenzipfel übers Gesicht, ich schwitzte bereits.

Als die Sonne senkrecht stand, liefen wir heim zum Mittagessen. Die Bäuerin und die Kreszentia waren vorausgelaufen, hatten Maultaschen bereitet und Kartoffelsuppe. Alle drängten sich um den Tisch in der Stube, der Bauer sprach ein Tischgebet, Löffel stachen in Schüsseln, Gabeln pieckten Maultaschen auf, man musste sich sputen, um satt zu werden.

»Eine meiner Cousinen hat einen Mann von Herlazhofen geheiratet«, sagte ein kräftiges Weib mit vollem Mund. »Den Theobald. Kennst ihn?«

»Freilich.« Ich stopfte eine halbe Maultasche in den Mund. »Sein Bruder ist der Schwager von unserer Nachbarin.«

Das Weib trank einen Schluck Sprudel und biss ein Stück Brot ab. Sie hatte freundliche Augen und Sommersprossen. »Wir wohnen auf dem Nachbarhof. Ich bin die Antonia.«

Ich nickte und kaute und versuchte dabei zu lächeln. Ich hatte die Antonia beim Heuwenden beobachtet, sie hatte nicht viel geschwätzt und tüchtig geschafft, sicher war sie eine gute Bäuerin. Die Alte langte nach der letzten Maultasche, die Cecilia zog ein Gesicht. Die Kreszentia pulte in ihren Zähnen und die Bäuerin sprang auf und trug die leeren Schüsseln in die Küche. Der Bauer leerte seinen Becher mit Most und stellte ihn mit einem lauten Knall auf den Tisch. »Gehen wir.«

Die Sonne brannte und der Spitz lag faul im Schatten vorm Haus. »Faulpelz!«, rief die Magdalene und lachte. »So ein Leben tät's für mich nie geben.« Die Schwestern kicherten.

Der Spitz hob erschrocken seinen Kopf.

»Heut kannst zeigen, was du kannst«, sagte der Bauer, als er die Gäule vor den Heuwagen spannte. Auf der Ladefläche lagen Rechen, Heugabeln und Ladegabeln mit langen Stielen.

Tu ich das nicht alle Tage?, dachte ich, nickte und sagte: »Freilich.« Am Abend zuvor hatte ich den Kühen gute Nacht gesagt, hatte allen geweihtes Wasser auf die Stirn gespritzt, dann war ich in die Kammer hochgestiegen, hatte ein Vaterunser für die Mutter, eins für den Vater, eins für die Geschwister und eins für den Bauern und die Bäuerin gesprochen. Wie ein Stein war ich ins Bett gefallen und hatte so fest geschlafen, dass ich beinahe den Gockel nicht gehört hätte. Nun war ich ausgeruht und voller Kraft. Was immer es wäre, ich würd's ihm zeigen. Ich knotete mein Kopftuch fester und blinzelte in die Sonne. »Bisher kannst mir nichts Schlechtes nachsagen, oder?«

Der Bauer wischte die Hände an den Hosen ab. Sagte nichts, maß mich nur mit diesem Blick. Sechs Wochen schaffte ich schon auf seinem Hof; um die Obermagd scherte ich mich nicht, jedenfalls versuchte ich es, doch dass der Bauer mich für ein Mädle hielt, das nicht schaffen konnte, ärgerte mich.

Einen Rechen über der Schulter, stapfte ich los.

Die Sicht war klar, das Licht scharf. Am Horizont sah man die Alpen, davor erstreckten sich grüne Hügel, hier und da durchbrochen von Teppichen aus Löwenzahn. Am Himmel ein paar Schönwetterwolken. Der Heuwagen knarrte, die eisenbereiften Räder knirschten über Sand und Schotter, die Stute und der Wallach schnauften und schüttelten die Köpfe, um Fliegen zu vertreiben. Ihre Hufeisen hinterließen flache Spuren. Die Bäuerin zog wieder das Leiterwägele und schwätzte mit der Magdalene und der Antonia. Die Kreszentia – in der Früh hatte sie beinahe feierlich erklärt, ich solle sie jetzt Zenz nennen und die Cecilia Zilli, so würden alle sie rufen – fuhr Fahrrad. Kinder liefen herum, riefen, lachten. Nur die Mannsbilder sagten nicht viel.

»Wie heißt du?« Ein strubbeliger Bub in blauen Hosen hatte aufgeschlossen. Er trug einen Rechen.

»Dora. Und du?«

»Ich bin der Kaspar.«

»Grüß Gott, Kaspar.« Ich trat nach einem Stein. »Wo kommst denn her?«

Der Bub zeigte auf ein Gehöft in einer Senke.

»Und wie alt bist?«

»Zehn.«

»Dann kannst schon schaffen.«

»Ich helf dem Vater beim Pflügen, beim Säen, beim Ernten. Ich kann misten und melken und die Gäule führen.«

»Tüchtig.« Ein weißer Schmetterling flatterte durchs Gras am Wegrand und Mücken surrten. Der Bub sah mich an. Sein Hemd stand offen, seine Wangen leuchteten rot. »Hast noch Geschwister, Kaspar?«

»Ja, aber die sind noch klein. Ich bin der Älteste. Der Papa sagt, ich bin ihm eine rechte Hilf.«

Ich lächelte und dachte an den Sepp.

Die erste Wiese lag an einem Hang. Der Bauer befühlte das trockene Gras und nickte. Wie auf ein stilles Kommando verteilten sich die Weiber und Mannsbilder und Kinder über die Wiese und begannen, das Heu zusammenzurechen. Der Bauer fuhr den Heuwagen ans Ende einer Reihe, die Antonia stieg hinauf. Ein derber Kerl mit nacktem Oberkörper und prallen Muskeln stach mit einer langen Ladegabel in einen Haufen und stemmte ihn hoch. Andere stachen ebenfalls ihre Gabeln ins Heu, holten aus und luden auf, manche Männer hoben riesige Bündel, ein paar Weiber taten es ihnen gleich. Die Antonia verteilte das Heu am Rand des Wagens, lud dann die Mitte voll, damit nichts verrutschte und wir mit einer Ladung möglichst viel Heu einfahren konnten. Die Kinder, auch der Kaspar, liefen hinter dem Wagen her und rechten zusammen, was herunterfiel. Die Alte mit den Füßen wie Holzscheite lief hinter den Kindern her und rechte noch den allerletzten Halm auf. Sie nahm es sehr genau. Sie hatte recht. Mit dem Heu würden wir im Winter die Gäule füttern; das Gras vom nächsten Schnitt in ein paar Wochen taugte für die Kühe, doch Rösser bekamen von Öhmd Koliken.

Ich spießte eine Gabel auf und hob sie auf den Wagen. Das Heu duftete und kitzelte in der Nase. Ich nieste.

»Prosit!«, rief die Antonia. Ich lachte. Die Obermagd starrte finster vor sich hin. Ich nieste wieder.

»Nach dem zehnten Wagen ist's vorbei«, sagte die Bäuerin.

»Mir macht's nichts«, lachte ich. Und nieste. Ich holte aus und stemmte die nächste Ladung hoch. Heu war leicht, doch ein großes Bündel hatte Gewicht, es nach oben zu stemmen brauchte Kraft und Geschick. Vor allem die Mannsbilder schafften schnell, und oben auf dem Wagen stand die Antonia schon hoch auf dem Heu.

»Fahren wir!«, rief der Bauer.

Der Wagen war haushoch beladen. Die Antonia spießte ihre Gabel ins Heu und schwang sich herunter. Ihr Kleid flog hoch, ein junger Bursche pfiff. »Hast ja nichts gesehen«, fuhr sie ihm über den Mund. Der Bursche lachte. Die Alte durchbohrte ihn mit ihrem Blick. Ich dachte daran, dass die alten Weiber, wie christlich sie sich auch gaben, wie einst in ihrer Kindheit noch immer keine Unterhosen unter ihren Röcken trugen. Doch die Antonia war jung. Der Bauer trieb die Gäule an und der Heuberg setzte sich schwankend in Bewegung. Wir anderen blieben zurück und rechten weiter Heu zusammen.

Gegen zehn Uhr, die Sonne brannte, die Wolken hatten sich verzogen, und meine Arme begannen zu schmerzen, rief die Bäuerin: »Vesperzeit!« Alle legten Gabeln und Rechen beiseite, setzten sich im Schatten eines Heustadels ins Gras. Die Obermagd packte Brot, Butter, Wurst und Äpfel aus, Milch und einen Topf Honig. Der Bauer schenkte Most ein; einem Mannsbild kann man nicht mit Sprudel kommen, einem Weib noch eher, doch gute Bauern gaben all ihren Dienstboten Most. Ich nahm einen Schluck, reichte den Becher an die Antonia weiter und strich Butter und Honig auf einen Kanten Brot. Die Magdalene schnitt ein Stück Schwarzwurst ab und legte es obendrauf. Der Kerl mit den prallen Muskeln rülpste. Das Baby wachte auf und die Bäuerin verschwand mit ihm im Heustadel; alle Weiber nahmen ihre Kinder mit aufs Feld, es kam sogar vor, dass Schwangere, die es weit zum Hof hatten, in einer Scheune am Wegrand niederkamen. Ich wischte Heustaub von meiner Schürze und streckte heimlich den Rücken. Ein Bub trieb Kühe auf eine Weide, Glocken schellten.

Der Bauer stand auf.

Die Obermagd stellte den leeren Mostkrug in den Korb, alle erhoben sich, streckten sich. Diesmal stieg der Knecht vom Brauchle-Hof auf den Wagen. Meine Arme schmerzten, als ich die erste Ladung Heu hochstemmte. Doch ich biss mir auf die Lippe und spießte gleich die nächste auf. Und noch eine. Und noch eine. Irgendwann war mein Körper taub, bewegte sich mechanisch, holte aus, stemmte hoch, stemmte hoch, stemmte hoch. Der Kaspar rechte hinterher. »Bist ein fleißiger Bub«, sagte ich. »Wirst sicher mal ein guter Bauer.«

Er lächelte und schaute ernst. Sein Haar sah noch struppiger aus als in der Früh, es war voller Heuhalme. »Der Vater sagt, ich werd den Hof erben.«

Ein paar Männer luden sich riesige Berge auf ihre Rücken, so riesig, dass man ihre Köpfe nicht mehr sah. Wenn sie liefen, schien es, als habe das Heu Beine bekommen. Den Oberkörper vorgebeugt, trugen sie ihre Last zum Heustadel, wo der Bauer es im Winter, wenn die Vorräte daheim in der Scheune zu Ende gingen, holte.

Ich stemmte hoch und stemmte hoch.

»Mädle, mach langsam«, sagte die Alte. »Du bist noch jung, du kannst noch genug schaffen im Leben.« Die Bäuerin wischte sich mit der Hand durchs Gesicht und nickte stumm. Die Obermagd kniff die Lippen zusammen.

Bis zum Mittagessen hatten wir zwei Wagenladungen Heu eingefahren. Bis zum Abend waren es fünf. Es war dunkel, als der Bauer, die Magdalene und ich die letzte Fuhre auf dem Heuboden überm Kuhstall verstauten. Den ganzen Tag hatte dort die Hitze gestanden und noch immer war es glühend heiß.

»Warst tüchtig, Mädle«, sagte der Bauer, nachdem die Magdalene sich verabschiedet hatte. Er lehnte am Scheunentor, rieb sein Kinn, hustete trocken, spuckte aus.

»Wirklich tüchtig.« Sein Blick war offen und anerkennend.

Ich schloss die Augen und streckte mich. Meine Arme und mein Rücken brannten. Jede Bewegung schmerzte.

Der Bauer steckte die Daumen unter seine Hosenträger und ließ sie knallen. »Wirklich tüchtig.«

Ein gelber Käfer mit dunklen Streifen auf dem Rücken krabbelte über das Blatt. »Sakrament!«, schimpfte der Bauer. Er riss seinen Hut vom Kopf und beinahe wäre er auf die Knie gegangen.

Ich schlug mit der Hacke nach dem Käfer.

»Wir müssen schauen, wo sie sitzen.« Der Bauer begutachtete die Unterseiten der Blätter. »Wahrscheinlich haben sie längst ihre Brut gelegt.« Kartoffelkäfer waren eine Plage. Innerhalb von Tagen konnten sie einen Acker kahlfressen. »Fang sofort an. Später schick ich die Zenz und die Zilli.«

Mit hochgezogenen Schultern stapfte er zum Fuhrwerk. Ich kniete nieder und befühlte die Kartoffelstauden. In der Früh hatte ich begonnen anzuhäufeln, Erde auf die Pflanzen zu schütten, bis nur noch die obersten Blätter heraussahen, damit kein Licht auf die Knollen fiel, sie nicht grün wurden. Ich hatte Unkraut gehackt, damit die Kartoffeln Platz hatten und wuchsen. Es war eintönige, anstrengende Arbeit, der Rücken schmerzte vom Bücken. Als der Bauer in der Früh gesagt hatte, heut wird angehäufelt, war die Obermagd in die Küche gelaufen, in die Speis, wieder in die Küche und hinaus in den Garten. Sie hatte geschäftig getan, bis der Bauer sagte: »Du gehst, Dora.«

Ich ging. Doch ich verzieh es ihr nicht.

In unserer Kammer tat sie stets, als wäre ich nicht dort. Sie sprach kaum, hatte noch kein einziges Mal gefragt:

Wie geht's? Sie wollte mich nicht in ihrer Nähe haben; doch für mindere Arbeiten war ich ihr recht. Die Bäuerin sagte nichts. Der Bauer merkte nichts. Beim Heuen, beim Aufbieten, beim Holzreinholen, beim Vieh sagte er oft: »Das macht die Dora«, doch dann wusste ich, dass er mich ausgesucht hatte, weil ich tüchtig war.

Ich fuhr zusammen. Ein Blutstropfen rann über meinen Finger. Ich zog den Stachel aus dem Fleisch und schlug mit dem Distler, den der Bauer am Vorabend gezimmert hatte, einem Stück scharfen Blechs, das an einem Stecken befestigt war, die Distel aus der Erde und warf sie in den Korb. Eine schwarze Katze strich zwischen den Stauden hindurch, kam und schnupperte an meiner Hand. »Bist ein feines Tier.« Sie drückte ihren Kopf an mein Knie, ließ sich streicheln und schnurrte. »Ein ganz feines Tier …«

Im Grunde war ich froh, dass der Bauer mich allein hinausgeschickt hatte.

Reihe um Reihe rutschte ich durch die Erde, hob die Blätter und suchte sie nach Kartoffelkäfern ab. Die Blätter waren feucht. In der Früh hatte es wie aus Eimern geschüttet, nun war der Himmel blau, doch über den Wiesen und Äckern hing Dunst. Über den Fichten am Waldrand zogen sich breite Wolkenstreifen bis zum Horizont. In wenigen Tagen war Siebenschläfer; brachte er Sonne, musste man sich um die Ernte nicht sorgen.

Hackte die Mutter daheim wohl auch grad Kartoffeln?

Schickte sie die Monik und den Sepp zum Unkrauthacken? Die Gedanken kamen plötzlich und einen Moment war mir weh ums Herz, dann riss ich mich zusammen. Wenn ich an sie dachte, vermisste ich die Eltern, doch meist blieb vor lauter Arbeit gar keine Zeit für Heimweh. Außerdem gingen alle Mädle irgendwann fort von daheim, schafften als Magd oder heirateten.

Als es Zeit war zu melken, band ich den Sack mit den Käfern zu, warf ihn in den Korb und machte mich auf den Weg; daheim würde ich sie in heißes Wasser werfen und dann in die Güllegrube.

Die Obermagd hockte im Stall unter den Kühen. »Wo hast gesteckt?«

»Das weißt ganz genau«, gab ich zurück.

»Hättst dich eilen können. Hier gibt's viel Arbeit.« Die Kühe zerrten an ihren Ketten und muhten. Manche schlugen ihre Köpfe auf und nieder, wollten auf sich aufmerksam machen. Ein Bulle brüllte und ein Kalb hatte Durchfall. Nebenan schrien die Sauen. Ich nahm einen Melkschemel und einen Eimer. »Nach dem Melken musst misten und außerdem den Graben saubermachen.«

»Bist dir zu fein dazu, was?«, murmelte ich.

»Was hast gesagt?« Die Obermagd fuhr unter der Kuh hervor.

Ich straffte die Schultern und sah ihr ins Gesicht. Sie zuckte zurück.

Ich molk, goss die Milch in Kannen und trug sie hinaus. Ich mistete und schüttete frisches Sägemehl aus, nahm eine Hacke und einen Mistbesen, zog die alte Streu in den Graben hinterm Vieh und lud sie in einen Schubkarren.

»Dora …« Die Bäuerin stand im Stalltor, einen Krug Milch in der Hand. »Was tust da? Und wo ist die Josefine?«

Ich zuckte mit den Schultern. Die Bäuerin schüttelte den Kopf und schloss das Tor. Die Kühe rupften Gras und kauten, und einen Moment schaute ich ihnen zu, lauschte dem gleichmäßigen Malmen und Schmatzen. »Lasst's euch schmecken«, sagte ich und strich der Olga, einem kräftigen Braunvieh mit langen Hörnern, über den Rücken, füllte frisches Wasser in alle Tröge und zog meine Stallkleider aus.

»Du musst die Milch fortbringen«, rief die Obermagd aus dem Schweinekoben, als ich über den Hof lief. Ich lief weiter, bis in die Küche, wo die Bäuerin ihr Baby fütterte, nahm eine Kasserolle und Mehl, Milch, Salz, Butter. Ich rührte einen Teig für Flädle; was übrig blieb, würde ich mit Brühe aufkochen zu Flädlesuppe.

»Willst später mit mir im Garten sitzen, ein bissle stricken?«, fragte die Bäuerin.

Ich sah auf und lächelte. »Gern.«

Am Sonntag nahmen mich die Bäuerin und der Bauer mit zur Messe. Die Obermagd war am Samstag heimgelaufen.

Die Kirche in Ottmannshofen lag an einem Hang. Sie war nicht groß, recht schmucklos und von einer niederen Mauer umgeben. Die Leut standen auf dem Platz und schwätzten. Die Bäuerin und der Bauer grüßten nach allen Seiten, die Schwestern kicherten, ich sah die Antonia und die Magdalene und ihre Familie, den Kaspar mit seinen Geschwistern und Eltern. Sogar am Sonntag standen dem Bub die Haare in alle Richtungen. Kaspars Mutter fuhr ihrem Sohn über den Kopf. Die Alte mit den Füßen wie Holzscheite lief vor zum Friedhof, spritzte geweihtes Wasser auf ein Grab, schlug ein Kreuz. Heut steckten ihre Füße in ausgetretenen Schuhen. Der Kaspar winkte, ich winkte zurück. Die Glocken schlugen und jemand öffnete das Kirchenportal.

Drinnen war es kühl, es roch nach feuchtem Mauerwerk. Rechts stand der Beichtstuhl, links führte eine Treppe auf die Empore. Der Altar stand in einer Apsis; auch er war kleiner als der Altar in unserer Kirche daheim. Schritte schlurften über den Boden, alle schoben sich zu ihren Plätzen, das Holz der Bänke knarrte. Alte Weiber knieten nieder und beteten den Rosenkranz.

Gegrüßet seist du, Maria,
voll der Gnade,
der Herr ist mit dir,
du bist gebenedeit unter den Weibern,
und gebenedeit ist die Frucht deines Leibes,
Jesus …

Durch die hohen Fenster fiel helles Licht. Ich bekreuzigte mich, knickste und rutschte auf der linken Seite bei den Weibern in eine Bank, neben die Bäuerin. Ein paar Reihen vor uns saß die Obermagd, sie trug ein hochgeschlossenes Kleid, ihr blondes Haar war hochgesteckt. »Ihre Familie ist von Ottmannshofen«, flüsterte die Bäuerin. »Ihr Vater ist der Schuhmacher.«

Ich hoffte, dass ich niemals mit einem Loch im Schuh zu ihm müsste.

»Und der dort drüben, der poussiert mit ihr.« Die Zenz kicherte und Zilli deutete auf ein Mannsbild rechts vom Mittelgang mit dichtem, dunklem Haar. Ein altes Weib ließ sich neben mir nieder, lehnte ihren Gehstock gegen die Bank. Ihre Hände waren knochig, die Finger knotig. Sie trug ein geblümtes Kopftuch, das sie fest unterm Kinn gebunden hatte. Ihr Gesicht war schmal, ihre Augen lagen in tiefen Höhlen. Sie hustete. Ich rutschte ein Stück zur Seite. Der Stock fiel zu Boden. Ich bückte mich. »Vergelt's Gott«, murmelte die Alte.

Ich nickte.

»Vergelt's Gott.« Der Mund der Alten verzog sich zu einem zahnlosen Lächeln. Sie zog ein Taschentuch heraus und schneuzte sich. Vorne trat der Pfarrer vor den Altar. Ich schlug mein Gesangbuch auf. Das erste Lied war *Lobe den Herrn*.

Lobe den Herrn,
den mächtigen König der Ehren!
Meine geliebte Seele,
das ist mein Begehren …

Während der Predigt wanderte mein Blick immer wieder zur Obermagd. Sie saß aufrecht, eine Haarsträhne lockte sich in ihrem Nacken. Sie war drei, vielleicht vier Jahre älter als ich, etwas größer, hübsch. Warum war sie so garstig?

Die Alte räusperte sich. Die Bäuerin blätterte in ihrem Gesangbuch und deutete auf das nächste Lied. *Herzliebster Jesu.* Ich war immer mit allen Leuten ausgekommen.

Warum war es mit der Josefine so schwierig?

Tags zuvor war der Bauer aufs Feld gegangen, hatte eine Ähre zwischen den Fingern gerieben, auf ein Korn gebissen und es war hart gewesen. »Morgen mähen wir«, hatte er gesagt.

Seit Tagen brannte die Sonne, und in der Früh trieb ich die Kühe nicht auf die Weide, sondern lief mit der Sense los, um Gras zu mähen. Beim Frühstück langten alle zu, als wäre es das letzte Mal, die Bäuerin trug Brote herein, die Obermagd Krüge mit Milch und Malzkaffee, ich holte Honig und Butter aus der Speis. Der Bauer sprach ein Gebet.

Was unsrer Erde Tiefe birgt,
es wächst durch Gottes Himmelssegen.
Dass dies Geschenk wir weitergeben,
hilf du dabei, Herr Jesu Christ.

Sein knochiges Gesicht wirkte angespannt, sein Kinn spitzer als sonst. Er trug kurze Hosen, seine Hemdsärmel waren aufgekrempelt. »Dora, du spannst die Gäule vor den Gespannmäher.« Er stopfte ein Stück Brot in den Mund, kaute. Ich nickte. Gäule waren Sache der Mannsbilder, die Weiber versorgten Kühe, Sauen, Hennen. Doch ich konnte es gut mit den Rössern, sie waren kluge und feinfühlige Tiere. Daheim hatte ich zugeschaut, wie der Vater einschirrte und den Wagen lenkte, die Gäule an der Deichsel gehen ließ, wenn sie selbst die Richtung vorgeben wollten. Ein paarmal hatte er mich sogar selbst fahren lassen.

Der Bauer setzte seinen Hut auf. Die Obermagd trug die leeren Krüge in die Küche, stellte den Honig auf den Sims, legte die Butter in eine Schale mit kaltem Wasser und trug sie hinunter in die Speis.

»Einspannen …«, zischte sie im Vorbeigehen. »Du reichst doch keinem Gaul bis zur Schnauze, wie willst ihm also Zaumzeug anlegen?«

Wortlos ließ ich sie stehen und ging in den Hausgang, wo ich in ein Paar Holzpantinen schlüpfte.

Im Stall zog ich einen Brocken Brot aus meiner Schürzentasche, ein Stück Apfel. »Wie geht's, Liesl?« Die Stute schnupperte an meiner Hand, ihre weichen Lippen tasteten nach dem Apfel. »Und du, Hans …« Ich streichelte den Wallach, klopfte seinen warmen Hals, strich durch seine Mähne, über die Blesse auf seiner Stirn und gab ihm das Brot. Die beiden fraßen, kauten und mahlten, und standen still, während ich sie striegelte, schlugen höchstens einmal mit ihrem Schweif nach Fliegen. Von einem Haken an der Wand nahm ich ein Kummet. Es wog schwer in der Hand und es war nicht leicht, den Gäulen den ledernen Ring über den Kopf zu werfen, also tat ich ihnen schön, lobte sie und sie beugten ihre Köpfe herunter. Im Stall konnte ich leichter einschirren als auf dem Hof, denn auf dem Stroh stand ich höher. Ich hakte Riemen und Leitseil ein, band die beiden los.

»Grüß Gott, Dora.« Im Stalltor im Gegenlicht tauchte ein Kopf auf, Haare standen wild in alle Richtungen.

»Grüß Gott, Kaspar. Schaffst heut wieder mit?«

»Freilich.«

Er öffnete das Tor und ich führte die Gäule hinaus zum Gespannmäher und befestigte den Kummetbügel an der Deichsel. Der Spitz jagte den Gockel und eine Ente trieb ihre Jungen vor sich her. Eine Katze schlich um die Zinken einer Mistforke, schlug mit ihrer Pfote nach ihnen. Der Bauer nahm die Zügel. Die Obermagd, die Schwestern, die Magdalene und die Antonia, der Kaspar und seine Mutter schulterten Rechen und Heugabeln. Ich trug die Sense.

Der erste Acker lag dicht am Hof. Die Bäuerin stellte das Leiterwägele mit ihrem Kind im Schatten einer Weide ab. Das Baby weinte und sie nahm es heraus, schaukelte es, bis es sich beruhigte. Kaum legte sie es zurück, weinte es wieder. Sie bat den Kaspar aufzupassen. Einen Moment sah der Bub aus, als wollte er protestieren; dann fügte er sich. Ich band mein Kopftuch. Der Bauer warf einen kleinen Motor am Gespannmäher an und ließ den Messerbalken neben dem rechten Rad herab. Er hockte sich auf den Sitz, den breiten Rücken vorgebeugt, die Füße zu beiden Seiten der Deichsel, und lenkte die Stute und den Wallach auf den Acker. Die eisernen Klingen des Messerbalkens schnitten rasselnd durchs Korn.

Das Baby im Wägele schrie. Der Bauer lachte.

In dicken Büscheln fiel der Hafer, und die Weiber liefen hinterher, stachen mit den Heugabeln in das Getreide, lockerten es, bis die ganze Frucht schließlich ausgebreitet auf dem Acker lag wie strohgelbe Matten, die in der blanken Sonne trockneten. Ich lief hinter dem Gespannmäher her und mähte mit der Sense den Rain und die Halme, die der Messerbalken nicht erreicht hatte.

Ein Knirschen und die Gäule scheuten.

»Herrschaft!«, schrie der Bauer und sprang von der Mähmaschine. Er zog an den Zügeln, strich den Rössern über den Rücken, um sie zu beruhigen, bückte sich und zerrte an einem Bündel Haferhalmen, das sich zwischen den Messern verkeilt hatte. Er fluchte.

»Ist schon recht.« Die Antonia löste mit der Heugabel Erdklumpen vom Messerbalken. Der Bauer kletterte wieder auf seinen Sitz und trieb die Gäule an.

Nach einer Weile vesperten wir. Als die Sonne hoch am Himmel stand, aßen wir im Schatten der Weide zu Mittag, und wieder stopften sich alle Brot, Käse und Wurst in die Mäuler. Die Bäuerin sah nach ihrem Baby. »Das ist jetzt müd vom Plärren«, sagte die Antonia und schlug klatschend nach einer Mücke auf ihrem Arm. Überm Wald zogen Wolken auf, wie hingetupft sahen sie aus.

»Weiter geht's!« Der Bauer sprang auf und stapfte zu seinem Gespann. Er warf den kleinen Motor an, kletterte auf den Sitz und ließ den Messerbalken herunter. Er trieb die Rösser mit der Geißel an und sie zogen in gerader Spur die Mähmaschine über den Acker. Ein paar Weiber und auch der Kaspar griffen nach den Heugabeln und folgten, breiteten den gemähten Hafer zum Trocknen aus. Ich nahm die Sense und mähte aus.

»Mach größere Bögen, damit du mehr fertigbringst!«, raunte die Obermagd. »Auch wenn du kurze Arme hast.«

»Ich schaff ordentlich. Ich muss mir nichts sagen lassen.« Ich zog den Wetzstein aus meiner Schürzentasche und fuhr über das Blatt. Die Obermagd sah mich an wie eine angriffslustige Ratte. Sie wollte etwas entgegnen, doch ihr fiel nichts ein. Ich biss mir auf die Lippe, um nicht zu lachen. »Wenn man arbeitet, zeigt sich immer, ob man was wert ist oder nicht.«

Mit Schwung zog ich die Sense durchs Korn, und die Obermagd sprang zur Seite.

Reihe um Reihe mähten und wendeten wir den Hafer, bis die Sonne sank. Wir schafften still, ohne viel zu schwätzen. Die Arbeit war schwer. Doch niemand klagte. Anderntags würden wir das gemähte Getreide aufnehmen und binden, jemand würde ein Seil unter die Garben schieben, eine mindere Person, ein Kind, vielleicht der Kaspar; obwohl der grad ins Korn stach wie ein Großer. Wenn alles gebunden wäre, musste das Korn trocknen. In einer Woche käme der Bauer mit dem Wagen, die Antonia oder ein anderes Weib würde hinaufsteigen zum Laden, die anderen würden die Garben hochwuchten. Beim Laden musste man die Garben versetzt schichten, so dass die oberen den unteren Halt gaben. Eine Garbe Getreide war schwerer als ein Bündel Heu, doch lud ich lieber Getreide, denn es fiel nicht auseinander. War alles Korn verladen, gingen ein paar Weiber ein letztes Mal mit dem Rechen über den Acker. Danach durften die armen Leut Ähren auflesen; in der Mühle gab man ihnen Mehl dafür.

»Dora, wirst morgen laden?«, fragte die Bäuerin am Abend.

»Wenn der Bauer mich lässt.«

»Er wird's dir schon sagen. Bloß fahren wird er dich nicht lassen, denn im Frühjahr hat oben im Dorf eine Magd Heu eingefahren, ein Mädel, kaum größer als du, ohne rechte Kraft. Der Wagen ist ihr umgekippt.« Die Bäuerin wischte sich mit der Hand übers Gesicht. Die Haut auf meinen Armen brannte. Die hingetupften Wolken überm Wald hatten sich verdichtet. Der Bauer schneuzte sich. »Augustsonne, die früh brennt, nimmt nachmittags kein gutes End'«, murmelte er.

»Man kann nie wissen, wann's wirklich regnet«, entgegnete die Bäuerin.

Müde stieg ich in der Nacht in die Kammer hinauf. Ich betete ein Vaterunser für die Mutter und den Vater daheim, eines für die Bäuerin und den Bauern und dass es trocken blieb, bis die Ernte eingefahren war. Dann kroch ich ins Bett. Meine Muskeln schmerzten, mein Rücken brannte. Meine Beine waren zerstochen von Halmen und Mücken. Und ich hatte immer noch Hunger.

Leise stand ich wieder auf, stieg hinab, lief in die Küche, nahm einen Laib Brot, brach ein Stück herunter, strich Butter drauf und schlich auf Zehenspitzen zurück durch den dunklen Hausgang. Die Tür zur Stube stand einen Spalt offen. Drinnen brannte eine Kerze und vor dem Herrgottswinkel kniete der Bauer, den breiten Rücken vorgebeugt, die Hände gefaltet.

Er betete.

In der Küche lagen Erdklumpen und Heuhalme auf dem Boden und ich kehrte sie zusammen, bevor ich Wasser in den Badezuber goss. Auf einen Schemel hatte die Bäuerin ein Stück Kernseife, einen Lappen und eine Bürste zurechtgelegt. Ich lief hinauf, nahm frische Wäsche aus dem Schrank, ein neues Kleid, das ich auf dem Markt gekauft hatte, eine Schürze. Draußen im Stall muhte das Vieh, die Sauen schmatzten.

Ich verriegelte die Küchentür, öffnete das Band meiner Schürze und knöpfte mein Kleid auf. Dort, wo der Saum begann, lief ein dunkler Rand über meine Beine. Ich löste meinen Zopf und fuhr mir mit den Fingern durchs Haar, es fühlte sich staubig an. Staub klebte in meinen Wimpern, in meinen Nasenlöchern, in meinen Ohren. Die ganze Woche hatten wir Öhmd gemäht, gewendet, aufgeboten, geladen. Der Heuboden überm Stall war voll und auch in den Heustadel auf dem Acker passte nicht mehr viel hinein. Futter, das der Bauer nicht für sein Vieh brauchte, konnte er im Frühjahr verkaufen; es wäre willkommenes Geld.

Ich tauchte einen Zeh ins Wasser, es war lau, drum nahm ich den Kessel vom Herd und goss noch etwas heißes Wasser nach. Der Zuber hatte an einer Seite eine höhere Wand und ich ließ mich ins Wasser gleiten und lehnte den Kopf an. Mein Körper war müde, aber auch voller Kraft. Meine Haut brannte, die Muskeln in meinen Armen und Beinen waren fest, fast hart. Draußen hörte ich die Schwestern kichern. Jemand lachte. Der Spitz bellte. Hühner gackerten.

Ich tauchte unter.

Einen Moment war die Welt ganz still.

Wasser rann über mein Gesicht, als ich wieder auftauchte, es brannte in den Augen. Ich nahm den Lappen, schrubbte meine Arme, die Hände, die Füße, die schwarz waren wie Kohlen, die Sohlen rauh, fast wie bei der Alten. Ich seifte mein Haar, bis mein Kopf voller Schaum war, und spülte es. Ich griff einen Eimer, der neben dem Zuber stand, übergoss mich mit einem Rest klaren Wassers und stieg aus dem Zuber.

Mit einem Leintuch rubbelte ich mich trocken. Von irgendwoher wehte ein Luftzug, frisch und kühl. Ich zog saubere Wäsche an, das Kleid, die weiße Schürze, die nach Soda duftete, und kämmte mein nasses Haar, dass es offen über die Schultern fiel. Ich nahm mein Wäschebündel, öffnete die Küchentür. Der Spitz kam angesprungen, stellte sich auf die Hinterpfoten, tänzelte. Ich bückte mich und kraulte ihn. Ich rief nach der Obermagd. »Das Bad ist frei …«

Im Garten auf der Bank unter der Rotbuche saß die Bäuerin. »Setz dich, Dora.« Sie deutete auf den Platz neben sich. Ihre grünen Augen leuchteten im Abendlicht. Sie hatte ein verschlissenes Laken aufgetrennt und nähte es an den Außenkanten neu zusammen. »Magst Erdbeeren?« Sie schob eine Schale herüber. Der Spitz legte sich ins Gras, rollte sich zusammen, wie eine Wurst lag er dort.

Die Erdbeeren schmeckten süß. »Kannst Marmelade einkochen?«

»Das hab ich daheim mit der Mutter gemacht.«

»Dann kannst mir helfen.«

»Wenn der Bauer mich nicht draußen braucht.«

»Die Josefine kann mit ihm Kartoffeln klauben. Die Zenz und die Zilli pflücken seit Tagen Himbeeren, Kirschen, Johannisbeeren, und ich brauch jemanden in der Küche, der mir einkochen hilft.«

»Ich mach jede Arbeit, die man mir gibt.«

»Ich weiß, Dora.« Sie biss einen Faden ab. »Und der Bauer weiß es auch. Er ist zufrieden mit dir.«

Ich sah auf. »Wirklich?«

»Freilich. Er sagt's nicht, aber ich kenn ihn.« Sie fädelte einen neuen Faden durchs Nadelöhr. »Weißt, die Mannsbilder sind so, kriegen die Zähne nicht auseinander, außer zum Schimpfen.«

»Schimpfen tut er mich nicht.«

»Eben.« Die Bäuerin setzte ihren Fingerhut auf und stach die Nadel durchs Tuch. Überm Tal ging die Sonne unter, gelbes Licht lag auf den Wiesen und in der Ferne verschwanden die Berge im Dunst. Die Blumen schlossen ihre Blüten, manche ließen die Köpfe hängen. Ein mächtiger Haselnussstrauch raschelte leise. Drüben im Hühnerstall gurrten ein paar Hennen. Der Spitz schnarchte.

Es war ganz friedlich.

Am ersten Sonntag im Oktober zog ich mein gutes Kleid an und holte mein neues Fahrrad aus der Scheune. Der Vater hatte mir fünfundsechzig Reichsmark geliehen und ich hatte beim Schmied in Herlazhofen, der auch Fahrräder zusammenbaute, ein schwarzes Damenrad gekauft. Jeden Monat zahlte ich von meinem Lohn einen Teil des

Geldes zurück und war nun viel schneller daheim; zu Fuß brauchte ich zwei Stunden für jede Strecke, mit dem Fahrrad halb so lang.

Die Zilli kam vom Füttern aus dem Hühnerstall, als ich das Rad aufpumpte. Sie schlenkerte den leeren Futtereimer und bohrte die Spitze ihrer Holzpantinen in den Sand. Ihr Kopftuch saß schief. »Feierst Erntedank bei deiner Familie?«

Ich nickte und schraubte das Ventil auf den Reifen. »Ich freu mich, ich war seit Wochen nicht daheim.« Ich richtete den Lenker aus, stieß mich vom Boden ab und stieg auf.

»Behüt dich Gott.« Die Zilli winkte. »Bis heut Abend!«

»Bis heut Abend!«, rief ich, fasste die Lenkstange mit beiden Händen und fuhr vom Hof, den Schotterweg hinauf ins Dorf. Vor der Kirche hatten die Ottmannshofer Getreide, Kohlrabi, Kohlköpfe und Äpfel aufgefahren. Neben dem Portal stand die Erntekrone. Ich winkte der Magdalene und der Antonia und radelte weiter, an der Schreinerei vorbei und hinaus aus dem Ort, die drei Hügel hinab, am Spital vorbei, die Marktstraße hinunter bis zum Hotel Post, bog am Friedhof links ab, fuhr zur Stadt hinaus. Vor mir lagen die flachen Weiden, der Schotterweg, der sich wie ein dunkles Band hindurchschlängelte. Ich fuhr an der Feldkapelle vorbei und die Dorfstraße hinauf. Auch hier liefen Bauern zum Kirchplatz, die Arme voller Roggen und Weizen, Hafer und Gerste, Kartoffeln und Kohlrabi. Ein paar Uniformierte riefen Anweisungen. Vor dem Rathaus flatterte die rote Fahne mit dem Hakenkreuz.

Ich bog in den Weg hinaus zum Hinterweiher und radelte an abgeernteten Äckern und gemähten Wiesen vorbei. In der Ferne ertönte Schellengeläut, ein paar Kühe grasten auf einer Weide. Die Luft war frisch und klar und der Wind fuhr mir durchs Haar. Ich fühlte mich leicht. Die langen Tage und kurzen Nächte der Erntezeit waren vorüber.

Die Mutter (rechts) mit der Frida (links), ihrer mittleren Tochter

Daheim hatte die Mutter die Hände voller Mehl, als sie mich in die Arme schloss. Der Ammi bellte, seine Rute schwang aufgeregt hin und her. Die Monik war gewachsen, der Sepp hielt ein Kissen im Arm und blinzelte. »Die Frida ist fort«, sagte die Mutter und schob den Kuchen in den Ofen. »Als sie im Sommer aus der Schule kam, ist sie gleich als Magd zu einem Bauern in Gebrazhofen gegangen.« Sie schnitt eine Scheibe vom Hefezopf und goss mir einen Becher Milch ein. Ich kraulte die dicke weiße Katze.

»Der Bauer hat auch eine Wirtschaft auf dem Hof.« Der

Vater kämmte sich vor dem kleinen Spiegel. »Da gibt's viel zu tun.«

»Seit sie fort ist, ist sie erst ein einziges Mal heimgekommen.« Die Mutter seufzte und wischte sich Mehl von den Händen. Ich kaute und freute mich über den süßen vertrauten Geschmack des Hefezopfs und pulte eine getrocknete Weinbeere aus meinem Backenzahn.

»Das Kissen ist meins«, murmelte der Sepp und rutschte von der Ofenbank. Er legte den Kopf in den Nacken und sah mich herausfordernd an.

»Nimm's halt«, sagte ich. Ich würde es nimmer brauchen.

Bald spannte der Vater ein. »Willst fahren?«, fragte er und hielt die Zügel.

»Freilich.« Ich kletterte auf den Bock. Hinten hatte er ein Brett quer übers Fuhrwerk gelegt, darauf setzten sich die Mama, der Sepp und die Monik.

Die Blätter leuchteten bunt vor einem hellgrauen Himmel. Am Wegkreuz lagen frische Astern, im Wald roch es nach Erde und Laub. Frösche quakten und das Wasser plätscherte, als wir den Bach überquerten. Eichhörnchen jagten Stämme hinauf, sprangen von Ast zu Ast, leicht und behende. Im Gebüsch raschelte es. Vögel sangen. Hinter der Mühle flatterten auf einer Wäscheleine zwanzig, dreißig, vierzig dunkle Socken im Wind. Ich trieb die Rösser über die Dorfstraße und die Gasse zur Kirche hinauf. Auf dem Kirchplatz schwätzten die Leut, Mannsbilder, die im Gasthaus Zum Adler eingekehrt waren, liefen hinüber zur Kirche. Auf dem Friedhof spritzten alte Weiber geweihtes Wasser auf die Gräber ihrer verstorbenen Männer. Die Mutter ging zum Grab ihrer Eltern und tat es ihnen gleich.

Drinnen war der Altar mit Getreide geschmückt und in der Mitte stand eine große, mit Blumen und bunten Bändern verzierte Erntekrone. Überall lagerten Körbe mit Kohlrabi und Kartoffeln. Schuhe schoben sich über den steinernen Boden, Schritte hallten von den Wänden wider, das Gestühl knarrte. Der Pfarrer begrüßte die Gemeinde, sprach das Schuldbekenntnis, wir sangen das *Kyrie eleison,* das *Gloria.* In seiner Predigt dankte er dem Herrn für die Frucht der Erde und lobte die Arbeit der Bauern. Niemand musste den Winter fürchten, niemand würde hungern müssen, alle hatten ihre Scheunen und Dachböden gefüllt. Ich dachte an meinen Bauern, an seine volle Scheune und daran, dass ich ihm gezeigt hatte, dass ich etwas wert war, auch wenn ich klein war. Ich dachte an die Bäuerin. Ich dachte an den Kaspar, der den Hof seines Vaters erben würde. An die Frida, die nun auch als Magd schaffte.

Der Pfarrer hob seine Stimme.

Kommet, lasset uns danksagen für den Segen
der Ernte, den uns Gott, der Geber alles Guten,
geschenkt hat.

Bauern und Bäuerinnen, bucklige Weiber und Mannsbilder mit wettergegerbten Gesichtern, junge Knechte und früh gealterte Mägde falteten die Hände. Der Pfarrer sprach:

Aller Augen warten auf dich, o Herr.
Du gibst uns Speise zur rechten Zeit.
Du öffnest deine Hand
und erfüllst alles,
was da lebt, mit Segen.

Die Gemeinde antwortete: »Amen.«

Der Pfarrer segnete die mitgebrachten Gaben. Eine

Woche würde man sie stehenlassen, dann würden sie an die Armen verschenkt.

Nach dem Gottesdienst gab es einen Aufmarsch der Uniformierten auf dem Dorfplatz. Männer der SA trugen eine Fahne, eine Musikkapelle spielte. Ein paar Bauern

Ein Wegkreuz: Gottes Schutz auf allen Wegen

und Dörfler sahen zu. Dann gingen sie heim. Die Regierung hatte Erntedank zum nationalen Feiertag erklärt, doch wir hielten an unseren Traditionen fest, gingen in die Kirche, kehrten im Adler ein und liefen heim, wenn das Vieh gemolken werden musste.

Daheim schnitt die Mutter den warmen Kuchen auf und kochte Malzkaffee. »Vaters Schwester, die Agatha, hat heuer bei der Ernte geholfen.«

»Und ich auch!«, rief der Sepp.

Ich aß von dem Kuchen, trank Malzkaffee und erzählte von unserer Ernte, dass ich geladen und aufgeboten hatte. »Du schaffst wie ein Knecht«, sagte die Mutter. Der Vater zog an seiner Zigarre, lehnte sich zurück und streckte die Beine aus. Die Mama schickte die Monik in die Speis, Äpfel holen und Himbeermarmelade. Man brauchte mich hier nimmer; doch ich wusste, dass die Eltern stolz auf mich waren.

»Musst schon wieder fort?«, fragte die Mama, als die Pendeluhr Viertel vor vier schlug.

Ich nickte. »Das Vieh …«

Vor dem Haus strich sie mir übers Haar und steckte mir zwei Reichsmark in die Schürzentasche. »Nimm's halt, kannst es sicher brauchen.« Sie hatte den restlichen Hefezopf und die Himbeermarmelade eingepackt und befestigte das Päckchen auf meinem Gepäckträger.

Mit festen Schlägen hieb der Bauer den Stein in den Boden. Zu beiden Seiten lagen aufgeschaufelte Erde und Schnee. Immer wieder trat er zurück, betrachtete sein Werk, doch er war nicht zufrieden, rüttelte an dem Stein, zog ihn heraus, griff nach dem Spaten und hob das Loch tiefer aus. Ein zweites Mal schleifte er den Koloss an den Rand des Lochs, ließ ihn hinabsinken, richtete ihn auf und schlug, bis er fest stand.

Er sah aus wie ein Grabstein.

Diesmal war der Bauer zufrieden und begann, das Loch zuzuschaufeln. Dann verschwand er. Ich stand am Fenster der Kammer und wartete. Am Nachmittag war er nach Ottmannshofen gefahren und als er zurückgekommen war, hatten ein Stein und ein in alte Decken gehülltes Paket hinten auf dem Fuhrwerk gelegen. Spät am Abend hatte er begonnen, am Wegrand vorm Haus ein Loch auszuheben.

Im Dunkeln sah ich, wie er hinter der Scheune hervorkam, auf seiner rechten Schulter das schwere Paket. Vorsichtig legte er es ab und schob die Decken beiseite; ich konnte nicht erkennen, was darin war. Er richtete sich auf und rieb seinen Rücken, schob seinen Hut zurück, griff in seine Jackentasche. Er zündete sich eine Zigarette an, das Streichholz warf ein jähes Licht auf sein Gesicht. Er rauchte. Ich hatte ihn noch nie rauchen sehen. Eine Krähe schrie.

Still und aufrecht stand der Bauer vor dem Stein. Dann bückte er sich und hob ein Kruzifix aus dem Gras. Es muss schwer gewesen sein, denn er wankte. Er lief um den Stein, machte einen Schritt nach rechts, einen nach links, fast sah es aus, als tanzte er mit seiner Last. Dann ließ er das Kreuz in den Stein ein. Schwarz und mächtig stand das Kruzifix in der Dunkelheit und der Bauer davor. Er bekreuzigte sich. Die Glut der Zigarette glomm in seinem Mundwinkel.

Anderntags in der Früh lief ich vor dem Melken ums Haus. Ein Wegkreuz mit dem Heiland stand am Rain, eingerahmt von zwei Lebensbäumen. Ich hielt inne und sprach ein Vaterunser.

Warum hatte der Bauer es aufgestellt?

Aus Frömmigkeit? Hatte es an dieser Stelle einen Unfall gegeben? War ein Verbrechen geschehen? Ich schauderte, kniete nieder und wischte mit der Hand eine dünne

Schicht Schnee von dem grauen Stein. *Gelobt sei Jesus Christus.* Plötzlich sah ich das Bild wieder vor mir, der Bauer vorm Herrgottswinkel in der Nacht während der Ernte. Am nächsten Tag waren die Wolken fort gewesen und wir hatten alles Korn gemäht und eingefahren. *Gelobt sei Jesus Christus.* Ich erhob mich, sprach noch ein Vaterunser und lief in den Stall, wo das Vieh mit vollen Eutern wartete und muhte.

Beim Frühstück lagen Nikolausgaben auf dem Tisch und es roch nach Lebkuchen. Mir schenkte die Bäuerin Bettwäsche und ein Marienbild, die Obermagd bekam eine neue Schürze und einen Rosenkranz. Wir bedankten uns, aßen, dann gingen alle wieder an die Arbeit. Später nahm der Bauer mich beiseite. »Sag, Dora, bleibst noch ein Jahr?«

Ich zögerte nicht. »Wenn du mich behältst.«

»Freilich, du bist ein tüchtiges Mädle.«

»Bekomm ich mehr Geld?«

Er rieb sein Kinn. Dann nickte er. »Von heut an kriegst zwanzig Reichsmark im Monat.«

In der Früh lagen zwei Ferkel im Stroh, blutig und nass. Ich stellte den Futtereimer ab und stürzte hinaus. »Die Sau ist am Ferkeln!«

Der Bauer, der die Nacht bei den Sauen verbracht hatte, ließ den Schubkarren stehen und lief in den Saustall. Die Sau lag im Stroh, heftig atmend, ihr Hinterteil zuckte, ein blutiger Zipfel hing heraus. Der Bauer langte kurzentschlossen hinein. Die Sau schrie. Sie quiekte und wälzte sich, sie presste und der Bauer zog. In den Nachbarkoben quiekten die anderen Sauen.

Mit der nächsten Wehe rutschte ein drittes Ferkel heraus.

Die Nabelschnur riss, ich wischte dem Neugeborenen

Schleim aus den Nasenlöchern, es nieste, schnappte nach Luft, fing an zu atmen. Ich hielt es und rieb seine Brust mit Stroh ab. Quiekend richtete sich eines der zuvor geborenen Ferkel auf. Seine Haut schimmerte, sie war fast durchscheinend. Seine rosa Klauen fanden keinen Halt, die Vorderbeine rutschten, das Ferkel fiel um, fiel auf das soeben Geborene. Gleich rappelte es sich erneut auf, ich half ihm auf die Beine, während der Bauer wieder in die keuchende, quiekende Sau langte. »Wenn sie ungemütlich wird, musst die Ferkel schnell fortbringen. Sonst frisst sie sie schneller auf, als sie sie bekommen hat.«

»Freilich.« Daheim hatten wir auch eine Sau. Als sie zum ersten Mal Ferkel bekommen hatte, war sie vor Schmerzen und Angst außer sich gewesen, hatte den Vater in die Füße gebissen, er war schließlich aus dem Koben gesprungen, um sich in Sicherheit zu bringen. Erfahrene Sauen waren ruhiger, sie fraßen seltener ihre Jungen, oft ferkelten sie ganz allein. »Ich kann ein Gehege machen und die Ferkel hineinlegen, damit die Sau sie nicht erdrückt, wenn sie sich aus Versehen auf sie legt.«

»Warten wir's ab.« Der Bauer schnaufte. Die Sau schrie und keuchte und presste.

Mein Herz klopfte. »Wie viele werden es wohl?«

»Zehn. Vielleicht elf. Eine Sau, die zum ersten Mal ferkelt, bekommt weniger Junge, aber diese ist schon älter.«

Die Sau hechelte und zitterte und presste. Im Abstand von etwa einer Viertelstunde brachte sie zehn Ferkel zur Welt. Dann rutschte nur noch die Nachgeburt heraus. Erschöpft lag die Sau in ihrem Koben, Fliegen tanzten über ihren zitternden Leib. Die Ferkel stolperten durchs Stroh, stiegen eins übers andere hinweg, wie ein Knäuel Katzenjunge sahen sie aus. Sie waren hungrig und suchten nach einer Zitze, wobei die kräftigeren Ferkel sich an die vorderen Zitzen drängten, wo es mehr Milch gab. Ein vorwitziges Junges tanzte seiner Mutter auf der Nase herum. Die Sau hob den Kopf. Das Ferkel rutschte herunter und fiel ins Stroh. Die Sau schnupperte an ihm, dann streckte sie sich wieder aus. Der Bauer gab Obacht, dass sie sich nicht auf ein Ferkel legte. Die Sau schloss die Augen, als ginge sie das alles nichts an.

Zwei Ferkel waren schwächer als die anderen, sie kamen kaum auf die Beine. Ich half ihnen ans Gesäuge. Eins nuckelte gierig. Dem anderen rutschte die Zitze immer wieder aus dem Maul. »Das hat keinen Wert«, sagte der Bauer, packte das Ferkel an den Hinterbeinen und schlug es an die Wand. Das Neugeborene schrie. Dann war es still. Eine Blutspur lief die Wand herunter. »Plärrst jetzt gleich?«

»Nein.« Ich schluckte.

»Das ist die Natur«, sagte der Bauer.

»Ich weiß.«

»Man kann nicht wegen jedem Tier plärren.« Er reichte mir das tote Ferkel. »Geh und wirf es in die Güllegrube.« Schlaff baumelte das Junge, das kaum vier Stunden gelebt hatte, an seiner ausgestreckten Hand. Ich trug es fort.

Dann nahm ich eine Mistgabel. Das Stroh im Saustall war nass, Blut und Nachgeburt klebten in den Halmen. Der Bauer holte frisches Stroh, die Ferkel sollten es weich haben. Aus einer Kanne goss ich Käswasser in den Trog. Die Sau richtete sich auf und fraß schmatzend.

Der Bauer ging und kam kurz darauf mit einem Wärmestrahler zurück und befestigte ihn an einem Balken, hoch genug, dass die Sau nicht heranreichte. Er richtete ihn auf die Ferkel. »So kalt wie es ist, lassen wir ihn Tag und Nacht an. Die Ferkel brauchen Wärme.«

Ich nickte.

»Gib gut auf sie acht«, sagte der Bauer und stapfte aus

dem Koben. Von draußen beugte er sich noch einmal übers Gatter, betrachtete die Sau und die neun Ferkel, die sich dicht an ihre Mutter drängten. »Ein guter Wurf, wenn sie alle am Leben bleiben.« Er nahm den Schubkarren. »Und gib Obacht, dass das Stalltor immer geschlossen ist. Die Ferkel dürfen keinen Zug bekommen.«

»Freilich.«

Als das Tor zufiel, hockte ich mich ins Stroh und betrachtete neugierig die Ferkel. Ich trennte zwei, die übereinanderkrabbelten, ohne dass eins von ihnen je auf die Beine kam. Ich nahm ein anderes, streichelte seine seidige Haut. Es schnüffelte an meinen Fingern, nuckelte daran. Seine blonden Wimpern klapperten, als es seine Äuglein öffnete und mich staunend ansah.

Im Herbst hatte der Bauer gepflügt. Tagelang war er neben der Stute und dem Wallach hergelaufen, die den Pflug über die Äcker gezogen hatten. Pflugschar und Sech hatten sich tief in den Boden gegraben, ihn gelockert und gelüftet, alte Wurzeln zerschnitten und Unkraut untergegraben, Disteln, wilde Kamille, Kornblumen, Mohnblumen, Schafgarbe. Pflügen war Sache der Männer, wie das Eggen und das Säen, denn mit Pflug, Egge und Sämaschine kannten sich die wenigsten Frauen aus.

Ein frisch gepflügter Acker sah immer schön aus.

Nun, im März, spannte der Bauer die Gäule vor die Egge und lief stundenlang hinterher, bückte sich und klaubte Steine auf, eggte jeden Flecken Acker mehrmals, bis die Erde so fein und eben war, dass er säen konnte. Er warf zwei Hände voll Getreide an den Rain, für die Vögel, dann zogen die Gäule die Sämaschine, einen breiten Kasten mit zwei kleinen Rädern vorn und zwei großen hinten, aus dem in gleichmäßigen Abständen Korn rann, durch Metalltüllen, die so lang waren, dass sie in die Erde ragten und das Korn gleichsam in den Boden gruben. Dabei durften die Gäule nicht aus der Spur kommen, sonst war an der Stelle später ein kahler Fleck, an dem nichts wuchs.

Unterdessen lief ich alle zwei, drei Stunden in den Saustall und sah nach den Ferkeln. Sie wuchsen schnell. Eines hatte die Sau in der Nacht nach der Geburt erdrückt, doch inzwischen waren sie schnell genug und konnten entwischen, wenn sich ihre Mutter ins Stroh legte. Ich füllte Wasser nach und gestampfte Kartoffeln in den Trog, den Ferkeln gab ich Mehl und verdünnte Milch. Sie stolperten und stiegen übereinander, sie schmatzten und schnauften und grunzten. Ich hockte mich daneben und schaute zu. Ein Ferkel kaute an meiner Schürze und ich hob es hoch. Seine Haut war nicht mehr so weich und wenn ich es streichelte, spürte ich schon feine Borsten. In ein paar Wochen würde der Bauer die Ferkel trennen, die Sauen in einen Koben, die Eber in einen anderen; die, die keine guten Zuchteber gaben, würden kastriert. Ein paar Ferkel würden wir aufziehen, die anderen verkaufen.

»Bist schon wieder hier?«

Ich zuckte zusammen. Licht blendete. Es zog kalt herein, als die Obermagd im Stalltor stand. »Mach das Tor zu. Die Ferkel dürfen keinen Zug bekommen.«

»Hat der Bauer dich zum Ferkelstreicheln geschickt?«

Ich setzte das Junge ins Stroh, stand auf. »Er hat gesagt, ich soll nach den Ferkeln sehen.« Das kleine Schwein quiekte und knabberte an meinem Schuh.

»Als gäb's sonst nichts zu tun.« Die Obermagd schnaubte: »Geh den Hühnerstall misten. Und den Hof hast auch nicht gefegt. Hopp, hopp, wird's bald?«

Mit einem Mal spürte ich eine heilige Wut.

Ich stieg aus dem Koben, lief vor, schob die Obermagd hinaus und schlug das Tor zu. Draußen baute ich mich vor ihr auf, sah ihr ins Gesicht, ohne Furcht. »Ich muss mir nichts vorwerfen lassen. Ich schaffe wie ein Knecht. Du lässt mich alle schweren und minderen Arbeiten verrichten, dafür bin ich dir immer recht. Wenn du neidisch bist, dass der Bauer inzwischen weiß, dass ich tüchtiger bin als du, ist's deine eigene Schuld.«

Ich drehte mich um und lief ins Haus.

»Das wird dir noch leidtun!«

Laut schlug die Haustür hinter mir zu. Mein Herz klopfte, mein Kopf rauschte.

Am Abend, als ich nach dem Melken und Misten wieder nach den Ferkeln sah, stand der Bauer neben dem Saustall. »Du schaust aus, als wär der Teufel hinter dir her.« Er lachte. Dann wurde er ernst.

»Es hat Ärger gegeben mit der Obermagd«, sagte ich.

»Warum?«

Ich erzählte, was geschehen war. Er hörte zu, rieb sein Kinn.

»Bitte gib der Obermagd ihre Arbeit und mir meine, dass sie mich nicht mehr herumkommandieren kann.« Die Sauen schmatzten und ein Ferkel schnüffelte am Schwanz seiner Mutter, schnappte danach. Die Sau hob den Kopf und zuckte mit dem Hinterteil, das Ferkel kullerte durchs Stroh.

Der Bauer nickte.

Am Abend sagte ich den Ferkeln, den Gäulen und den Kühen gute Nacht und bespritzte sie mit geweihtem Wasser. Ich stieg die Treppe hinauf, betete und kroch unter meine Decke. Draußen pfiff der Wind durch die Bäume, irgendwo im Haus schlugen Zweige gegen eine Scheibe, und der Mond leuchtete hell in die Kammer. Als die Obermagd kam, zog sie ein Gesicht wie sieben Tage schlechtes Wetter.

In der Früh kam der Fuchs.

Im Hühnerstall lagen Federn im Stroh, als ich nach dem Melken die Hennen füttern wollte. Ich zählte rasch durch; drei Hennen fehlten. Manchmal lief eine fort, spazierte durch den Garten, pickte zwischen den Blumen, den Zwiebeln, den Obststauden im Garten der Bäuerin. Ich lief ums Haus, suchte überall. Doch die Hennen tauchten nicht wieder auf.

Der Bauer war wütend, doch er schimpfte nicht. Der Wald war nah und wir ließen die Hühner frei herumlaufen. »Da kann man nichts machen«, brummte er und stapfte in den Stall. Mit einer Kiste mit Ferkeln kam er zurück, lud sie aufs Fuhrwerk und spannte die Gäule ein.

»Dora, heut musst wieder auf den Jakob aufpassen.« Die Bäuerin steckte eine Haarnadel in ihren Dutt. »Wir fahren zum Markt.« Der Bub hockte in der Stube auf den Dielen und langte nach dem Spitz, der sich vor dem Kanapee zusammengerollt hatte.

»Wir werden schon zurechtkommen«, sagte ich und wischte mir die Hände ab.

»Ich schau dafür nach Schuhen.« Sie nahm ihre Tasche, zog eine Jacke über, winkte ihrem Buben und zog die Tür hinter sich zu. Der Jakob riss den schlafenden Spitz am Ohr. Jaulend sprang er auf, bellte. Der Bub erschrak und fing an zu plärren.

Ich hob ihn hoch und tröstete ihn.

Ich nahm den Jakob mit in die Küche, setzte ihn auf eine Decke auf den Boden, gab ihm einen Topf und einen Kochlöffel zum Spielen. Der Bub drosch auf den Topf ein. »Nicht so heftig, Jakob.« Er sah mich an – und drosch auf den Topf ein. Ich hätte gern mit ihm gespielt, doch es gab viel zu tun. Zuerst feuerte ich den Ofen, holte Reisig und Holz und füllte die Schublade unterm Herd. Ich holte Wasser vom Brunnen und kochte es. Ich öffnete den

Schrank, stapelte Teller, Schüsseln, Becher und Tassen auf dem Tisch. Mit einer Bürste und Schmierseife schrubbte ich jedes Fach, während der Jakob auf allen vieren durch die Küche kroch. Am Sims richtete er sich auf, langte nach dem Mostkrug. Er war zu klein, um dranzureichen. Er deutete mit dem Finger in die Luft und krakeelte. Ich schüttelte den Kopf. »Nein, Jakob.«

Er schrie.

Ich hob ihn hoch, setzte ihn wieder auf die Decke und reichte ihm den Kochlöffel. Wütend drosch er auf die Fliesen. Aus einem Glas auf dem Tisch nahm ich eine Erbse, ließ sie langsam über den Boden rollen. Der Bub krabbelte hinterher. Der Spitz vor dem Kanapee gähnte und streckte sich. Der Jakob richtete sich auf, rief »Uuund!« und krabbelte hinüber in die Stube.

Ich räumte das Geschirr in den Schrank und dachte kurz an den Kaminkehrer, der bald wieder kam. Ich trug das schmutzige Wasser hinaus, setzte neues auf, kehrte den Boden. Ab und zu schaute ich in der Stube nach dem Buben, der auf den Dielen lag und den Spitz streichelte. Ich brachte ihm ein paar Bauklötze, dann kniete ich in der Ecke unterm Küchenfenster nieder und begann, den Boden zu schrubben.

Es krachte und der Jakob fing an zu plärren.

Ich lief in die Stube. Er lag zwischen den Bauklötzen, das Gesicht auf dem Boden, der Spitz stand daneben und leckte ihm die Hand. Ich hob den Buben hoch und setzte mich. Ich wischte ihm Tränen und Rotz aus dem Gesicht, sang *Hoppe, hoppe, Reiter* und ließ ihn auf meinen Knien wippen. Er zog die Nase hoch. Ich umarmte und wiegte ihn, bis er schwer und ruhig in meinen Armen lag. Im Hausgang hörte ich Schritte. Den Jakob auf dem Arm ging ich zur Tür.

»Bei uns ist heut der Metzger«, sagte die Magdalene. In

den Händen hielt sie eine Schüssel mit Würsten. Der Spitz huschte hinaus.

»Komm herein.« Ein Schwall kalter Luft strömte mit der Magdalene in die Stube. Sie rieb sich die Hände, winkte dem Jakob, der scheu über meine Schulter guckte. Ich ging in die Küche, nahm die Kanne mit dem Malzkaffee, den die Bäuerin in der Früh aufgesetzt hatte, und stellte sie auf den Herd. »Der Bauer und die Bäuerin sind auf dem Markt.«

»Die Antonia auch.« Die Magdalene knöpfte ihre Jacke auf und hockte sich auf einen Schemel. Ihre Schürze war voller Flecken. Der Jakob steckte seinen Daumen in den Mund. Er war schwer und ich gab ihn der Magdalene. »So ein süßes Butzele.« Sie kitzelte ihn am Bauch. Der Bub schaute sie an und nuckelte dann noch heftiger an seinem Daumen. »Weißt …« Die Magdalene sprach plötzlich ganz leise, als könnte uns jemand hören. »Weißt, dass die Bäuerin schon ein Mädle geboren hatte, bevor der Jakob auf die Welt kam?«

Ich nickte.

»Heiliger Vater …«, seufzte sie und bekreuzigte sich. Ich nahm einen Lumpen und zog die Kanne vom Herd. Ich stellte Becher auf den Tisch, strich mir eine Haarsträhne aus dem Gesicht und zog einen zweiten Schemel heran. Draußen blitzte ein schmaler Sonnenstrahl zwischen den Wolken hindurch.

Die Magdalene setzte den Jakob auf die Decke am Boden. »Die Bäuerin und der Bauer sind gute Leut«, sagte sie und griff nach dem Kochtopf. »Mit ihnen hast es gut getroffen.«

Ich nickte und nahm einen Apfel. »Wir essen gemeinsam, gehen zur Kirch und abends sitz ich mit der Maria beisammen und wir stricken oder flicken die Wäsche. Es ist fast wie daheim, als würd ich zur Familie gehören.«

»So was kannst vorher nie wissen.«

Ich zerteilte einen Apfel und reichte dem Jakob einen Spalt. »Ich bin zufrieden.«

Die Magdalene trank einen Schluck Kaffee. »Nur die Josefine ist eine Plage, gell?«

Ich zuckte mit den Schultern.

»Sie ist eifersüchtig, weil du beim Bauern längst mehr giltst als sie.«

»Ich tu meine Arbeit und geh ihr aus dem Weg.« Ich schob der Magdalene ein Stück Apfel hin.

Sie biss hinein. »Ich hab sie in der Waschküche Kartoffeln dämpfen sehen, für die Sauen«, sagte sie, während sie kaute. »Sie hat ein Gesicht gemacht wie eine kranke Kuh.«

Ich lachte.

»Wer die einmal zum Weib kriegt …« Die Magdalene rollte mit den Augen, und ich dachte an das dunkelhaarige Mannsbild in der Kirche.

Am Nachmittag brachte mir die Bäuerin ein Paar schwarze Schuhe aus der Stadt mit. Ich gab ihr Geld, stieg nach oben in die Kammer und öffnete die Schranktür, hinter der meine Sachen lagen. Inzwischen besaß ich drei Kleider und drei Schürzen und Socken, die nicht gestopft waren. Ich hatte Wäsche gekauft, ein wenig Aussteuer. Ein Fahrrad. Und neue Schuhe für die Kirche.

Ich stellte sie vor mir auf den Boden und schlüpfte hinein. Sie saßen fest am Fuß. Sie hatten einen kleinen Absatz und Riemchen über dem Spann. Vorn an der Kuppe verlief eine Ziernaht. Das Leder glänzte und knirschte leise bei jedem Schritt.

Der Weizen fiel in dicken Büscheln und die Weiber stachen mit Heugabeln hinein, breiteten das Getreide in der Sonne aus. Am Ackerrain lief der Jakob hinter einer Katze her. Er stolperte, rappelte sich auf, lief weiter, lachte. Es war heiß, die Mücken schwirrten. Schwalben flogen tief. Wir mähten den dritten Tag.

»Hört der Juli mit Regen auf, geht leicht ein Teil der Ernte drauf«, murrte der Bauer, als er sein Gespann wendete. In der Früh hatte ich zum Herrgott gebetet, ihn um gutes Wetter gebeten. Doch am Horizont zogen Wolken auf.

Der Bauer ließ die Peitsche knallen. Die Gäule zogen, der Messerbalken fraß sich durchs Korn. Die Antonia und ich liefen nebenher und mähten mit der Sense. Die Halme piekten, Schweiß rann uns Rücken und Brust hinab, mein Kopftuch klebte. Das Licht war grau, die Hügel in der Ferne schienen dunkelblau. Wind raschelte in den Blättern der Weiden, der Apfelbäume.

Ein Knirschen. »Verflixt!« Der Bauer sprang von seinem Sitz. Er bückte sich, trat mit dem Fuß gegen den Messerbalken, zerrte an einer Distel, die zwischen die Schneiden geraten war und sich verkeilt hatte. Er zerrte und fluchte, hustete und spuckte. »Das verdammte Ding hat geschlampt!«

»Ist schon recht«, sagte die Bäuerin, ging mit der Heugabel dazwischen und löste Gras, Erde und Disteln.

Die Wolken schoben sich näher.

Die Magdalene legte ihre Heugabel beiseite, nahm eine Sense und begann ebenfalls von Hand zu mähen. Der Kaspar nahm die Heugabel und half, das Getreide auszubreiten. Die Alte wendete mit Geschick, bewegte sich wie ein junges Mädle. Die Bäuerin schaffte zügig und die Antonia und ich mähten immer schneller.

Der Bauer sah zum Horizont.

»Vesper gibt's später!«, rief er, als der Himmel am Nachmittag zuzog, die Sonne verschwand. Kühler Wind kam auf. Er ließ die Peitsche knallen, die Stute und der Wallach liefen, der Messerbalken fraß sich ruckelnd durch die hohen Halme, und alle anderen liefen hinterher und nebenher und mähten von Hand und wendeten das Korn.

Der Wind frischte auf. Die Luft war abgekühlt. Noch immer schwitzte ich, doch der Schweiß stand mir kalt auf der Haut. Das Licht war grau und gelb und in der Ferne grollte Donner. Der Weizen wogte, die Halme raschelten, in den Bäumen rauschten die Blätter.

Ein Blitz zuckte.

Und plötzlich riss der Himmel auf. Die Bäuerin schrie und rannte zu ihrem Buben. Die Stute scheute, der Bauer versuchte, sie zu beruhigen, die Antonia zog den Kaspar mit, die beiden krochen unter den Wagen, die Magdalene auch, ich auch. Die Bäuerin suchte mit ihrem Kind Schutz unter einem Weidenbusch. Der Spitz kläffte wild, sein nasses Fell hing herab, er sah aus wie ein Gerippe. Der Kaspar zitterte, und der Jakob weinte. Der Bauer spannte die Gäule aus, damit sie nicht mit dem Gespannmäher durchgingen und ich kroch unterm Wagen hervor und half, den Messerbalken hochzuklappen.

Eine Sintflut ergoss sich über dem Tal.

Donner grollte, der Himmel war schwarz wie die Hölle. Blitze zuckten und ich schloss die Augen, so grell war ihr Licht. Wind peitschte und fegte durch den Weizen, bog die Halme zu Boden, fuhr in die Bäume, riss an den Blättern, schlug Äpfel, Birnen, Zwetschgen von den Zweigen. Er riss an den Kartoffelstauden auf den Nachbaräckern, Regen schwemmte die Erde fort. Hagelkörner, groß wie Taubeneier, droschen herab, sie schmerzten auf der Haut, schlugen auf die Äcker, die Kartoffeln, das Getreide, auf die Ernte eines Sommers, auf die Arbeit eines ganzen Jahres.

Die Bäuerin weinte. Der Bauer bekreuzigte sich. »Was tun wir jetzt?«

»Das ist höhere Macht«, flüsterte die Antonia.

»Plärren nutzt nichts«, sagte die Magdalene und ich drückte die Hand der Bäuerin, die unablässig Gebete murmelte angesichts dieses Unheils.

Am Nikolausmorgen kam der Bauer aus dem Stall. Sein spitzes Kinn wirkte spitzer als sonst, unter seinen Augen lagen Schatten. »Sechsundzwanzig«, sagte er.

»Sechsundzwanzig?«, fragte ich. »Die Sau hat sechsundzwanzig Ferkel geboren?«

Er nickte und wischte sich mit beiden Händen übers Gesicht. Ein Schauer fuhr mir den Rücken hinab. »Wie viele leben?«

»Vierundzwanzig. Ein paar Junge hab ich zu der Sau getan, die letzte Woche geferkelt hat.« Seine Schultern hingen herab, Bartstoppeln sprossen auf seinen Wangen. An seiner Jacke klebte Blut. »Komm, schau sie dir an.«

Unsere Schritte knirschten auf dem Rauhreif. Die Luft klirrte vor Kälte, der Himmel hing voller Wolken. Bald würde es schneien. Der Bauer öffnete das Stalltor, es roch nach Gülle, nach nassem Stroh und Blut. Matt und riesig lag die Sau in ihrem Koben, eine Schar winziger Ferkel wimmelte um sie herum. Noch nie hatte ich so viele Ferkel auf einem Haufen gesehen. »Du weißt, was zu tun ist, gell?«

»Freilich.« Ich öffnete das Gatter und richtete den Wärmestrahler auf die Jungen. Ich holte eine Kanne Käswasser und fütterte die Sau. Ich holte frisches Stroh und mistete aus.

»Sag, Dora ...« Der Bauer räusperte sich. »Bleibst noch ein Jahr?«

Ich richtete mich auf und trat einen Schritt zurück. Ich schlug nach den Fliegen, wischte mir die Hände an der Schürze ab. »Wenn du mich behältst.«

»Freilich, bist ein tüchtiges Mädle.«

»Aber ...« Ich schaute in sein müdes, knochiges Gesicht.

»Ja?«

Ich streckte die Schultern. Ich reichte ihm grad bis zur

Brust, doch ich hatte keine Furcht. »Ich bleib, wenn die Obermagd geht.«

Einen Moment sagte der Bauer nichts. Rieb sich bloß sein Kinn. Dann nickte er und ging.

Im Februar an Mariä Lichtmess ging die Obermagd. »Ich heirate«, sagte sie, obwohl Dienstboten, die kündigten, ihre Nikolausgeschenke und die Gaben zu Weihnachten und zum Namenstag zurückgeben mussten, erlaubte die Bäuerin der Josefine, ihre zu behalten.

Im März half ich dem Bauern beim Eggen. Im April säten wir und ich setzte Kartoffeln und Kohlrabi. Im Mai pflanzte ich Gurken, Rettich, Erbsen und Bohnen, im Juni mähten wir Heu, und der Kaspar hat wieder geschafft wie ein Großer. Ich erntete Erdbeeren und die ersten Kirschen, im Juli mähten wir Öhmd, im August das Getreide. Ich pflückte Äpfel, Birnen, Johannisbeeren und Zwetschgen, holte Kohlrabi aus der Erde und klaubte Kartoffeln. Mit der Bäuerin weckte und kochte ich ein, während der Bauer pflügte und Wintergerste säte. Ich zog Ferkel auf, machte Futter für die Sauen, und alle Tage brachte ich die Milch zur Käserei. Der Futscher-Bauer ließ mich manches machen und ich lernte viel, vor allem über die Sauen. Doch ich wollte mehr lernen, auf einem größeren Hof.

An einem Sonntag im Oktober, als ich heimfuhr in die Viehweid, lief ich dem Geislinger-Bauern über den Weg. »Mädle, willst nicht zu mir kommen?«

»Ich bin bei einem guten Bauern«, antwortete ich. »Ich kann nicht klagen.«

»Bei mir hast's auch gut.« Der Geislinger-Bauer lächelte. Er war ein stattliches Mannsbild und Bürgermeister von Herlazhofen. »Überleg's dir. Mein Hof ist groß, siebzig Morgen Land, dreißig Stück Vieh.« Er zog eine goldene

Uhr aus seiner Westentasche, klappte sie auf. »Ich tät dir auch mehr bezahlen.«

»Wie viel denn?« Ein Bauer mit dreißig Stück Vieh war schon fast ein reicher Mann.

Er überlegte einen Moment. »Dreißig Reichsmark.« Er musterte mich, klappte die Uhr wieder zu und ließ sie in die Tasche seiner Weste gleiten. »Reichlich Essen gibt's allemal.«

»Ich überleg's mir.«

Als der Futscher-Bauer am Nikolaustag 1938 fragte: »Dora, bleibst noch ein Jahr?«, zögerte ich. Vor uns lagen die verschneiten Hügel und in der Ferne ragte die Kirche von Ottmannshofen zwischen den Schindeldächern der Häuser und Höfe hervor. Der Spitz kläffte und eine Sau quiekte.

Ich schüttelte den Kopf. »Es war eine schöne Zeit, doch ich geh.«

LEHRJAHRE

Der Geislinger-Hof lag im Oberdorf, dort, wo die Dorfstraße einen Knick machte und bald danach hinausführte aus Herlazhofen. Es war ein stattliches Wohnhaus mit einem steilen Dach, Gauben und verzierten Fensterläden. Aus dem Schornstein züngelte Rauch.

Der Weg war verschneit, und je steiler es hinaufging, desto mehr rutschten die Reifen im Schnee, so dass ich abstieg und mein Fahrrad schob. Ein Hund schlug an, als ich den Hof erreichte – ein schwarzer, zotteliger Mischling –, und lief mir entgegen. Ich ließ ihn schnuppern. Er legte den Kopf schief, die Ohren aufmerksam gespitzt, langsam begann seine Rute hin- und herzuschwingen. Ich kraulte seinen Kopf.

Gemeinsam liefen wir die Auffahrt hinauf.

Der Misthaufen dampfte, und in den Ställen hörte ich das Vieh, die Sauen. Ein Ross schlug mit dem Huf gegen eine Stalltür, ein Gockel krähte. Kinder riefen und irgendwo ertönte die Stimme eines alten Weibes. Ich lehnte mein Fahrrad gegen die Hauswand. Eine Reihe kahler Obstbäume zog sich an einem Zaun entlang, dahinter streckten sich verschneite Weiden und Felder den Hügel hinab, hier und dort ein paar einzelne Bäume, ein kleines Waldstück. Am Horizont schimmerten im diesigen Licht die Berge.

Ich öffnete das Tor zum Kuhstall; der Hund folgte mir. Die Luft war warm und feucht und die Kühe hoben die Köpfe, schauten neugierig auf. Einige hatten Kälber bei sich, sie stupsten ihre Nasen gegen meine Hand, als ich sie streichelte, eins leckte mit seiner rauhen Zunge über meinen Handrücken. Das Vieh stand in zwei Reihen, zu beiden Seiten des Futtergangs. Ketten klirrten, wenn die Tiere sich bewegten. Ein Kauen und Schmatzen erfüllte die Luft, Spatzen hüpften durchs Heu – wie klein war dagegen der Stall beim Futscher-Bauern gewesen.

Im Pferdestall, der angrenzte, standen zwei Fuchswallache, eine stämmige braune Stute hob den Kopf, starrte mich an, Wasser tropfte von ihrem stoppeligen Maul. Ich hörte Ferkel quieken und Sauen grunzen. Im Stadel standen ein Heuwagen, ein Gülletank, ein Pflug. Vor der Garage parkte ein schwarzer Mercedes. Kaum jemand im Dorf besaß ein Auto, schon gar nicht so ein teures.

Den Hund noch immer im Schlepptau, nahm ich meinen Koffer und lief zur Haustür. Sie war offen und ich trat in den Hausgang. Unter einer Bank standen ordentlich aufgereiht Schuhe, auf einer Kommode lagen ein Hut und ein Gesangbuch. Meine Stiefel waren voller Schnee, Pfützen bildeten sich, darum zog ich sie aus und stellte sie neben die Bank. In nassen Socken, den Koffer vor die Brust gepresst, sah ich mich um. An der Wand hing ein Bild, ein breiter, dunkler Holzrahmen mit einem Passepartout und einer Schwarzweißfotografie. Ich trat näher. Das Bild zeigte den Hof. Der Bauer, die Bäuerin, zwei Knechte, eine Magd und zwei Kinder hatten sich in Positur gestellt, ein Knecht hielt zwei Rösser, der andere ein Kälbchen. Die Bäuerin trug eine weiße Schürze, die beinahe bis zum Boden reichte, und sie hielt ein Baby im Arm. Der Bauer trug einen Hut und eine Weste, an der eine Uhrkette hing.

»Wer bist du?«, fragte eine Stimme.

Ich fuhr herum. Auf der Stiege hockte ein Kind, das Gesicht dicht ans Geländer gedrückt. Ich lächelte. »Ich bin die Dora. Und wer bist du?«

»Der Ferdinand.« Der Bub stand auf und stieg die Stufen herab. Am Treppenabsatz blieb er stehen.

»Wo sind deine Mama und der Papa?«

Der Bub sah mich an, als müsste er gründlich über seine Antwort nachdenken. Dann deutete ich auf die Tür hinter mir.

»In der Stube?«

Er nickte. Ich klopfte und trat ein. Drinnen war es warm, ein großer Ofen bullerte, und auf der Ofenbank saßen drei Kinder. Die Oma, die Flachs spann, sah von ihrem Spinnrad auf. Die Bäuerin legte ihr Strickzeug beiseite.

»Grüß Gott«, sagte ich.

»Grüß dich, Dora. Ich hab schon auf dich gewartet.« Die Geislinger Fanny trug ein dunkles Kleid mit einem hohen Kragen. Ihr blondes Haar war zu einem Knoten gebunden, ihre Wangen glänzten. Als sie aufstand, sah ich, dass sie in anderen Umständen war.

Der Ferdinand kletterte zu seinen Geschwistern auf die Bank. Zwei Mädle und ein Bub drängten sich aneinander, wie die Orgelpfeifen saßen die Kinder dort, der Bub hielt eine Katze im Arm. Ich stellte meinen Koffer ab. »Wohnst du jetzt hier?«, fragte die Älteste, ein Mädle mit blonden Zöpfen.

»Ja«, sagte ich.

Schritte polterten durch den Hausgang und ein Schwall kalter Luft fuhr herein, als der Bauer die Stubentür öffnete. Er nahm seinen Hut ab. Sein dunkles Haar war sauber gescheitelt und mit Pomade zurückgekämmt. Ich sah, wie der Schnee auf seinem Schnurrbart schmolz, kleine Wassertropfen glitzerten. Er knöpfte seinen Mantel auf, darunter trug er einen Anzug mit weißem Kragen. Er sah aus wie ein feiner Herr und musterte mich. Sein Blick war nicht mehr so freundlich wie noch vor kurzem.

Mich fröstelte.

»Ah, die Dora.« Ich fuhr zusammen. Seine Stimme dröhnte und der Raum schien plötzlich viel kleiner. Ich streckte die Schultern und sagte: »Grüß Gott«, doch meine Stimme klang heiser. Man merkt schnell, wie man sich verhalten muss, wenn man angesehen sein will, wenn man auskommen will mit den Bauern, und dieser wollte, dass man gehorsam war, auch wenn er vor kurzem noch schöngetan hatte, damit ich zu ihm kam.

»Kannst gleich anfangen, Mädle.« Er löste seinen weißen Kragen. »Zuerst wirst Mehl schroten für die Sauen.«

Ich nickte.

Auf dem Dachboden, auf einem hölzernen Podest neben den Getreidekästen, stand eine staubige Schrotmühle. »In den Trichter hier oben tust das Korn hinein.« Der Bauer schöpfte eine Handvoll Gerste aus dem hölzernen Getreidekasten an der Wand. Neben dem Trichter war eine Kurbel befestigt. »Damit drehst die Walzen in der Mühle.« Ich trat näher heran, um besser zu sehen. Es knirschte grob, als er die Kurbel in Gang setzte, und nach einer Weile rieselte unten, am Fuß der Mühle, Schrot heraus und fiel in eine Kiste. »Wenn du dich geschickt anstellst, schaffst vier Säcke am Tag.«

Er tat einen Schritt zur Seite und ich gab selbst eine Handvoll Gerste in den Trichter. Es brauchte Kraft, die Kurbel in Schwung zu setzen, und ich fasste sie mit beiden Händen. Der Bauer sah zu. Er war nicht sehr groß, aber kräftig. Sein Haar glänzte und er roch nach Parfüm. Langsam setzten sich die Walzen in Bewegung, mahlten das Korn, es knirschte und knackte und unten rieselte grob und hell Schrot aus der Mühle. »Hier kannst den Feinheitsgrad einstellen.« Der Bauer deutete auf ein Rad. »Aber so ist's schon recht.«

Er sah noch eine Weile zu, dann ging er, ohne etwas zu sagen.

Neben der Schrotmühle lag ein Stapel Rupfensäcke auf dem Boden. Als die Kiste unter der Mühle voll war, nahm ich einen und füllte den Schrot hinein; ein Häuflein in einem großen Sack. Ich füllte mehr Getreide in den Trichter, diesmal mit einer Kelle, und mahlte. Die Körner knirschten und knackten zwischen den Walzen. War die Kurbel einmal in Bewegung, brauchte ich nicht mehr so viel Kraft, sie zu drehen. Ich sah mich um. Der Dachboden war sauber und aufgeräumt. Unter der Dachschräge standen mehrere tiefe Getreidekästen, alle verschlossen, bis auf den Kasten mit der Gerste. In einer Ecke lehnten mehrere volle Säcke; wahrscheinlich war Weizenmehl darin, denn Weizen brachten die Bauern zum Mahlen in die Mühle, nur Hafer und Gerste fürs Vieh schroteten sie daheim. Neben den Säcken stand eine Sackkarre. Auf der anderen Seite hingen Kummets und anderes Zaumzeug, und in einen Dachbalken hatte jemand Nägel geschlagen und in ordentlichen Reihen daran die Stricke aufgehängt, mit denen man im Sommer Garben band.

Ich leerte die Schrotkiste. Meine Nase brannte, mein Hals war trocken. Im Licht, das durch die Dachluke fiel, tanzte der Staub. Aus einer der Schlafkammern einen Stock tiefer hörte ich Kinderstimmen und die Stimme der Oma, doch was sie sagten, konnte ich nicht verstehen. Die Bäuerin war ein guter Mensch, da war ich sicher; doch mit dem Bauern würde es nicht einfach werden, das spürte ich. Im Dorf war er ein respektierter Mann. Obwohl er Bürgermeister war, war er nicht in der Partei; abgesehen vom Adler-Wirt hielten die Bauern nicht viel vom Hitler Adolf. Doch der Geislinger-Bauer stand im Ruf, launisch zu sein. Ich musste gehorsam sein und ich würde Nachsicht brauchen und Geduld, wenn ich mit ihm auskommen wollte. Trotzdem war ich froh, hier zu sein. Der Hof war groß, ich würde viel Neues lernen; außerdem war es nicht mehr so weit bis in die Viehweid zu den Eltern.

Als es Zeit war in den Stall zu gehen, hatte ich grad zwei Säcke voll Schrot gemahlen.

Im Kuhstall warf der Bauer Heu in den Futtergang. Er trug nun eine blaue Arbeitsjacke und alte Hosen. Hinter ihm liefen die Buben, sie hielten einander an der Hand. Geschwind schlüpfte ich in meine Stallkleider, nahm einen Melkschemel und einen Eimer und ging zu der ersten Kuh in der Reihe, einem Braunvieh mit schön gebogenen Hörnern und einem Kalb, das neugierig den Kopf hob. Heuhalme hingen aus seinem Maul. Ich strich ihm über den Hals. »Bist ein gutes Tier.« Das Kalb schmatzte und ich hockte mich ins Stroh und wischte Mist und Schmutz vom Euter der Kuh.

»Was hast gesagt?« Ich zuckte zusammen. Der Bauer stand dicht hinter mir, eine Mistgabel in der Hand. Ich starrte auf die Zitzen und fuhr mit den Daumen fest darüber, dass die Milch herausschoss.

»Ich hab nur mit dem Kalb geschwätzt«, murmelte ich.

Der Bauer musterte mich wie eine kranke Kuh. »Es wird dir nicht antworten, es ist ein Vieh.« Er schüttelte den Kopf und ging weiter.

Die erste Kuh ließ sich leicht melken, nach fünf Minuten war ich mit ihr fertig. Die zweite war auch brav, die dritte war zäh. »Die muss gedeckt werden«, sagte die Bäuerin. »Sonst gibt sie keine rechte Milch.« Sie hockte unter einem kräftigen Braunvieh. Auch die Oma molk; der Opa und die beiden Mädle, Elli und Ida, trugen die Eimer nach vorn. Der Ferdinand kroch mit seinem kleinen Bruder Otto durchs Stroh und kitzelte Kälber mit Strohhalmen. »Wie viele Kühe hast vorher zu melken gehabt?«, fragte die Bäuerin.

»Zwölf.«

»Das ist schneller gegangen, gell?« Sie lachte, ihre Wangen waren gerötet.

»Schwierig sind solche wie diese, bei denen die Milch nicht läuft. Da dauert das Melken länger als bei einer Kuh mit prallem Euter.«

»Trotzdem braucht's Zeit und Kraft, dreißig Stück Vieh zu melken.«

»Drei gute Melker brauchen schon eine gute Stunde dafür«, sagte der Großvater und half den Mädle, einen vollen Eimer nach vorn zu tragen.

Nach dem Melken misteten wir, die Oma füllte frisches Wasser in die Tröge. Der Opa brachte die Kannen hinunter zur Käserei und die Bäuerin nahm mich mit ins Haus. Im Bad öffnete sie einen Wasserhahn und reichte mir ein Stück Seife. Ich staunte. Neben dem Fenster stand eine weiße Emaillebadewanne, deren Außenwand mit einem Blättermuster verziert war. Es gab einen Badeofen, so dass man das Badewasser nicht in der Küche auf dem Herd kochen musste und der zudem das Bad heizte. In der Ecke stand sogar ein modernes Wasserklosett; hier lief niemand nachts über den Hof zum Plumpsklo.

In der Küche stellte die Bäuerin Käse, Fleischbrühe und Rahm auf den Tisch. »Kannst eine Kässuppe kochen?«

»Freilich.« Ich band meine Schürze um.

»Gut, dann bereite ich derweil Grießknödel.« Sie ließ Wasser in eine Kasserolle laufen. In einem Tiegel schmolz Butter, im Herd knisterte das Feuer und die Luft roch nach Muskat. Aus der Schublade unter dem Herd zog sie Holzscheite hervor, warf sie in den Ofen. Trotz ihres Bauchs bewegte sie sich flink. »Kannst mir ein bissle Reisig holen?« Ihre Stimme klang weich, wie Wasser, das einen Bach entlangrann.

»Freilich.« Ich rührte Mehl in die zerlassene Butter und

schob den Topf an den Rand des Herds. Aus dem Hausgang holte ich Reisig und auch gleich ein paar dicke Holzscheite.

Zum Nachtessen versammelten sich der Bauer, die Bäuerin, die Eltern vom Bauern und die Kinder am Tisch in der Stube. Ein Mannsbild mit vollem, dunklem Haar setzte sich dazu; es war der Karl, ein Bruder des Bauern, der als Knecht auf dem Hof arbeitete. Er nickte mir zu. Ein zweiter Knecht, Siegfried, saß mit schmutzigen Schuhen auf der Eckbank und streckte die Beine von sich. Der Bauer faltete die Hände, schaute zum Herrgottswinkel. Alle taten es ihm gleich und beteten.

Komm, Herr Jesus, sei unser Gast und segne,
was du uns bescheret hast.

Wir aßen schweigend. Nach dem Essen sprach der Bauer noch ein Dankgebet.

Du gibst uns, Herr, durch Speis und Trank
Gesundheit, Kraft und Leben.
So nehmen wir mit Lob und Dank
das, was du jetzt gegeben.
Amen.

»Amen«, sagten wie aus einem Mund die Bäuerin, die Oma, der Opa, der Karl, der Knecht und ich.

Der Ferdinand rutschte zuerst von der Bank. Die Mädle halfen, das Geschirr nach nebenan in die Küche zu tragen. »Gehst schon zur Schule?«, fragte ich die Elli.

»Im Sommer komm ich in die erste Klasse. Ich bin schon sechs.«

»Und deine Schwester?«

»Die Ida ist erst fünf.« Etwas wie Mitleid lag in dem

Blick, mit dem die Elli ihre Schwester bedachte. Das Mädle war kleiner und hatte dunkle Haare wie ihr Vater, während die Elli das blonde Haar ihrer Mutter geerbt hatte; abgesehen von der Haarfarbe sahen die beiden ihren Eltern allerdings nicht ähnlich.

»Aber die Elli kann noch nicht bis zehn zählen.« Die Ida stellte Teller auf den Sims neben dem Spülbecken.

»Kann ich doch.« Die Elli zwickte ihre Schwester in den Arm.

»Ihr werdet nicht streiten«, rief die Oma aus der Stube. »Und du, Otto ...« Sie nahm den Jüngsten hoch, der immer noch auf der Bank saß und seine Finger in einen Flecken Suppe drückte. »Hörst wohl auf, dich dreckig zu machen!« Der Otto protestierte, doch die Oma klemmte sich den schreienden Buben unter den Arm. Sie war ein robustes Weib mit weißem Haar und einer Stimme, die keinen Widerspruch duldete. »Ferdinand, wo steckst?«

Alle sahen sich um.

»Ferdinand?«

Hinterm Vorhang ertönte ein Kichern. Der Ferdinand steckte seinen Kopf hervor, doch als er die Miene seiner Großmutter sah, verschwand sein Lachen. Er sah von ihr zu seiner Mutter, die am Spülbecken stand und Wasser einließ. Er schaute mich an. Er ließ den Vorhang los, tat ein paar Schritte und blieb mit ernstem Gesicht vor mir stehen. »Dora, bleibst da?«, fragte er.

Einen Moment konnte ich nichts sagen. Dann nickte ich.

Anderntags, ich hockte grad unter der Leni, dem großen Braunvieh, das reichlich Milch gab, schritt der Bauer durch den Kuhstall. »Heut gehst Gülle rausfahren.« Er sagte nicht guten Morgen, gab nur eine knappe Weisung und fügte im Hinausgehen hinzu: »Der Siegfried geht mit.«

Der Knecht saß in der Stube auf einem Stuhl, die Füße unterm Tisch ausgestreckt und tauchte Brot ins Holdermus. Er war groß und kräftig und wie am Abend zuvor sprossen Bartstoppeln auf seinen Wangen. Die Bäuerin brachte Malzkaffee, die Oma goss ihren Becher voll und nahm einen Schluck. »Die Erna macht's fei besser«, sagte sie und verzog das Gesicht. Als der Siegfried sah, dass ich ihn musterte, grinste er. Er hatte braune Zähne, ein Schneidezahn fehlte. Ich stopfte Brot und Käse in den Mund und nahm einen Apfel. »Ich geh schon in den Stall.«

Ich stieg in meine ältesten Kleider und band einen alten Rupfensack als Schürze um. Meine Schuhe ließ ich stehen und schlüpfte in Holzpantinen. Wieder folgte mir der Hund, er wedelte mit dem Schwanz, seine Zunge hing ihm aus dem Maul, er hechelte. Ich wusste immer noch nicht, wie er hieß. »Ich nenn dich Hund«, sagte ich. Er wedelte heftiger mit dem Schwanz und ich nahm das als Zeichen, dass er einverstanden war.

Im Stall hatte jemand ein paar Bretter des Mittelgangs geöffnet. Darunter befand sich die Güllegrube, ein Becken, in dem sich Urin und Kot der Kühe sammelten. Von der Dachrinne draußen gab es einen Zulauf, um die Gülle zu verdünnen, trotzdem roch sie scharf; im Sommer war der Geruch noch schlimmer. Ich schlug nach Fliegen, die mir um die Augen schwirrten, und zog weitere Dielen beiseite. In der Tiefe schwappte es dunkel. Der Gestank biss in der Nase. Den Kühen machte er nichts aus, ihre Kiefer mahlten, manchmal muhte eine, schlug mit dem Schwanz, scharrte im Stroh. Ihre warmen Leiber schienen zu dampfen, aus ihren Nüstern stießen sie weiße Wolken heißen Atems. Die Emma leckte der Leni über die Nase und das Kalb suchte nach den Zitzen seiner Mutter. Ich war gern allein mit dem Vieh, es war so friedlich. »Euch geht's gut, gell?« Ich trug die Bretter zum Stalltor und stapelte sie auf einem Haufen.

Der Hund schnüffelte am Rand der Güllegrube und ich zog ihn fort. Fiel ein Hund in die Grube, ließ man ihn drin; stürzte ein Kalb hinein, gar eine Kuh, war es ein Drama, sie herauszuholen. Mit einem langen Rührstab begann ich, die Gülle zu rühren, Kot und Streu so unterzumischen, dass eine gleichmäßige Brühe entstand. Die Grube war tief und ich hatte selbst Angst, hineinzufallen. Ich rieb meine Augen, sie brannten. Gülle und Mist waren der beste Dünger und wenn ein Bauer einen großen Stall hatte, gab es reichlich davon; im Lagerhaus konnte man Kunstdünger kaufen, doch der war teuer. Am Stalltor wurde später ein Rohr befestigt, das die Auffahrt hinunter und zum Güllewagen führte, so brauchte man nicht zu schöpfen. War der Wagen voll, verteilte man die Gülle auf den Wiesen. Wer tüchtig war, schaffte fünfzehn Fuhren am Tag.

Irgendwann kam der Siegfried in den Stall geschlendert. »Du kannst die Gäule holen und den Güllewagen hinunterfahren.« Ich zog den Rührstab heraus. »Ich bin gleich fertig.« Er lehnte an der Pforte und sah mir zu. Grinste, dass man seine schlechten Zähne sah. Dann drehte er sich um und ging.

Schließlich ging ich selbst zu den Gäulen. Die Füchse waren freundliche Tiere, ich ließ sie schnuppern, fütterte sie mit dem Apfel, den ich noch in der Tasche hatte, und sie ließen sich brav einschirren. Auf einem Schild am Stalltor standen die Namen *Max* und *Moritz*, und als ich das zweite Kummet vom Haken nahm, senkte der Max – oder der Moritz – von allein seinen Kopf.

»Gut machst das, Mädle.« Der Siegfried hockte auf einem Zaunpfahl unter einem Birnbaum. Er hatte seinen

Hut über beide Ohren gezogen und rieb die Hände aneinander. Zwischen seinen schmutzigen Fingern hing eine halb gerauchte Zigarette. Ich schnalzte leise und zog die Gäule weiter. Wenn mir ein Schneidezahn fehlte, dachte ich, würd ich nicht so breit grinsen.

Plötzlich sprang der Knecht vom Zaunpfahl, klopfte sich die Hosen ab, trat die Zigarette aus. Er stolperte auf die Gäule zu, sie wichen zurück. Unten auf der Dorfstraße kam der schwarze Mercedes angefahren. Der Max – oder der Moritz – riss den Kopf hoch. »Komm her, du Biest!«, fluchte der Siegfried und bekam nur ein Stück Mähne zu fassen. Mit dem anderen Gaul stellte er sich auch nicht geschickter an.

Kaum war der Bauer im Haus verschwunden, lief der Knecht pfeifend um die Scheune herum und verschwand.

Der Karl sah, wie ich selbst auf den Bock stieg und die Zügel nahm. »Komm, ich helf dir, Mädle.« Ich trieb die Gäule die Einfahrt hinunter und er steckte das Rohr zusammen und befestigte es an der Güllegrube. Er arbeitete ruhig und konzentriert, jede Handbewegung saß, als hätte er sein Lebtag nichts anderes getan. Ich wischte mit der Hand eine Haarsträhne aus dem Gesicht und rieb meine kalten Hände; ich sah sicher schon aus wie ein Mohr. Zwischen den hölzernen Planken des Tanks tropfte Gülle heraus und machte hässliche Flecke im Schnee. Der Hund schnappte nach Fliegen. »Wenn du zurückkommst, findest mich hinter der Scheune beim Holzhacken. Ich helf dir dann, den Wagen wieder zu befüllen.« Der Karl wischte sich die Hände an seiner Hose ab, und ich stieg auf den Bock. »Und bei den Wiesen am Hang helf ich dir auch, da ist's nicht so leicht, mit dem Wagen zu rangieren.«

»Danke.« Ich nahm die Zügel und trieb die Gäule an. Der Karl winkte, dann wandte er sich um und lief die

Auffahrt hinauf, zur Scheune. Ich sah ihm nach. Wenn es wie auf dem Futscher-Hof auch hier faule Dienstboten gab, mindere Leut, so gab es doch auch einen sehr netten Knecht.

Die Gäule liefen die Dorfstraße hinauf, bogen um die Kurve und trabten aus dem Ort. Über einen schmalen Pfad führte ich sie hinunter zu den Wiesen. Der Wind blies, und am Himmel türmten sich graue Wolkenberge, durch die hier und da die Sonne hindurchbrach, und wo sie einen Spalt fand, ließ sie die Wolken gelb leuchten. Als wir ankamen, öffnete ich einen Verschluss am Gülletank. In gerader Spur zogen die Rösser den Wagen über die Weiden, bis der Tank leer war und ein ordentliches Muster aus stinkenden dunklen Streifen über dem verschneiten Gras lag.

Ein ums andere Mal beluden der Karl und ich den Güllewagen, und ich fuhr hinaus.

»Die Güllegrube ist ja noch voll!«, schimpfte am Abend der Bauer, als ich den Milchwagen mit den leeren Kannen die Auffahrt hochzog. Er stürzte aus dem Stall und stand so unvermittelt vor mir, dass mir der Atem stockte. »Du solltest Gülle ausbringen, nicht herumschlampen!« Sein Kopf war rot und an der Stirn trat eine Ader hervor. »Die Arbeit hätt man zu zweit gut an einem Tag schaffen können!«

Ich streckte die Schultern, doch ich bekam kein Wort heraus.

»Ich hab dich nicht geholt, damit du hier auf der faulen Haut liegst. Schaffen sollst für dein Geld, ist das klar?« Seine Augen funkelten.

Ich biss mir auf die Lippe. Ich spürte, wie mir die Tränen kamen, und wollte nicht weinen.

Der Bauer drehte sich um und stapfte davon.

Ich lief in den Stall und kroch zur Leni und ihrem Kälbchen ins Stroh. Das Kleine blökte wie ein Schaf, stand auf seinen dünnen Beinen neben seiner Mutter, schmiegte sich an sie, und die Kuh leckte ihm den Kopf. Ihre dunklen Augen schauten so freundlich, dass ich beinahe wieder geweint hätte.

An einem Morgen im Mai zog der Bauer einen feinen Anzug an und holte den Zylinder hervor. Die Oma putzte die Kinder heraus und alle Weiber trugen Sonntagskleider, als wir gemeinsam die Dorfstraße entlang und hinauf zum Kirchplatz liefen. Zum Fronleichnam hatten die Bauern vier Altäre im Dorf aufgebaut, in jeder Himmelsrichtung einen, und alle waren mit Blumen und Marienbildern geschmückt, auf dem Boden lag frisches Gras. Die Mädle, die vor kurzem zur Erstkommunion gegangen waren, trugen ihre weißen Kleider und Blütenkränze im Haar, die Buben ihre schwarzen Hosen und Hemden mit Matrosenkragen, und sie streuten Blumen. »Nächstes Jahr geh ich auch zur Kommunion«, raunte die Elli, schob ihre Hand in meine und hüpfte von einem Fuß auf den anderen.

Mannsbilder kamen aus der Wirtschaft, schlenderten über den Kirchplatz. Der Bauer grüßte in alle Richtungen, zog hier und da den Hut, sagte »Grüß Gott«. Der Adler-Wirt rief »Heil Hitler!«. Vor der Bäckerei stand die Mutter, ich lief zu ihr. Sie trug ein dunkles Kleid und hatte ihr Haar zu einem Knoten gebunden. »Wie geht's, mein Mädle?« Sie umarmte mich.

»Bist gewachsen?« Der Vater pfiff ein Lied und in seinen Augen saß der Schalk. »Gibt dir dein Bauer kein gutes Essen?«

»Doch, das Essen ist gut und reichlich.« Ich lachte. Der Sepp kratzte sich am Knie, die Monik hielt eine Handtasche in den Händen, die Frida einen Rosenkranz. »Wie geht's dir bei deinem Bauern?«, fragte ich meine mittlere Schwester.

»Ich muss oft in der Wirtschaft helfen, aber die Leut sind gut.«

Jemand hielt mir die Augen zu. »Grüß dich«, rief eine vertraute Stimme. Ich drehte mich um, löste die Hände von meinem Gesicht. Die Bahle Pauline lachte.

Ich trat einen Schritt zurück. »Gut schaust aus!« Sie war nicht mehr das schmale, stille Nachbarsmädle, mit dem ich Milch zur Käserei gebracht hatte. Sie trug ein Kleid mit bunter Stickerei am Kragen und hatte ihre Zöpfe abgeschnitten. Auch sie schaffte als Magd. »Wie geht's dir?«

»Frag nicht.« Sie zog ein Gesicht und um ihren Mund lag plötzlich ein bitterer Zug. »Mein Bauer ist ein minderer Mann«, flüsterte sie. »Er ist launisch und schlägt seine Dienstboten.«

»Launisch ist mein Bauer auch«, flüsterte ich und sah mich um. »Nicht alle Tage, aber immer wieder.«

»Schlägt er dich?«

Ich schüttelte den Kopf.

»Wie einer ist, das kannst nie vorher wissen«, sagte die Pauline leise.

Ich nickte.

Die Glocken ertönten. Vor dem Rathaus flatterte die rote Fahne und ein paar Uniformierte standen in Grüppchen herum, beobachteten das Geschehen. Die Dörfler zogen an ihnen vorbei in die Kirche. Ich rutschte zur Mutter und zu meinen Schwestern in die Bank und winkte der Bäuerin, die ein paar Reihen weiter vorn saß. Die Mutter grüßte höflich. Der Bauer stand auf der Empore, und als der Chor das erste Lied anstimmte, schaute ich hinauf, doch ich sah ihn nicht.

Nach dem Gottesdienst zog eine Prozession mit der Monstranz, der Jungfrau Maria und Fahnen betend und singend über den Kirchplatz, hielt vor dem Altar vorm

Gasthaus Zum Adler, lief bei der Bäckerei hinunter zum Dorfplatz, wo immer noch Uniformierte standen und sich Notizen machten, hielt vorm Altar beim Pfarrstadel, lief von dort weiter ins Unterdorf zu den anderen Altären und an jedem wurden das Dorf und die Felder gesegnet.

Als wir später meinem Bauern begegneten, grüßten die Eltern höflich, der Vater zog den Hut. Der Bauer grüßte zurück. »Ein stattliches Mannsbild«, flüsterte die Monik.

»Ja«, erwiderte ich leise. »Doch manchmal sind die Menschen anders, als sie scheinen.«

Die Pauline aus der Viehweid

Trübes Licht lag über den Wiesen, als wir aufbrachen. In der Nacht hatte es geregnet, noch immer war die Luft nass und angenehm kühl, und auf den Wiesen glänzte Tau. Ein Habicht erhob sich und glitt mit wenigen Flügelschlägen dahin.

Der Bauer saß auf dem Bock, neben ihm sein Bruder, der Karl. Hinten auf dem Fuhrwerk hockten die Bäuerin, die Oma, der Opa, die Kinder, der Knecht und ich. Wir hatten Spaten dabei, Stecheisen, Bretter, einen Schubkarren und Körbe voller Essen. Der Weg führte Richtung Viehweid und Hinterweiher, von dort in einen dunklen Wald und hinauf nach Winnis, einem Weiler, wo der Bauer ein Stück Moor besaß. Ganz in der Nähe wurde Torf auch industriell abgebaut, der Onkel Oswald hatte eine Zeit als Torfmeister gearbeitet und von Rampen und Loren erzählt und Maschinen, die sich durch den Boden fraßen. Mehrmals am Tag brachte ein Lastwagen getrockneten Torf nach Leutkirch, wo er mit Zügen in die Städte transportiert wurde.

Der Boden wurde feuchter und weicher, je weiter wir ins Moor hineinfuhren, und die Gäule hatten Mühe, das Fuhrwerk zu ziehen. Am Wegrand ragten Bergkiefern, Moorlärchen und krüppelige Birken empor, gelber Fingerhut blühte und Moosbeeren. Das Wasser in den Bächen schillerte schwarz. Auf einer Lichtung hielt der Bauer die Gäule an; dürres Gras und Sträucher wuchsen auf dem weichen Boden, etwas abseits standen einzelne Birken und Kiefern. Er sprang vom Bock, stapfte ein paar Meter in die eine Richtung, dann in die andere, den Blick nach unten gerichtet, bis er stehen blieb, ein zwei mal drei Meter großes Areal absteckte und rief: »Hier graben wir!«

Die Männer luden die Bretter ab und legten sie aus, so dass ein Weg entstand vom Fuhrwerk am Wegrand zu der Stelle, wo der Bauer stand. Es roch nach feuchten Kiefernnadeln und stehendem Wasser, Frösche quakten. »Hast schon mal Torf gestochen, Mädle?«, fragte der Opa und reichte mir einen Spaten.

»Nein, der Vater hat ihn immer müssen kaufen.«

»Harte Arbeit ist's.« Der Opa lief ein paar Schritte und kratzte mit dem Spaten über das dürre Gras. Dann stach er in den Boden.

»Das stört mich nicht.« Ich stach ebenfalls zu. Die obere

Schicht war locker, der Boden gelbbraun, und als ich ihn hochhob, entdeckte ich lauter Gräser und Wurzeln darin.

»Der Weißtorf taugt nichts, damit kann man nur den Stall streuen. Wir wollen Brauntorf und Schwarztorf, damit lässt sich gut heizen.«

»Ja, wenn die Mutter ein Stück Torf in den Ofen geworfen hat, haben wir es den ganzen Tag warm gehabt.«

»Aber der dunkle Torf liegt tief«, sagte der Karl und nahm ein Stecheisen vom Fuhrwerk. Der Bauer trug dem Knecht auf, zum Hof zurückzufahren und die Gäule auszuspannen, dann sollte er mit dem Fahrrad zurückkommen.

Während langsam die Sonne über die Baumwipfel kroch, hoben wir die Fläche aus, die der Bauer abgesteckt hatte, auch die Bäuerin mit ihrem dicken Bauch grub mit. Schnaken schwirrten uns um die Knöchel, Bremsen bissen, die Kinder jagten Eidechsen hinterher, fingen Libellen und Spinnen. »Lauft nicht zu weit fort!«, rief die Bäuerin. Überall gab es offene Wasserflächen, wäre eins der Kinder hineingefallen, es wäre nicht wieder herausgekommen.

»Passt auf die Kreuzottern und die Blindschleichen auf!«, rief die Oma und warf ihrer Schwiegertochter einen strengen Blick zu.

Der Opa richtete sich auf und stützte sich auf seinen Spaten. »Weißt du, Mädle, dass ein Hochmoor im Jahr nur einen Zentimeter wächst?«

Ich schüttelte den Kopf. Ich hatte nie darüber nachgedacht, wie alt das Moor bei Winnis war, es war einfach immer da gewesen, genau wie die anderen Moore in der Gegend.

Der Bauer und der Karl schaufelten schweigend, der Bauer zügig, sein Bruder ruhig und konzentriert. »Wenn's regnet, kannst nicht gut stechen, dann fallen die Torfstücke auseinander«, sagte der Karl, als er merkte, dass ich ihm zusah. »Torf musst im Frühling stechen, im Juli musst fertig sein.« Ich nickte und grub weiter.

Zur Vesperzeit machte die Bäuerin ein Feuer, um den Malzkaffee aufzuwärmen. Sie holte warme Kartoffeln und Rauchfleisch aus den Körben, Wurst, Brot, Käse und einen Krug mit Most. Der Bauer trank, reichte den Krug dem Karl, der dem Opa, der der Oma, die dem Knecht, der grad erst mit dem Fahrrad zurückgekommen war. »Die Weiber können Sprudel trinken«, sagte der Siegfried, sah mich über den Rand hinweg an und leerte den Krug. »Ein Mannsbild, das schafft, braucht Most.« Er fuhr sich über die Lippen und rülpste. »Most gibt Kraft.«

Ich brach ein Stück Brot ab, legte Rauchfleisch darauf, schob es in den Mund und schwieg.

»Die Weiber schaffen auch hart.«, sagte der Opa.

Die Sonne stand hoch über der Lichtung und die Grube war knietief ausgehoben, als wir gegen Mittag auf Brauntorf stießen. Er war fester, dunkler und sehr feucht. Der Bauer und der Knecht stachen mit Torfspaten und Stecheisen ziegelgroße Stücke aus dem Boden, der Karl und der Opa warfen sie mit Schaufeln hinauf an den Grubenrand, wo die Oma und ich die Wasen einsammelten. Wir stapelten sie im Schubkarren. War er voll, schob ich ihn über die Bretter hinüber zu den Birken, wo die Bäuerin und die Kinder die Wasen zum Trocknen auslegten. Die Elli und die Ida stellten sich geschickt an, trotzdem fiel immer wieder ein Haufen um, weil feuchte Torfstücke verrutschten. Die Bäuerin stützte die Hände in den Rücken und atmete schwer.

Am Nachmittag stießen die Mannsbilder auf Schwarztorf und schnallten sich Bretter unter die Füße, um nicht im nassen Boden zu versinken. Ihre Köpfe ragten kaum noch über den Rand der Grube. Mein Rücken brannte, an den Händen hatte ich Blasen, meine Beine waren von Bremsen zerstochen. Der Bauer trieb seinen Bruder an, schneller zu graben; der Karl, der sonst so ruhig war, fuhr ihm über den Mund.

Einen Moment sagte der Bauer nichts. Dann spuckte er aus und schimpfte halblaut. »Gib Obacht, sonst stichst noch eine Wasserader an und die Grube läuft voll und wir müssen eine neue ausschachten.«

Der Karl lachte.

Ich stemmte den vollen Schubkarren hoch. Zwischen seinen Planken tropfte schwarzes Wasser heraus, und ich lief zügig über die Bretter hinüber zum Rain und lud die Wasen ab. Die Bäuerin richtete sich auf, stützte die Hände in den Rücken. Die Elli kratzte einen Mückenstich auf und schmierte Spucke darauf. Ihre blonden Zöpfe waren voller Torf, ihre Kleider braun. Die Ida stapfte barfuß auf nassen Torffladen herum und presste das Wasser heraus. Ihrem Bruder rutschte ein Wasen aus den Händen, er bückte sich, klaubte die Brocken auf, presste sie an seine Brust und lief weiter. Ich löste mein Kopftuch und wischte mir übers Gesicht. Über den Bäumen am westlichen Rand der Lichtung sank bereits die Sonne.

»Bist müd, Mädle?« Der Karl warf seinen Spaten in den leeren Schubkarren.

Ich streckte die Schultern. »Passt schon.«

Er lächelte und zwinkerte mir zu. Der Bauer fuhr sich mit den Händen durchs schmutzige Gesicht, seine Haare standen nach allen Seiten ab. »Hast gut geschafft«, sagte er.

Mir blieb der Mund offen stehen.

Die Bäuerin nahm das Fahrrad, ließ den Ferdinand auf den Gepäckträger steigen und fuhr voraus. Der Opa hob den kleinen Otto in den Schubkarren, wir anderen trugen Spaten und Stecheisen, die Oma die leeren Körbe. Schmale Lichtstrahlen fielen hier und da zwischen den Bäumen hindurch, Amseln sangen und Kröten quakten, als wir schmutzig und müde heimliefen, um das Vieh zu melken. Später, beim Nachtessen, trug die Bäuerin Falsche Fleischsuppe, Kraut und Kartoffeln auf und alle langten zu, als gäbe es kein morgen.

Die Oma brachte die Kinder zu Bett. »Kannst allein spülen, Dora?«, fragte die Bäuerin. Sie sah blass aus.

»Freilich.« Ich ließ Wasser ins Becken und nahm einen Lumpen von der Stuhllehne. Meine Beine waren schwer, die Blasen an den Händen aufgeplatzt, ich gähnte. Für einen Moment schloss ich die Augen; ich hätte sofort einschlafen können.

Es klopfte.

Ein Mannsbild öffnete die Tür, blieb schüchtern auf der Schwelle stehen. Er war nicht sehr groß, trug einen blauen Arbeitsanzug und Stiefel. Er räusperte sich, zog seine Mütze vom Kopf, strich sich mit den Fingern durchs Haar. »Ich bin der Wilhelm.«

»Grüß Gott.« Ich trocknete die Hände an meiner Schürze. »Du bist Knecht beim Birle-Bauern in der Mühle, gell?«

Er nickte und lächelte. Er trug einen schmalen Schnurrbart und war ein paar Jahre älter als ich. »Ich wollt nur einen Besuch machen.«

»Der Karl ist vielleicht bei den Gäulen, er kommt sicher bald.« Ich nahm einen Becher und wischte ihn trocken. »Wo der Siegfried ist, weiß ich nicht.«

»Ich komm wegen dem Karl.«

»Dann komm herein und wart hier.« Vom Vater wusste ich, dass die Knechte beim Müller keinen Familienanschluss hatten. »Trink solange einen Schluck Most.«

Ein Schrei fuhr durchs Haus.

Vor Schreck ließ ich beinahe den Krug mit dem Most

fallen. Ein zweiter Schrei folgte, langgezogen und durchdringend. Jemand lief die Treppe hinab. Durchs Küchenfenster sah ich die Oma nach dem Bauern laufen, kurz darauf fuhr der Mercedes die Auffahrt hinunter. »Heißes Wasser und Tücher!«, rief die Oma durch den Hausgang. Ich griff nach einem Kessel. Der Wilhelm lief hinaus und holte Holz und Reisig.

Zwei Stunden später, die Hebamme war kaum da, hatte die Bäuerin ihr fünftes Kind geboren.

Mit hängenden Schultern, den Hut tief ins Gesicht gezogen, hockte der Knecht auf der Mähmaschine, die schmutzigen Füße links und rechts aufgestellt. Er ließ die Geißel knallen. Die Gäule schnaubten, der Moritz warf den Kopf zurück, der Max schüttelte seine Mähne. Man musste sie nicht antreiben, sie waren willige Tiere, doch der Siegfried war übelgelaunt.

Rasselnd schnitt der Messerbalken durch den Roggen. Der Bauer hatte einen Traktor angeschafft, einen Bulldog, der von einem Motor angetrieben wurde und Räder hatte, die größer waren als ich; wenn du da druntergerätst, bist du hin, dachte ich jedes Mal, wenn sie sich in Bewegung setzten. Allerdings ließ er niemanden ans Steuer, und weil er heute zum Viehmarkt gefahren war, musste der Siegfried mit dem Gespannmäher hinaus. Ich lief mit der Sense hinterher und mähte am Rain aus und dort, wo ein Strommast stand. Vor ein paar Tagen hatte der Knecht noch gespottet: »Mähen willst? Die Sense ist doch größer als du …« Ich hatte seine Zahnlücke gesehen, so breit hatte er gelacht. Ich hatte nichts gesagt, war weitergelaufen und hatte ihn mit den Gäulen stehen lassen, die er einspannen sollte und die ihre Köpfe hochrissen und wieherten.

Die Oma, der Opa und der Karl wendeten den Roggen.

Der Hund scharrte in einem Mauseloch. Meine Arme schmerzten, den Hang hinaufzumähen war anstrengend, außerdem hatten die Bäuerin und ich am Vormittag vierzehn Laibe Brot gebacken, Hefezopf und Mischbrot, den Vorrat für die Woche. Ich blieb stehen und wischte Ameisen von meinen Füßen. In der Ferne sah man die Alpen, ein Zeichen, dass das Wetter umschlagen würde. Morgen würden wir Garben binden, in zwei bis drei Wochen wäre das Getreide eingefahren, dann hätten Hetze und Hitze ein Ende. Ich würde die Eltern besuchen; seit die Ernte begonnen hatte, hatte ich keinen Tag frei gehabt, nicht einmal zur Sonntagsmesse war ich gegangen. Ich zog den Wetzstein aus meiner Schürzentasche und schärfte die Sense. Eine Maus schoss über den Acker, der Hund jagte ihr nach.

Mittags lief ich etwas eher heim, um der Bäuerin beim Kochen zu helfen. Sie stand am Küchenfenster und sah hinaus. Sie hatte bereits Linsen mit Spätzle bereitet und deutete auf Zutaten, die neben dem Herd standen. »Mach geschwind noch eine Suppe.«

»Freilich.« Ich nahm eingeweichtes Brot aus einer Schüssel und knetete es. Nebenan in der Stube lag das neue Baby, der kleine Ludwig, in seiner Wiege und der Otto und der Ferdinand kitzelten es mit einer Feder, dass es gurrte wie ein Katzenjunges. Der Hund lag unter dem Tisch, zusammengerollt wie ein Kissen, und schaute zu. Ich wog Leberwürste und Kartoffeln ab, schnitt Zwiebeln in Ringe und ließ sie in der Pfanne bräunen. Die Bäuerin lief auf und ab. Immer wieder sah sie aus dem Fenster. Sie war mürrisch, was sonst nicht ihre Art war, aber ich traute mich nicht zu fragen, warum. Ich kochte die Kartoffeln, holte etwas kalte Milch aus der Speis, passierte das Brot, fügte die Leberwürste, etwas Salz und Pfeffer hinzu. Draußen fuhr der Mercedes die Auffahrt hoch, und die Bäuerin seufzte. Einen Moment schien es, als hätte sie Tränen in den Augen, sie lächelte unsicher. Ich streute die gebräunten Zwiebeln über die aufgeschmälzte Brotsuppe.

»Warte.« Die Bäuerin nahm eine Dose aus dem Schrank. »Gib noch eine Prise Majoran hinein.«

Zwei Tage vor Ägidi fuhren wir hinaus, um den letzten Heuschnitt in diesem Sommer einzufahren. *Gib bloß auf Ägidi acht, der zeigt, was der September macht*, sagte man, doch noch war das Wetter mild und trocken.

Die erste Wiese lag am Hang. An seinem Fuß wuchs ein Wäldchen, so begannen wir im Schatten, das trockene Gras zu Reihen zu rechen. Die Bäuerin stieg auf den Heuwagen und der Knecht und der Opa stachen mit langen Ladegabeln in die Haufen. Der Bauer konferierte mit wichtigen Herren im Rathaus und der Karl war nach Leutkirch zum Markt gefahren.

»Stemm hoch!«, rief der Siegfried.

Ich stemmte eine Ladung Heu hoch.

»Schneller.«

»Es ist recht so!«, rief die Bäuerin von oben.

»Wenn sie so langsam tut, schafft sie nichts.«

»Sie schafft genug«, sagte der Opa und maß den Knecht mit strengem Blick.

»Weiber …«, brummte der Siegfried. Er wurde immer frecher. Der Bauer wies ihn nur selten zurecht; er hatte wohl Angst, der Knecht könnte gehen, denn auch wenn er faul war, war er doch groß und kräftig.

Wir luden weiter, und als der Wagen haushoch beladen war, liefen die Bäuerin, der Opa und ich ein letztes Mal über die Wiese und rechten Reste zusammen. Der Knecht setzte sich in den Schatten unter einen Baum und rauchte. Dann stand er auf und ging.

Ich traute meinen Augen nicht.

»Wir fahren den Wagen selbst heim«, sagte die Bäuerin wütend. »Kannst fahren?«

Ich nickte, stieg auf den Bock und nahm die Zügel. Langsam zogen die Gäule den schwankenden Wagen zurück ins Dorf, der Hund lief mal voraus, mal hinterher, während die Bäuerin und der Opa eine Abkürzung über die Wiesen nahmen.

Auf dem Hof führte ich die Gäule hinter die Scheune, wo eine Rampe zum Heuboden hinaufführte. Sie tänzelten und scheuten vor der Steigung. »Ruhig, Moritz ...« Ich strich dem Wallach über den Hals und hielt die Zügel kürzer. »Ganz langsam und ruhig ...« Zögernd setzten sie ihre Hufe auf. »Brav macht ihr das.« Ich gab mit den Zügeln ein wenig nach, lockte und lobte, achtete auf den Weg und auf jeden Schritt, den die Gäule machten, und darauf, dass der Wagen in der Spur blieb; noch nie hatte ich einen so vollen Wagen allein eingeführt. Ich sah nicht, dass oben, wo ein Loch im Boden war, weil dort im Winter das Getreide herabgeworfen wurde zum Dreschen, eine Diele fehlte.

Mit lautem Krachen brach der Moritz ein.

Holz splitterte, die Rösser wieherten panisch, etwas riss an meinem Arm, der Wagen legte sich schief, ich stolperte, stürzte. Einen Zügel noch immer in der Hand, rappelte ich mich wieder auf. Der Max stieg und ich versuchte, ihn zu beruhigen, doch als ich sah, dass der andere Gaul mit den Hinterbeinen einen Stock tiefer in der Dreschmaschine hing, blieb mir beinahe das Herz stehen. Er strampelte und schrie, dass ich mir am liebsten die Ohren zugehalten hätte. Seine Augen waren weit vor Schreck. Ich streckte mich, löste die Riemen, das Leitseil von der Deichsel, spannte aus und führte den Max am Heuwagen, der schief und verkeilt in der Einfahrt hing, vorbei, die Rampe hinunter.

»Was ist los?«, schrie der Karl und rannte die Auffahrt hoch.

»Heilige Maria, Muttergottes, hilf ... der Moritz ... er ist gestürzt!«

Von der Käserei kamen weitere Männer angelaufen, hasteten die Rampe hinauf, noch immer wieherte der Moritz, dass es einem in den Ohren weh tat. Mit zitternden Beinen führte ich den Max in den Stall. Die Muskeln unter seinem Fell zuckten. Ich nahm ihm das Kummet ab, wischte sein nasses Fell mit Stroh trocken und legte ihm eine Decke über. Auf dem Heuboden versuchten der Karl und ein halbes Dutzend andere, den Moritz aus der Dreschmaschine zu befreien, sie schoben Bretter hinab und irgendwie gelang es ihnen, den Gaul hinaufzuziehen und die Rampe herunterzuführen. Wie durch ein Wunder hatte er sich nicht verletzt.

»Dummes Weib!«, tobte der Bauer, als er heimkam. Sein Gesicht war puterrot. »Wie kannst dich nur so dumm anstellen?« Er packte mich am Arm, schüttelte mich, mit der anderen Hand riss er an seinem Kragen. Seine Augen funkelten und die Ader an seiner Stirn drohte zu platzen. Er holte aus und schlug zu. Noch einmal. Und noch einmal.

Ich duckte mich, zog den Kopf ein, schlug die Hände vors Gesicht. Der Bauer brüllte wie noch nie, und ich traute mich nicht, mich zu rühren oder etwas zu sagen. Erst als er sich beruhigte, lief ich hinauf in meine Kammer, verriegelte die Tür und heulte los.

Am Abend nahm die Bäuerin mich beiseite. »Komm, wir gehen zu meiner Schwester.« In der Dämmerung liefen wir den kurzen Weg zum Nachbarhof. Sie hatte einen Krug Most dabei und zu dritt saßen wir im Garten und tranken. »Die Mannsbilder sind narrische Viecher«, sagte die Bäuerin und hielt meine Hand in ihrer.

»Aber das geht vorüber«, sagte die Helene.

»Darf ich mit?«, fragte der Ferdinand und legte den Kopf schief, wie es sonst nur der Hund tat.

»Ja«, sagte ich und schlüpfte aus meinen Sonntagsschuhen. »Und geh deine Geschwister fragen, ob sie auch mitkommen wollen.«

Der Ferdinand rannte den Hausgang entlang in die Stube.

Ich stieg hinauf in die Kammer, und als ich in Werktagskleidern wieder herunterkam, standen der Ferdinand, die Elli, die Ida und der Otto am Fuß der Treppe, der Otto noch barfuß. Ich half ihm, seine Schuhe anzuziehen und wir liefen in den Schuppen zu meinem Fahrrad. Der Otto kletterte auf den Gepäckträger, der Ferdinand auf die Lenkstange, die Ida stieg auf den Sattel. Ich schob und die Elli lief nebenher.

In der Früh hatte es geregnet, die Weiden glänzten und es roch nach Erde und feuchtem Gras. Ein Schwarm Spatzen saß auf einem Haufen Pferdeäpfeln, eine Elster schrie. An der Mühle winkten wir dem Wilhelm und dem Müller, die einen Mühlstein den Weg hinabrollten. Im Wald an der Brücke über den Bach huschte ein Igel durchs Gebüsch und an der Gabelung, wo das verwitterte Schild den Weg in die Viehweid wies, musste der Otto biseln, die Elli half ihm. In der Ferne blökten Schafe. Ich hörte das vertraute Geläut von Kuhglocken.

Wir nahmen den Weg am Ostufer des Hinterweihers entlang. Auf den Wiesen hatten Maulwürfe Hügel gegraben und am Wegkreuz lagen Blumen. Daheim saß der Vater auf der Bank vorm Haus und rauchte eine Zigarre. Die Geislinger-Kinder kamen gern mit in die Viehweid und die Eltern freuten sich, wenn ich sie mitbrachte. Die Mädle wickelten Wolle für die Mama auf, sie spielten mit dem Hund, der Katze, mit dem Sepp und seinen Hasen, oder sie liefen mit meinem Bruder zu einem der Nachbarhöfe. An warmen Tagen spazierte ich mit der Elli und der Ida zum Hinterweiher. Dort hatte man inzwischen eine Badeanstalt gebaut. Die Buben und Männer badeten am Südufer, die Mädle und Weiber am Nordufer. Der Pfarrer, erzählte man sich im Dorf, hockte mit dem Fernglas im Gebüsch und passte auf, dass sich alle daran hielten.

Rechtzeitig zur Stallzeit machten wir uns wieder auf den Heimweg, und als die Oma nach dem Nachtessen ihre Enkel zu Bett brachte, half ich der Bäuerin, die Küche aufzuräumen. »Magst gern kochen, Dora?«, fragte sie.

»Wenn du mich so fragst, schaff ich lieber im Stall. Aber ich komm zurecht, ein paar Rezepte kenn ich.«

Die Bäuerin lehnte sich an die Herdstange. Sie trug eine weiße Schürze; ich mochte das, sie sah darin so adrett aus. »Was meinst, willst richtig kochen lernen?«

»Ich lern immer gern.« Draußen schrie der Ferdinand, und die Oma schimpfte. In der Stube spielte der Karl mit dem Knecht vom Müller Karten.

»Während der Ernte ist das Haus voller Leut, für alle zu kochen ist viel Arbeit, da kann ich eine tüchtige Hilfe brauchen.« Ein Gockel krähte, als wäre es noch immer früher Morgen. »Die Oma hilft, sie kocht für die Kinder, aber …« Die Bäuerin schob ein kleines Butterfass beiseite und hockte sich auf den Herdrand. »Sie ist nie zufrieden mit dem, was ich tu. Keiner kann's ihr recht machen, nur die Erna.«

Ich nahm eine Schüssel mit Kartoffeln und ein Messer. »Wo ist die Erna?«

»Sie arbeitet in einem Büro in Leutkirch.« Gedankenverloren drehte die Bäuerin an der Kurbel vom Butterfass. Es war leer. »Ich will nicht schlecht reden, aber die Oma tut, als wär die Erna was Besseres.«

Ich setzte mich an den Tisch, zog einen Eimer heran

und begann, Kartoffeln zu schälen. »Ich will gern helfen.«

Die Bäuerin rutschte vom Herd, lief um den Tisch herum und zog eine Schublade auf. »Ich hab etwas für dich, Dora.« Ein Streifen Kartoffelschale sank in den Eimer zu meinen Füßen. »Das schenk ich dir.« Sie schob ein schmales Heft vor mich.

Ich legte das Messer beiseite und wischte mir die Hände ab. Auf dem schwarzen Einband stand in silbernen Lettern *Kochrezepte*. Ich schlug das Heft auf – lauter blütenweiße Seiten mit feinen Linien und einem Register an der Seite: *Suppen, Fische, Klöße, Pasteten, Fleischspeisen, Wildbret, Geflügel, Saucen, Gemüse, Milch- und Eierspeisen, Salate, Kompotte, Cremes, Eis, Filet, Pudding, Eingemachtes, Süße Saucen, Kuchen, Torten, Kleinbackwerk, Getränke …*

»Ich werd dir das Kochen beibringen.« Die Bäuerin sah mich an, ihre Augen leuchteten. »Und in das Heft kannst alle Rezepte schreiben.«

»Danke.« Ich strich über den Einband.

»Und wenn ich mal nicht da bin, kannst jederzeit das Essen für alle bereiten.«

»Danke«, sagte ich noch einmal, schluckte und nahm schnell das Messer und schälte eine weitere Kartoffel, weil ich nicht losheulen wollte.

Von nun an saßen wir oft abends zusammen, die Bäuerin meist auf dem Herdrand, ich am Tisch, sie diktierte mir Rezepte und ich schrieb sie mit sauberer Schrift in das Heft. Vor allem an Tagen, an denen der Bauer launisch und jähzornig war, fühlte ich mich seltsam versöhnt. Manchmal ließ die Bäuerin mich auch ein Rezept aus ihrem eigenen Kochbuch abschreiben und die Liste der Gerichte wurde immer länger:

Kalbsgulasch
Wiener Schnitzel
Kotelett
Aufgezogene Spaghetti
Oberkohlrabi
Kartoffelwürstchen
Ofenschlupfer (1. Art)
Ofenschlupfer (2. Art – sehr gut!)
Ochsenmaulsalat
Italienischer Salat
Mokkacreme
Haselnusscreme
Weincreme
Ein ganz kleiner Pudding
Schokoladenpudding
Rahmpudding
Natronguglhupf
Gewürztorte
Einfacher Zwetschgenkuchen
Biskuit-Roulade
Zitronen-Sauce
Schokoladenglasur für eine Torte …

Eines Nachts, als ich das Tintenfass zuschraubte, griff sie nach dem Federhalter, schlug das Heft wieder auf, strich über die erste Seite und schrieb in kleinen akkuraten Buchstaben:

Der lieben Dora gewidmet von Frau Geislinger.

Am 1. September 1939 begann der Krieg. Ein paar Männer wurden eingezogen; sonst änderte sich nichts im Dorf.

Am Nikolaustag kam der Bauer in sauberen Hosen und weißem Kragen in die Stube. Er setzte sich aufs Kanapee, zog die Uhr aus seiner Westentasche, klappte sie auf, klappte sie zu, ließ sie zurückgleiten. Dann sah er mich an. »Nun, Dora, bleibst noch ein Jahr?«

Ich schaute aus dem Fenster, draußen tanzten dicke Schneeflocken. Ich spürte das Reisigbündel in meinen Fingern und wie mein Herz schlug. In der Küche sangen die Bäuerin, der Otto und der Ferdinand *Fuchs, du hast die Gans gestohlen.* Ich stand auf. Der Bauer lehnte sich zurück, legte seinen Arm auf die Seitenlehne. Sein Haar war sauber gescheitelt und mit Pomade zurückgekämmt. Die Ader an seiner Stirn war nicht zu sehen. Er lächelte. Der Ferdinand sang *Gib sie wieder her, gib sie wieder her* … Die Bäuerin lachte.

»Ja«, sagte ich. »Ich bleib noch ein Jahr.«

Zu meinem Namenstag am 23. Dezember schenkte mir die Bäuerin eine neue Schürze und Bettwäsche aus weißem Leinen, die ihre Schwester genäht hatte.

In der Viehweid

Zu Beginn des neuen Jahres versank das Dorf im Schnee. Schwere Wolken lagen über den Hügeln, faustgroße Flocken fielen und begruben Wiesen und Äcker unter sich, Häuser und Stadel. An den Fenstern prangten Eisblumen, unter den Dächern hingen Eiszapfen. Wir schliefen in Socken, Trainingshosen und Pullovern, auf steifen Laken. Im Stall fror das Vieh. Dann trieb der Wind über Nacht alle Wolken fort und der Himmel strahlte veilchenblau.

Im Wald machten der Bauer, der Karl und der Knecht Holz. Auf dem Platz vor der Scheune sägte der Opa Äste in Meterstücke und ich spaltete Feuerholz mit der Axt. Drinnen putzte die Bäuerin das Haus. Sie kochte und lief zwischen Küche und Speis hin und her, holte Brote und Kesselfleisch aus dem Keller, trug Kuchen und Torten hinunter. Sie briet Hennen, richtete Wurstplatten und kochte einen Kessel voller Gulasch.

Am Morgen des 10. Januar kamen die Gäste.

Aus Allmishofen kam der Heinrich, ein Bruder des Bauern, mit seiner Familie. Aus Leutkirch kam die Erna mit ihrem Mann, und die Oma war außer sich vor Freude und scharwenzelte um ihre Lieblingstochter herum. Später fuhr der Bauer noch einmal in die Stadt, und diesmal holte er am Bahnhof seine drei Geschwister ab, die als Missionare in Afrika lebten und zu Besuch kamen, wenn der Geislinger Anton seinen Hochzeitstag feierte.

Plötzlich war das Haus voller Menschen.

Ich tauschte meine Stallkleider gegen ein Festtagskleid, bürstete mein Haar und polierte meine Schuhe, bis sie glänzten. Ich band die neue Schürze um und lief hinunter in die Küche. »Wo ist die Mama?«, fragte ich die Ida, die mit dem Finger durch die Zitronencreme fuhr.

»Im Bad.« Sie hatte eine weiße Schleife in ihr Haar gebunden, ihre Augen glänzten.

Ihre Tante naschte von der Mokkacreme, spitzte ihre Lippen, legte die Stirn in Falten und lächelte dann. »Köstlich!« Sie trug ein geblümtes Kleid mit einem Ausschnitt und Rüschen. »Gibt es Schlagrahm dazu?«

Die Ida nickte.

»Freilich«, sagte ich.

»Aber wo hat die Fanny ihn bloß hingestellt?« Die Oma eilte hin und her, der Saum ihres langen Kleids schleifte über den Boden. »Hat sie ihn vielleicht noch gar nicht geschlagen?«

»Aber sicher hat sie das«, sagte die Ida und schaute zu ihrer Großmutter auf, in ihrem Blick eine Mischung aus Staunen und Empörung.

Ich nahm die Kaffeemühle vom Sims. Sofort nahm die Oma sie mir aus der Hand. »Lass die Erna das tun.«

Im selben Moment öffnete die Bäuerin die Küchentür. Sie war bleich. »Ich hab grad gesagt, die Erna kocht sehr guten Kaffee«, erklärte die Oma spitz, »und darum wird sie uns welchen bereiten.« Die Bäuerin nickte nur.

Beim Mittagessen sprach der Bauer ein Tischgebet, und weil heute sein Hochzeitstag war, sprach er noch ein Vaterunser und dankte dem Herrn für seine Frau. Die saß stumm und blass neben ihm, während die anderen nach den halben Hähnchen griffen, der Wurstplatte, dem Ochsenmaulsalat, vom Gulasch nahmen, dem italienischen Salat, den Schupfnudeln. Sie luden Fleisch, Gemüse und Desserts auf das Festtagsgeschirr und der Bauer rief ständig nach Nachschub. Er schickte mich in die Küche, hieß mich Sprudel und Most holen und zur Feier des Tages auch Bier. Seine Stimme füllte den Raum, wenn er sprach und lachte. Nach dem Essen, als die Erna Kaffee kochte, zündete der Karl sich eine Zigarre an und blies Rauchkringel in die Luft, was die Kinder beeindruckte. Auch die anderen Männer rauchten. Alle schwätzten durcheinander, und die Margarethe, der Gottlob und der Herrmann erzählten Geschichten aus Afrika, die ich nicht recht verstand, ich wusste nicht, was ein Missionar tat, nur dass es mit dem Glauben zu tun hatte. Der Karl zeigte Fotografien, auf denen seine Geschwister mit Mohren zu sehen waren. »Sie verbreiten Gottes Wort in alle Welt.«

Ich nickte und betrachtete die Fotografien.

In der Küche wuschen die Weiber das Geschirr ab und begannen, den Kuchen und die Torten für den Nachmittagskaffee zu richten. Nachbarn waren eingeladen, die besseren Leut aus dem Dorf, der Pfarrer würde kommen und vielleicht auch ein paar Uniformierte. Ich ließ Wasser ins Spülbecken und die Mädle stapelten Teller, während die Oma den Schlagrahm kostete. »Der ist nicht gut.« Sie verzog das Gesicht, als hätte sie in einen fauligen Apfel gebissen. »Erna, meine Liebe, mach uns eine Schüssel guten Schlagrahm.« Die Bäuerin schlug sich die Hand vor den Mund und lief hinaus.

Ich reichte Platten mit Gewürztorte herum, mit Ofenschlupfern und Nonnenfürzen, holte Kirschkuchen und Zwetschgendatschi und natürlich den Rahm. Der Kaffee von der Erna schmeckte, doch er war nicht besser als der von der Bäuerin; ich verstand nicht, warum die Oma so ein Aufhebens darum machte. Als der Pfarrer kam, reichte ihm die Bäuerin eine Gabel vom silbernen Familienbesteck. Die Gewürztorte schmeckte ihm sichtlich, und als er nach dem dritten Stück über seinen Bauch strich, reichte ich ihm eine Schale mit Nonnenfürzen. Ein seliges Lächeln spielte um seine Mundwinkel. »Pack ihm welche ein, wenn er geht«, raunte der Bauer.

Der Karl holte seine Zither hervor. Er spielte die ersten Takte von *Nach der Heimat möchte ich wieder* und mein Herz machte einen Satz. Der Bauer packte seine Posaune aus und der Gottlob spielte Akkordeon und die Margarethe Mundharmonika und die Erna zog die Stühle beiseite und tanzte mit ihrem Mann durch die Stube. Als die Kapelle einen Foxtrott spielte, tanzten auch der Heinrich und seine Frau. Bei *Auf der Vogelwiese* summte ich mit, die Kinder hüpften im Takt der Musik und der Ferdinand spielte auf seiner Kinderziehharmonika. Sogar das Baby gluckste und krähte. Der Knecht forderte mich zum Tanzen auf. Ich lachte ihn aus.

»Tritt dir bloß auf die Füß, das depperte Mannsbild«, flüsterte die Bäuerin und legte eine Hand auf meinen Arm. Sie war immer noch blass.

»Wenn er sich beim Tanzen anstellt wie beim Mähen, dann wär's arg.« Ich sah sie fragend an.

Sie nickte. »Wenn ich speien muss, ist's wieder so weit.«

Ich drückte ihre Hand, strich mir das Haar aus dem Gesicht und naschte einen Rest Zwetschgendatschi. Ich lehnte im Türrahmen zur Stube und war glücklich, weil ich Musik und ein nettes Fest immer mochte, und weil ich heute nur zum Melken und Füttern in den Stall musste, denn wenn der Bauer an seinem Hochzeitstag oder am Namenstag ein Fest gab, bekamen sogar die Dienstboten frei.

Die Kapelle spielte eine Polka und dann einen langsamen Walzer. Der Karl reichte seine Zither an den Mann von der Erna. »Darf ich bitten?«

Ich errötete. »Ich tanz nicht so gut.«

»Das wollen wir erst mal sehen.« Der Karl nahm meine Hand und schob mich auf die Tanzfläche. Er legte seinen Arm um mich und zählte den Takt. Wie von selbst bewegten sich meine Füße, obwohl ich wirklich nicht gut tanzen konnte. Als Mädle war ich eine Weile zum Tanzkränzle im Adler gegangen, zweimal die Woche war ein Tanzlehrer gekommen, doch so früh hatte ich noch im Stall gehockt, ich hatte kaum Gelegenheit gehabt, mich umzuziehen, verschwitzt und stinkend war ich jedes Mal im Saal angekommen und irgendwann bin ich nicht mehr hingegangen. »Geht doch wunderbar!« Der Karl lächelte. Seine Stimme klang weich. Er hatte das gleiche dunkle Haar wie der Bauer, die blauen Augen, doch war er ganz anders, er war ein ruhiger, freundlicher und hilfsbereiter Mensch. Er tanzte gut, drehte mich und zog mich an sich. Er roch nach Seife und ein wenig nach Leder.

Der Walzer ging zu Ende und die Kapelle spielte *Die Mühle im Schwarzwald,* dann einen Foxtrott und schließlich noch einen Walzer, und nun tanzte der Bauer mit seiner Frau und alle klatschten.

»Einen Tanz musst mir noch versprechen«, flüsterte der Karl.

»Versprochen«, flüsterte ich.

Am anderen Tag erwachte ich, als der Gockel krähte. Am Himmel funkelten noch die Sterne, ich war müde und fror. Widerwillig kroch ich aus dem Bett.

Im Stall war es dunkel, und als ich Licht machte, schienen auch die Kühe noch zu schlafen. »Guten Morgen, meine Lieben …« Die Leni gähnte. Ihr Kalb, das schon fast so groß war wie sie, schaute unter halb geöffneten Lidern hervor. Obwohl es Viertel nach fünf war, war ich allein. Da ich dem Vieh am Abend zuvor nicht gute Nacht gesagt hatte, spritzte ich schnell allen ein wenig geweihtes Wasser auf die Stirn. »Gott behüt euch.« Die Emma hob den Kopf und öffnete ihr Maul zu einem langen, tiefen Muhen.

Ich nahm einen Melkschemel und einen Eimer und hockte mich unter die Leni. Nach einer Weile kam die Bäuerin. Sie sah immer noch blass aus. »Wo ist der Knecht, warum mistet er nicht?«

»Er schläft wohl noch.« Sonst fand man ihn, wenn man ihn suchte, auch oft auf dem Wasserklosett.

Die Bäuerin gähnte, hockte sich unter die Emma, wischte Stroh und Schmutz von den Zitzen. Lenis Kalb sah zu, wie ich seine Mutter molk, seine langen, geschwungenen Wimpern klimperten bei jedem Augenschlag. Es kaute träge und aus seinem Maul troff grüner Schaum. Zügig wechselten meine Hände zwischen den Zitzen hin und her, strichen auf und ab und drückten, bis das Euter fast leer war, molken gründlich auch den letzten Rest aus. Die Milch spritzte in den Eimer, im immergleichen Rhythmus. Bis die Bäuerin plötzlich aufsprang und mit der Hand vorm Mund hinauslief.

Ich sah ihr nach. Sie tat mir leid.

»Wo ist der Siegfried?« Ich fuhr herum. Ich hatte den Bauern nicht kommen hören.

»Ich hab ihn noch nicht gesehen.«

»Dann geh ihn wecken und trag ihm auf, was er zu tun hat.« Der Bauer stand neben der Olga, eine Mistgabel in der Hand. Die Ader an seiner Schläfe pochte.

Ich erhob mich und trug meinen vollen Eimer in den Mittelgang. Ich holte Luft und streckte die Schultern. »Aber ich bin die Magd, du bist der Bauer.«

»Willst lieber für zwei schaffen?«

Das tu ich eh, dachte ich. Doch ich sagte es nicht. Schaute nur auf die Ader, ihr schnelles, pulsierendes Zucken.

»Worauf wartest?« Der Bauer tat einen Schritt auf mich zu. Ich erschrak. Die Olga schlug mit dem Schwanz, ich wich aus, stieß gegen die Leni, das Kalb tappte zur Seite und trat gegen den Milcheimer. »Dummes Vieh!« Einen Moment wusste ich nicht, ob der Bauer mich oder das Kalb meinte. Er langte nach dem Melkschemel und schlug nach den Kühen.

Dann traf mich etwas.

Ich fiel hin. Und alles wurde still.

»Dora?«

Eine leise Stimme, wie von fern.

»Dora, mach die Augen auf.«

Ich spürte Stroh, das piekte. Etwas Warmes an meinem Gesicht. Etwas Nasses. Jäh setzte der Schmerz ein, ein Stechen und Dröhnen.

»Dora?«

Langsam, sehr langsam öffnete ich die Augen. Neben mir im Stroh kniete die Bäuerin. Lenis Kopf war ganz nah, ich spürte ihren Atem. Sie leckte mein Gesicht. »Was ... ist passiert?«

»Bist du in Ordnung?«

»Ich weiß nicht.« Vorsichtig richtete ich mich auf. Mein Kopf drohte zu zerspringen.

»Was hat er getan?« Die Bäuerin nahm ihre Schürze und wischte mir Mist von der Wange.

»Das Kalb ist gegen den Milcheimer gestoßen und der Bauer hat mit dem Melkschemel geschlagen.«

»Er ist narrisch.« Sie schloss die Augen. »Wirklich narrisch.«

»Ich hab nichts Unrechtes getan.« Ich zog die Beine an, richtete mich auf.

Sie nahm meine Hand. »Du darfst nichts drauf geben, Dora.« Eindringlich schaute sie mich an. »Hörst du, du darfst nichts drauf geben.«

»Aber ich hab nichts Unrechtes getan.« Ich schluckte. Tränen brannten in meinen Augen. Plötzlich schämte ich mich, dass die Bäuerin mich so sah. Ich nahm den leeren Eimer, den Schemel, der im Stroh lag, und lief ans andere Ende vom Stall, um die übrigen Kühe zu melken.

Mein Kopf tat noch weh, als ich die Kannen auflud und die Milch zur Käserei brachte.

Der Käser lief zwischen der Milchwaage und dem Kasten mit den Kontoheften hin und her, bei jedem Schritt schlug die lange Gummischürze gegen seine Beine und machte ein schmatzendes Geräusch. Im hinteren Teil rührte der Senn Milch in einem kupfernen Käsekessel.

»Grüß Gott«, sagte ich und schaute zu Boden. Mir war, als könnten alle sehen, was geschehen war.

»Grüß Gott«, sagte ein Mädle. Ich kannte die Stimme. Ich schaute auf. Meine Schwester trug meine alte Jacke, doch sie sah anders aus.

»Wo sind deine Zöpfe?«

»Abgeschnitten.« Die Monik schüttelte den Kopf. Ihr Haar bauschte sich in Locken um ihr Gesicht. Sie sah aus wie ein erwachsenes Weibsbild, dabei war sie erst sechzehn. »Ich bring die Milch von daheim«, sagte sie und reichte dem Käser ihre Kanne. »Und ich hab's ein wenig eilig.« Sie lächelte.

»Was sagt die Mutter dazu?«

Der Senn winkte aus der Käserei und stach mit einer Käseharfe in den Kessel. Die Monik senkte den Blick. Draußen flatterten Kästücher auf der Wäscheleine und bei den Käswasserkannen stand der Wilhelm und spähte zum Fenster herein.

»Dreiunddreißig Liter«, sagte der Käser, reichte der Monik die leere Kanne und holte das Kontoheft. An der Wand hing eine Bekanntmachung. *DEUTSCHE BAUERN!* Den Rest konnte ich nicht lesen, weil jemand einen Hinweis darübergeklebt hatte, dass am Mittwochabend in der Krone eine Kapelle zum Tanz spielte.

»Willst ein bissle Käswasser mitnehmen, wenn du heut Abend wiederkommst?«, fragte der Käser.

»Freilich«, lächelte die Monik. »Die Mama wird sich freuen.«

»Ich stell dir was beiseite.«

Die Monik nahm ihre Kanne, rief »Ade!« und sprang

hinaus. Fast wär sie mit dem Wilhelm zusammengestoßen. Sie lief die Auffahrt hinunter und die leere Kanne klapperte bei jedem Schritt.

»Ade«, sagte der Käser.

»Ade«, rief der Untersenn von hinten.

»Ade«, murmelte der Wilhelm.

»Grüß die Eltern«, sagte ich und stellte meine Milchkannen neben die Waage.

Die Monik (links) und die Frida (zweite von rechts) mit Nachbarsburschen

An einem Morgen im März fuhr ein strenger Wind durch die Äste der Obstbäume und silbriges Licht lag auf den Schneeresten. Vorm Scheunentor leckte die Katze Milch aus einer Schale und der Hund tappte hinein, als ein Moped die Auffahrt hochknatterte. Das Moped wirkte klein, denn das Mannsbild, das darauf hockte, war groß und kräftig. Er bremste, dass der Hinterreifen auf dem Schotter rutschte, drosselte den Motor, stieg ab und lehnte das Moped gegen die Hauswand. Auf seinem Rücken trug er einen Rucksack, mit einem Strick notdürftig festgebunden hing daran eine Knochensäge. Der Mann streckte sich, rieb die Hände und fuhr über seinen buschigen Schnurrbart. »Jetzt brauch ich erst mal ein Gläsle Schnaps, vorher schlag ich die Sau nicht tot.«

Der Bauer lachte, legte dem Metzger eine Hand auf die Schulter und schob ihn in den Hausgang.

Ich schloss das Stalltor. Die Kühe waren gemolken, der Stall war gemacht, alle Tiere hatten Futter bekommen, nur die Sauen noch nicht. Ein paar grunzten, sie warteten bereits. Ich sah, wie die Oma den Waschkessel feuerte und die Bäuerin einen Topf mit einem langen Stiel in den Hof trug. Ich schob den Schubkarren hinüber zum Misthaufen und leerte ihn.

Mit einem Strick in der Hand lief der Bauer kurz darauf in den Saustall, Stroh knirschte unter seinen Schritten. Er schob den Riegel beiseite, trat in den Koben. Die Sau schnüffelte an seinen Stiefeln, reckte die Schnauze, quiekte. Der Bauer legte ihr den Strick um den rechten Hinterfuß, doch bevor er ihn zuziehen konnte, schoss die Sau zur Seite. Sie warf sich gegen die Stallwand, dass es donnerte. Sie lief auf den Bauern zu, hätte ihn beinahe umgeworfen, sie quiekte und schrie. Die anderen Sauen begannen ebenfalls zu quieken, das Getrappel ihrer Klauen hallte durch den Stall. Der Karl kam seinem Bruder zu Hilfe und gemeinsam mit dem Metzger trieben sie die Sau in die Enge, stürzten sich auf sie, schlangen ihr das Seil ums Bein, zurrten es fest. Die Sau schrie wie am Spieß, als die Männer sie aus dem Koben und in den Hof zerrten. Sie war prächtig, sicher drei Zentner schwer, darum hatte der Bauer sie auch ausgewählt; man hat immer die besten Tiere geschlachtet, nicht die minderen.

Der Bauer und der Karl hielten die zitternde Sau und der Metzger setzte einen Schuss. Die Sau fiel um wie ein Stein. Er stach ihr ein Messer in die Halsschlagader, dunkel schoss das Blut heraus, die Oma schob den Topf mit dem langen Stiel darunter. Als er voll war, drückte der Metzger auf die Wunde, die Oma leerte den Topf in einen Kübel und die Bäuerin rührte, damit das warme Blut nicht gerann. Sie arbeiteten zügig Hand in Hand, jeder wusste, was er zu tun hatte.

»Wie geht's, Mädle?«, fragte der Metzger, als die Sau ausgeblutet war. Er war ein Viehweidler.

»Man lebt. Und was machen die Eltern?«

»Grad gestern haben wir auf dem Stöckle-Hof gemetzgert.« Mit einem Lumpen wischte er sein Messer sauber. »Eine Sau, zweieinhalb Zentner.« Die Oma und die Bäuerin schleppten den Kessel mit dem Blut in den Keller; war es kalt, gerann es nicht.

Der Karl, der Bauer und der Knecht hoben die Sau in einen Zuber. Der Metzger hatte Harz mitgebracht und rieb sie am ganzen Körper ein, ich holte kochendes Wasser aus dem Waschkessel, der Karl goss es Eimer für Eimer über die Sau; so wurden die Borsten weich und ließen sich abziehen. Der Metzger legte ihr Stricke um die Hinterbeine und die Männer schleiften sie in die Scheune und kurbelten sie mit einer Winde hoch, bis die Sau leblos und nackt, den Kopf nach unten, an einem Balken hing. Ein letzter Rest Blut tropfte aus der Wunde an ihrem Hals. »Jetzt brauch ich erst mal ein Gläsle Schnaps«, lachte der Metzger und wischte sich die Hände an seiner Schürze ab.

Im Stall quiekten immer noch die anderen Sauen.

Nach einem üppigen Frühstück teilte der Metzger das Tier mit einer Axt in zwei Hälften, legte Leber, Herz, Nieren und Lungen für den Fleischbeschauer beiseite, die Därme ebenfalls, die brauchte man zum Wurstmachen. Alle machten sich daran, Fleisch zu schneiden und es auf langen Tischen zum Abkühlen auszulegen, Bratenstücke in den

Keller zu tragen, Därme zu säubern und Speck auszulassen, Schinken zu räuchern und Bauchfleisch zu pökeln, Kesselfleisch zu kochen und Presssack und Blutwurst. Die Oma drehte Leber durch den Fleischwolf und der Metzger stopfte den Brei in Windeseile in Därme, band sie ab, noch eine Wurst, noch eine Wurst, noch eine Wurst, meterweise Würste, die er in siedendes Wasser warf, bis sie gar waren und jemand sie zum Abkühlen in den Keller trug.

Es roch nach Fett, die Küche war ein dampfender Kessel, der Boden dunkel von Flecken. Der Metzger nahm die Blase und blies sie auf, bis sie prall war, verschloss sie mit einem Knoten und gab sie dem Ferdinand. »Damit könnt's ihr Ball spielen.« Der Otto riss seinem Bruder den Ballon aus der Hand, warf ihn auf den Boden und trat ihn durch die Küche, bis die Bäuerin die Buben nach draußen scheuchte. Der Metzger lachte, laut und tief, seine Wangen glühten, seine Haare standen zu Berge.

Am Abend trugen die Bäuerin und ich Schüsseln voller Kesselfleisch, Platten mit Würsten und Speck, ein paar Laibe Brot, Kraut und Gurken in die Stube. Wir stellten Most und eine Flasche Obstler auf den Tisch, und alle, die geholfen hatten, drängten sich darum, auch wenn manche schon satt waren, weil sie den ganzen Tag ihre Finger in die Fleischkessel getaucht hatten. Nachbarn kamen herüber, der Wilhelm und der Remig, die Knechte vom Müller. Der Bauer stieß mit dem Metzger an, der Karl stieß mit mir an und alle feierten. Als der Metzger spät wieder auf sein Moped stieg, schob der Bauer ihm ein Päckchen mit Braten und Würsten in den Rucksack, so wie es alle guten Bauern taten. »Da brauch ich ein letztes Gläsle Schnaps!«, rief der Metzger und lachte so laut, dass wir es in der Küche hörten, wo die Bäuerin und ich Fleischpäckchen für den Pfarrer und die Verwandten herrichteten.

Hinterm Hühnerstall fand ich Fuchsspuren im Boden, kleine, weiche Abdrücke, ähnlich denen eines jungen Hundes. Wahrscheinlich waren es mehrere Füchse gewesen, denn es war Frühling, die Jungen hatten längst den Bau verlassen. Ich folgte den Spuren bis zur Böschung hinterm Obstgarten; dort verloren sie sich. Vorsichtig nahm ich die Eisenbügel aus dem Korb. Sie waren schwer und man musste Obacht geben, sich an den Zacken nicht zu verletzen. Ich spannte die Falle und schob sie mit einem Stock unter einen Busch. Vier Bruthennen hatten die Füchse schon geholt, ich zog nun ihre Küken auf; so konnte es nicht weitergehen.

Anderntags in der Früh lief ich durch den Obstgarten. Die Falle war leer und nirgendwo waren frische Spuren zu sehen. Am Tag darauf lief ich wieder zum Obstgarten, wieder war die Falle leer, doch am Boden fand ich frische Spuren. Ich holte ein Stück Fleisch aus der Küche und schob es mit einem Stock in die Mitte der Falle.

Am nächsten Tag saß ein rotbrauner Fuchs in der Falle.

Er war nicht größer als ein Welpe, zappelte und fiepte. Vorsichtig umfasste ich seine Schnauze, löste den Bügel und untersuchte seine Vorderbeine. Bis auf eine Wunde, die geblutet hatte, schien er nicht verletzt zu sein. Das Fell an seinem Bauch war weiß wie Schnee, seine Beine und die Hinterseiten seiner Ohren waren schwarz gefärbt. Ich rieb mein Gesicht an seinem Rücken. Er roch nach Wald und Erde. Ich legte ihm einen Strick um, ließ seine Schnauze los und er schnüffelte an meinem Arm. Er biss in meinen Ärmel, doch seine Zähne waren noch nicht sehr scharf. »Ich nenn dich Fritzle«, sagte ich und kraulte seinen buschigen Schwanz. Der Fuchs sah mich an. Er war ein schönes Tier, etwas an ihm rührte mich, ich konnte mir nicht vorstellen, ihn zu töten. Stattdessen setzte ich ihn in den Korb, schloss den Deckel und lief zurück.

»Ich hab ihn!«, rief ich, als der Bauer mit der Mistkarre aus dem Stall kam. »Aber er ist noch klein.«

»Nicht zu klein zum Hennenreißen.« Der Bauer zog die Nase hoch und spuckte aus.

»Vielleicht war er es nicht, vielleicht war es ein anderer Fuchs. Er ist wirklich noch klein.« Ich öffnete den Deckel einen Spalt. Der Bauer schaute hinein. Dann stieß er den Schubkarren mit Schwung das Brett am Misthaufen hinauf; manchmal nahm man dabei zu viel Schwung und flog selbst in den Mist.

»Kann ich …«, ich zögerte, »… kann ich ihn aufziehen?«

Der Bauer kratzte mit dem Stiefel einen festgedrückten Kuhfladen vom Karrenrand. »Bist narrisch?«

»Ich kann einen Käfig bauen und ihn in den Hühnerstall stellen. Dann kommt kein anderer Fuchs mehr.«

Der Bauer sah mich an, als ob ich von Sinnen wär. Dann murmelte er: »Mach, was du willst«, und stapfte davon.

Aus Brettern, Stangen und Draht baute ich einen Käfig. Ich streute Stroh, fand eine Schale, die als Wassernapf taugte. Der Fuchs kratzte an den Wänden des Korbs und als ich den Deckel öffnete, zitterte er. Ich streichelte seinen Kopf. Sein Puls schlug schnell. Ich hob ihn heraus, setzte ihn in den Käfig und löste den Strick. Er schüttelte sich. Ich trug den Käfig in den Hühnerstall.

Die Hühner gackerten wild, doch als sie merkten, dass der Fuchs nicht aus seinem Käfig herauskonnte, beruhigten sie sich. Der Fuchs fiepte, bleckte die Zähne, und als ich ein Stück Wurst durch die Gitterstäbe schob, bemerkte er es nicht. Ich schob meine Finger durch die Stäbe, um ihn zu streicheln. Er schnupperte an meinem Fingernagel. Seine Pupillen waren senkrechte Schlitze, seine Augen schauten freundlich und klug. Ich dachte an den Bauern.

Jedes Tier war besser als mancher Mensch.

Schwarzer Rauch quoll aus dem Schornstein. Die riesigen Räder des Traktors gruben sich durch den Boden, als der Bauer mit dem vollbeladenen Heuwagen heimfuhr. Der Karl sah ihm nach, dann lenkte er die Gäule vor dem leeren Heuwagen auf die Wiese und sprang vom Bock. »Jetzt geht's wieder ein bissle geruhsamer zu.«

»Ich bin nicht faul, aber mir soll's recht sein.« Ich schob mein Kopftuch zurück und wischte mir über die Stirn. Die Sonne schien, ein leichter Wind blies, trotzdem schwitzte ich. Seit Tagen beluden wir einen Heuwagen nach dem anderen, denn der Bauer fürchtete, das Wetter könnte umschlagen. Helfer hatte er jedoch nicht angeheuert, darum schafften wir von früh bis abends um neun, und wenn die Bäuerin und ich dann in die Küche kamen, stand dort noch das Geschirr vom Nachtessen und der Boden lag voller Heu und Erde und Dreck. Oft kam ich erst um elf in der Nacht ins Bett, schlief wie ein Stein und stand um vier Uhr wieder auf. Es blieb nicht einmal Zeit, zur Messe zu gehen, wir wechselten einander ab, an einem Sonntag durften die einen, am anderen die anderen in die Kirche. Nur der Bauer ging alle Tage, denn er sang im Kirchenchor.

»Steigst hinauf?« Der Karl schlug nach einer Mücke auf seinem Arm.

»Freilich.«

Er half mir auf den Wagen. Der Knecht schob seinen Hut zurück, langsam verzog sich sein Gesicht zu einem Grinsen. Mach den Mund zu, dachte ich, ich will deine Zahnlücke nimmer sehen. Doch er grinste noch breiter,

zog einen Mundwinkel hoch und schnalzte anzüglich.
»Sei still«, sagte der Karl bloß.

Ich griff nach der Heugabel. Die Mannsbilder stemmten riesige Heubündel hoch und ich lud, baute am Rand einen Rahmen, verstaute dann in der Mitte. In der Früh war der Bauer freundlich gewesen, er hatte sogar einen zweiten Krug Most aus dem Keller geholt und ihn mir in den Korb gestellt. Entschuldigt hatte er sich nicht. Nur die Bäuerin hatte mich gebeten zu bleiben. »Die Mannsbilder sind manchmal narrische Viecher, das darfst nicht ernst nehmen«, hatte sie mich beschworen.

»Ich kann jederzeit heim zu den Eltern«, hatte ich geantwortet.

»Kommst zurecht, Dora?«, rief der Karl.

Ich beugte mich über den Rand des Wagens und sah hinunter. »Passt schon, ein wenig geht noch drauf.«

»Hier ...« Er stemmte die Ladegabel hoch. Der Knecht, der sich ansonsten kein Bein ausriss, stemmte eine zweite Ladung hoch. Meine Nase juckte, der Heustaub kratzte in den Augen.

»Jetzt reicht's!«, rief ich, stach die Gabel ins Heu und schwang mich an ihrem Stiel hinunter. Ich landete auf dem Allerwertesten.

»Gehen wir heim«, sagte die Bäuerin und half mir auf. Die Sonne hing wie ein roter Ball über den Wiesen und auf den Äckern leuchteten die Ähren rosa. Der Karl sammelte die Ladegabeln ein, die Heugabeln und Rechen. Er hatte am Vorabend heftig mit seinem Bruder gestritten, ihm gesagt, er habe kein Recht mich zu schlagen, ich sei klein, aber tüchtiger als der Knecht. Der Streit hatte damit geendet, dass der Bauer die Tür zugeschlagen hatte. Bald darauf war er in sein Auto gestiegen und fortgefahren. Ich hatte in meiner Schlafkammer gehockt, doch als er fort war, schlich ich in den Hühnerstall, holte den Fuchs aus seinem Käfig und schmiegte mein brennendes Gesicht in sein warmes, duftendes Fell.

Gleich nach dem Melken hatte die Bäuerin den Waschkessel eingeheizt und nun schoben wir Wannen mit eingeweichter Weißwäsche beiseite, um Platz zu schaffen. Auf dem Tisch lagen Waschbretter, Stampfer, Waschzangen und lange Löffel, in einem Topf kochte Sodawasser. Neben der Tür standen Körbe und Holzzuber voller schmutziger Wäsche.

Ich schnitt einen Klotz Seife in Stücke und rührte sie ins Wasser, die Bäuerin stößelte die eingeweichte Wäsche. Draußen lag der Hof in der Sonne. Ich hatte die Fenster geöffnet, doch es ging kein Luftzug. Der Karl, der Opa und der Knecht waren ins Moor gefahren, um Torf zu holen, die Kinder pflückten Beeren, die Oma kochte Mittagessen. Ein paar Hühner liefen gackernd durch den Sand.

»Fasst mal an, Dora?« Die Bäuerin reichte mir die Enden eines nassen Lakens. Ihre Wangen glühten. Wir wrangen, bis alles Schmutzwasser heraus war und warfen das Betttuch auf den Tisch. »Du hast Kraft, das ist gut.« Sie wischte ihre Hände ab.

Ich nahm eine Bürste.

»Am Waschtag frag ich mich stets, wie viele Leut auf diesem Hof wohnen.«

»Ich versteh jetzt, warum die Mama am Waschtag nie gut zu haben war.«

»Es scheint nie ein Ende zu nehmen.« Sie bückte sich und verscheuchte Fliegen von ihren nackten Füßen. Sie hatte schon wieder einen dicken Bauch. In wenigen Wochen, irgendwann zwischen der Getreideernte und dem dritten Heuschnitt, sollte das Baby kommen. »Selbst wenn ich zweimal im Monat wasch, dauert's jedes Mal drei Tage.«

Wir schmierten Seifenbrei auf das Laken und schrubbten. Meine Hände waren schrumpelig und faltig, ich hatte Durst. Vor der Garage stieg der Bauer in sein Auto. Die Bäuerin sah auf, strich sich eine feuchte Strähne aus dem Gesicht.

»Wo fährt er hin?«

Sie zuckte mit den Schultern. Um ihren Mund lag ein bitterer Zug. Ich tauchte das Laken in die Waschwanne, die Bäuerin schöpfte kochendes Wasser darüber.

Still rieben und schrubbten wir Laken, Leintücher und Kissenbezüge. Schaum spritzte und brannte in den Augen. Es roch nach Lauge und Seife, jeder Atemzug kratzte in der Nase. Ich zupfte an meinem Kleid, um mir Luft zuzufächeln, doch es klebte auf meiner Haut. »Die Bettwäsche ist das Schlimmste«, murmelte die Bäuerin und schöpfte heißes Wasser in einen Zuber, um die Wäsche ein zweites Mal einzuweichen. Draußen landete ein Spatz auf der Stiege vorm Haus. Die Katze hob den Kopf. Ihr Körper spannte sich. Einen Moment beobachtete ich das Spiel ihrer Ohren, ihrer Muskeln, wie sie die richtige Position suchte, ohne sich von der Stelle zu bewegen. Dann sprang sie.

»Er geht zu anderen Weibern.« Die Bäuerin warf ein Laken in den Zuber, dass es klatschte. Der Spatz saß auf einem Fenstervorsprung und zeterte.

Einen Moment wusste ich nicht, was ich sagen sollte. »Bist sicher, Fanny?«, fragte ich leise.

Sie stößelte Wäsche wie eine Getriebene, Wasser spritzte und Schaumblasen flogen. Ich legte Brennholz nach und sah aus dem Fenster; im Sommer konnte man sie öffnen, doch im Winter während der großen Wäsche zog der Dampf nicht ab, nach kurzer Zeit hingen einem die Kleider schwer am Leib und die Hände wurden rot von der Waschlauge und dem Spülen im eiskalten Wasser. Ich bückte mich, nahm den Kübel mit der Leibwäsche und sah verstohlen zur Bäuerin hinüber. Mit zwei Löffeln fischte sie ein Leintuch aus dem heißen Wasser.

Der Bauer war wirklich ein mieser Hund.

Als die Bettwäsche fertig war, zog die Bäuerin einen Bottich mit Buntwäsche hervor. Die musste nicht heiß gewaschen werden, doch die Hosen und Jacken der Mannsbilder starrten vor Dreck, so dass man sie nur mit der Wurzelbürste sauber bekam. Sie nahm einen Stapel Hemden und klappte die Kragen auseinander, warf manche in eine leere Holzwanne, andere auf den Tisch. Ich bestrich die Hemden mit Seifenbrei und rieb sie auf dem Waschbrett. Ein Hemd gehörte dem Knecht, das wusch ich recht schnell.

»Ich hol uns Sprudel«, sagte die Bäuerin und warf ein Hemd des Bauern in eine Wanne mit kaltem Wasser. Ich richtete mich auf. Fliegen tanzten auf meiner Nase. Neben der Tür standen noch zwei Körbe mit dunkler Wäsche und ein Eimer mit Feinwäsche; Sonntagskleider trug man nur ein paar Stunden, drum konnte man sie anschließend wieder in den Schrank hängen und musste sie nicht so oft waschen, doch ihre Kragen und Manschetten mussten jedes Mal gestärkt und feucht gebügelt werden. Ich warf die eingeseiften Hemden in einen Bottich mit frischem Wasser, trug die schmutzige Brühe in den Kuhstall und kippte sie ins Gülleloch.

Am Nachmittag hing die Wäsche auf der Leine hinterm Haus, und weil es noch immer windstill war, hing sie schlaff herunter. »Hoffentlich hält das Wetter«, sagte die Bäuerin und stützte die Hände in den Rücken.

»Heut ist Siebenschläfer. Und der Himmel ist blau.«

»Meinst, wir haben also sieben Wochen Sonne?« Die Bäuerin zog eine Augenbraue hoch.

Ich musste lachen. »Hat die Mama manchmal gesagt.«

Waschtag

Die Vögel zogen nach Süden und auf den Äckern wurden die Blätter der Kartoffelstauden gelb. Der Bauer hatte ein paar arme Leut angeheuert, und nach dem Frühstück stieg er auf seinen Traktor und der Karl und der Knecht hängten den Pflug ans Fuhrwerk.

Der Siegfried sprang aufs Trittbrett und fuhr mit, wir anderen liefen zu Fuß hinter dem Traktor her, der mit lautem Gedröhn die Dorfstraße hinauffuhr und hinter der Kurve verschwand. Ich zog einen Karren mit Körben, Säcken und Hacken, die eisernen Räder knirschten auf dem Schotter; wir waren nicht die Einzigen, die unterwegs waren, seit Tagen fuhren alle mit Gäulen und Ochsen hinaus und rodeten Kartoffeln. »Komm, Mädle, ich helf dir«, sagte der Opa und fasste nach dem Griff.

Die Störnäherin lief die Straße hinab, ihre Nähmaschine auf dem Rücken. Der Karl hatte Zahnweh und befühlte immer wieder seine geschwollene Wange. Der Ferdinand bückte sich, hob einen Stecken auf und schlug damit ins Gras am Wegrand, Fetzen flogen. Die Oma, das Kopftuch tief in die Stirn gezogen, rief ihn zu sich. Er achtete nicht auf sie, schlug weiter ins Gras und freute sich. Die Großmutter lief hinter ihm her; sie trug eine gestreifte Bluse und eine blaue Schürze über dem langen Rock. Mit einem Ruck riss sie dem Ferdinand den Stecken aus der Hand und warf ihn fort. Der Bub schrie.

Ich hätte ihn gern getröstet.

»Brauchst gar nichts sagen«, zischte die Oma und warf mir einen finsteren Blick zu.

»Hab ich ja nicht …«

»Aber wollen hast es, das hab ich gesehen.« Sie lief weiter, den weinenden Ferdinand hinter sich herziehend.

»Manchmal ist sie narrisch«, sagte der Opa. »Das geht vorbei.«

Ich warf der Helene einen Blick zu; die Bäuerin war daheimgeblieben, bei dem neuen Baby, dafür half ihre Schwester. Sie zuckte mit den Schultern.

Wir liefen den Hügel hinab und durch die Ebene. Ochsen und Gäule zogen Fuhrwerke, Ketten klirrten, schweres Ledergeschirr ächzte, Geißeln knallten. Eine Kuh auf einer Weide senkte ihren großen braunen Kopf und rupfte Gras. Der Ferdinand weinte noch immer. In der Ferne sahen wir den Bauern, der, den Pflug hinterm Traktor, über seinen Acker fuhr. Er hatte bereits die erste Reihe gerodet, als wir ankamen.

Alle nahmen Hacken und Körbe. »Fangt hier an zu klauben«, sagte die Oma und gab der Elli und der Ida zwei Weidenkörbe. »Die großen Kartoffeln in den einen, die kleinen in den anderen.« Die Helene, der Opa, der Karl und ich liefen ein Stück vor, die armen Leut und der Knecht begannen am Rain zu lesen.

Der Bauer saß auf seinem Traktor.

Ich bückte mich. Ich mochte den Geruch der frisch aufgewühlten Erde. Die Stauden hatten gut getragen, es lagen reichlich Kartoffeln in der umgepflügten Furche. »Das gibt eine gute Ernte«, sagte der Opa.

»Damit kann man viel Kartoffelschmarren, Kratzet, Klöße und Kartoffelnudle machen.« Die Helene grub ihre Hände in die Erde. Ihre Knie knackten, als sie sich bückte. Der Karl sagte nichts; seine Augen waren schmal, die Stirn lag in Falten, er hatte Schmerzen.

Ein Stück weiter klaubten der Ferdinand und der Otto mit ihren Schwestern und der Oma. Die Oma streckte sich, schob ihr Kopftuch zurück und schaute zum Himmel, der grau und verhangen war. »Hast schon Schwielen?«, rief sie einem von den angeheuerten Weibern zu.

Das Weib schüttelte den Kopf und bückte sich.

Reihe um Reihe fuhr der Bauer mit dem Traktor über den Acker und pflügte die Kartoffeln aus der Erde und wir anderen liefen hinterher, hackten Kraut ab und klaubten. Die Buben sammelten das Kartoffelkraut auf, der Opa machte Feuer, doch weil die Blätter feucht waren, qualmte es. Wir arbeiteten zügig, achteten aber darauf, dass keine Kartoffeln liegenblieben. War ein Korb voll, trugen wir ihn zum Fuhrwerk und leerten ihn in einen Sack; ein voller Sack wog rund einen Zentner. Ich hielt grad einen Sack auf, damit der Karl unseren Korb hineinleeren konnte, als der Bauer den Traktor bremste. »Klauben sollst!«, brüllte er, dass es über den Acker schallte. Er rutschte von seinem Sitz, lief auf den Knecht zu, der zusammenfuhr. Der Hund bellte. »Ich bezahl dich nicht, dass du faul herumhockst!«

Der Siegfried erwiderte etwas, das machte den Bauern noch wütender. Er trat nach einer Hacke, die am Boden lag. Dann stapfte er zurück und stieg auf den Traktor. Ich biss mir auf die Lippe. Gleichzeitig empfand ich eine heimliche Freude, dass es endlich einmal den Knecht traf. Auch der Karl grinste, ein wenig.

Mittags brachte die Bäuerin gekochte Kartoffeln, Käse, Brot und Most. Wir saßen im Gras und aßen, die Tagwerker stopften sich die Mäuler; am Ende des Tages bekamen sie einen Sack Kartoffeln als Lohn. Der Bauer hockte auf einem Baumstumpf, kaute auf einem Stück Käse und schaute finster. Die Oma lief hinter einen Busch, hob ihren Rock und verrichtete ein Geschäft. Plötzlich sprang der Otto auf, lief auf den Acker und deutete aufgeregt auf einen Haufen Erde. Ich stand auf. Eine junge Maus kroch heraus, in ihrem Fell klebten Grashalme aus ihrem unterirdischen Nest. »Ihr zerfresst mir meine Kartoffeln«, schimpfte der Bauer und schnellte hoch. Er stieß seinen Sohn beiseite, der stolperte und fiel. In dem Moment steckte die Muttermaus ihren Kopf aus dem Erdloch.

Der Bauer trat zu.

Er stieß seinen schweren Stiefel in die Erde, und als er den Fuß hob, lag die Maus tot am Boden. Der Otto schrie. Das Mausejunge lief davon. »Das geht eh hin«, brummte der Bauer, setzte sich wieder auf seinen Baumstumpf und riss einen Kanten Brot ab.

Der Bub weinte und lief zur Oma, doch die schimpfte ebenfalls. »Mäuse sind Ungeziefer.«

Ich schob ein Stück Brot in den Mund, nahm einen leeren Korb und stapfte auf den Acker. Der Hund folgte mir, er hechelte und leckte mit seiner warmen, feuchten Zunge über meine Hand, als ich mich bückte und weiter Kartoffeln klaubte. Eine Gänsehaut zog sich über meine Arme. Ich fror. Ich dachte an Fritzle, den Fuchs, und plötzlich hatte ich Angst um ihn. Der Bauer konnte verträglich sein, doch er konnte auch von einem Moment zum nächsten aus der Haut fahren und man wusste nie, wann es das nächste Mal geschehen würde. Meist verstand ich nicht einmal, warum er zornig war. Doch ich fürchtete mich vor seinen Ausbrüchen.

»Manchmal ist er eben so, nimm es nicht so schwer.« Der Opa bückte sich und warf Kartoffeln in meinen Korb.

»Ja«, antwortete ich. Ich wusste nicht, was ich sonst sagen sollte.

Schweigend arbeiteten wir weiter. Mein Rücken schmerzte, meine Finger waren steif. Am Himmel türmten sich Wolken, grau, violett und schwarz. Hier und da fiel ein Strahl Sonne durch einen Spalt und tauchte alles in ein unwirkliches, gleißendes Licht. Überall brannten Feuer. Rauch legte sich über die Äcker. Krähen schrien.

Im Dorf wurden mehr Männer eingezogen. Der Bauer musste nicht an die Front, doch der Knecht ging. Und der Karl.

Wo die Männer fehlten, machten fortan die Weiber die Arbeit. Ich spannte die Gäule ein und half pflügen, ich eggte, mistete, spritzte Gülle, säte, es war strenge Arbeit. Irgendwann schickte der Reichsarbeitsdienst Arbeitsmaiden und Erntehelfer. Dann kamen die ersten Kriegsgefangenen.

Im Rathaus mussten wir Milch abliefern, Korn, Kartoffeln, Eier, es war verboten zu buttern. Jeder Hof durfte nur noch einmal im Jahr schlachten; die Uniformierten stellten Schlachtscheine aus. Doch die Leut schlachteten schwarz, wir bauten vieles selbst an und mit unseren Lebensmittelmarken holten wir Käse, Mehl, Salz, Grieß, Kerzen, Streichhölzer. Wir hungerten nicht.

Wir gingen in die Kirche und beteten.

Wir warteten auf Feldpost.

Der Adler-Wirt wurde neuer Bürgermeister.

1944 landeten alliierte Soldaten in der Normandie. Hitler überlebte ein Attentat. Junge und Greise wurden zum

»Volkssturm« eingezogen, und im Radio berichteten sie von heldenhaften Kämpfen und Großangriffen der Wehrmacht.

Viele Männer im Dorf waren tot.

Auch der Knecht.

Und der Karl.

Flüchtlinge kamen, vor allem aus Schlesien, ganze Familien, die alles verloren hatten. Sie wurden im Tanzsaal im Gasthof Krone untergebracht, schliefen auf Pritschen und Seegrasmatratzen.

Man rückte zusammen, half.

Die gefürchteten Luftangriffe blieben aus.

Ein großer schwarzer Vogel kreiste mit ausgebreiteten Schwingen über der Lichtung, beschrieb einen Bogen und landete auf einem kahlen Ast. Unter ihm im Schnee lagen zwei Fichten. An den Schnittstellen ihrer Stämme war das Holz gesplittert, im Schnee kräuselten sich Späne. Der Bauer zog seine Jacke aus und stellte sich neben eine weitere Fichte, in die er bereits eine Kerbe geschlagen hatte; Fichten gaben gutes Bauholz. Er fasste die Axt mit beiden Händen, holte aus und hieb sie mit einem dumpfen Stoß in den Stamm. Der Jean trat beiseite. Er sagte etwas. Der Bauer schüttelte den Kopf.

Abwechselnd schlugen der Bauer und der Jean die Axt in den Baum. Der Jean gestikulierte, sagte etwas auf Französisch. »Red so, dass wir dich verstehen«, sagte der Bauer unwirsch. Der Jean deutete nach oben, die Baumkrone schwankte im Wind. Der Bauer ließ die Axt fallen, wischte sich die Hände an den Hosen ab, trat ein Stück zurück und legte den Kopf in den Nacken.

»Nein«, sagte er und griff nach der Axt.

Ich zerrte an einem schweren Ast und der Jean half mir. Er hatte rote Haare, dick wie Draht, und das ganze Gesicht voller Sommersprossen. Er kam aus der Bretagne, und eines Abends hatte er der Bäuerin und mir auf einer Landkarte gezeigt, wo seine Heimat lag. Eine Landzunge, umspült von Wasser. Berge, sagte der Jean, gab es in dem Küstendorf, in dem er aufgewachsen war, nicht. Ihm gefielen die Herlazhofener Hügel, und wenn bei gutem Wetter die Alpen am Horizont zu sehen waren, freute er sich. Seit einem halben Jahr war er in Gefangenschaft, seit einem Monat beim Geislinger-Bauern.

»Baum fällt!«, rief der Bauer. Der Opa und ich traten zurück, der Jean zog die Elli mit. Sie war heuer zwölf und klaubte Reisig. Ellí nannte er sie, betonte die zweite Silbe, so dass Ellis Name vertraut und fremd zugleich klang. Der Stamm der Fichte knackte laut, Holz splitterte, langsam neigte er sich, schwankte, schien einen Moment innezuhalten, bevor er zur Seite fiel, mit lautem Getöse durch die Kronen und Äste der anderen Bäume stürzte und mit dumpfem Donner auf den Boden schlug. Der schwarze Vogel schrie und schwang sich in die Luft.

Mit Äxten und Sägen begannen der Bauer und der Jean die Baumkrone vom Stamm zu trennen. Ich lief herum, stapelte Äste und Zweige am Rand der Lichtung. Ich zog sie durch den Schnee, schleifte sie, sie waren schwer. »Sieh zu, dass du das Holz nicht ruinierst«, schimpfte der Bauer.

»Freilich«, antwortete ich und sah auf. Ich sah die Ader, die pochte. Ich sah, wie der Bauer sich zusammenriss. Im Herbst war ich fortgelaufen, heim zu den Eltern, nachdem er wieder jähzornig geworden war. Als ich in der Kammer meine Sachen packte, kam die Bäuerin und sagte: »Dora, er wird dich zurückholen.« Ich packte weiter, nahm mein Fahrrad und fuhr heim. Nach ein paar Tagen kam der Bauer tatsächlich, er brachte Rauchfleisch mit und einen Kuchen, war sehr freundlich und verträglich. Er sagte:

»Dora, komm zurück.« Ich dachte an die Bäuerin, den Ferdinand und seine Geschwister, den Opa. Den Karl, den ich vermisste. Ich kehrte zurück. Anfangs hatte der Bauer mir sogar bei der Stallarbeit geholfen, doch nach einer Weile fing er wieder an zu schimpfen. Aber er schlug mich nicht mehr.

Der Jean richtete sich auf und schob seine Mütze zurück. Seine Stirn glänzte und sein Haar klebte nass am Kopf. Der Opa sägte einen Ast in Meterstücke, die Elli stapelte sie am Rand der Lichtung; später würden wir sie mit dem Hänger holen. Ein Käuzchen schrie. Der Jean war ein nettes Mannsbild. Abends saß er manchmal in der Küche. Wir hatten immer noch zu essen, weniger, weil die Leut fehlten, um alle Äcker zu bestellen, doch wir mussten nicht hungern und eines Abends hatte er aus Mehl und Eiern dünne Omeletts gebacken, dünner noch als ein Flädleteig. Wir bestrichen sie mit Marmelade und aßen sie warm. *Krepp* hat er sie genannt, und die würzigen, die man mit Käse oder Wurst aß, *Galett*. Die Bäuerin und ich lehrten den Jean Deutsch, dafür brachte er uns französische Worte bei. Wenn der Bauer das mitbekam, schimpfte er, doch die Bäuerin scherte sich nicht drum; manchmal dachte ich, sie hat ihn auch nicht mögen.

Der Bauer fuhr den Traktor vor, mit schweren Ketten zurrten die Männer die Stämme auf Schlitten fest. Er stieg auf den Sitz und gab Gas, dass es schwarz aus dem schmalen Schlot qualmte und der Motor durch den Wald brüllte. Er rieb sich die Hände, spuckte aus, grün in den weißen Schnee, und deutete auf die Reste der Baumkrone. »Dora, du bleibst hier und machst Reisig.«

Ist recht, dachte ich, allein habe ich jedenfalls meine Ruh.

Zur Heuernte kamen zwei Arbeitsmaiden. Die Adelheid war groß und blond, ihre Augen leuchteten wie Kornblumen. Sie sah aus wie die Mädle auf den Fotos der Partei. »Ich hab noch nie gemäht«, sagte sie am ersten Tag. Sie kam aus Stuttgart. Ich zeigte ihr, wie man wetzte, ausholte und die Sense dicht über den Boden zog.

Die Therese war geschickt beim Mähen und kräftig. Ihre Eltern hatten einen Bauernhof bei Schwenningen und sie scheute keine Arbeit. Trotzdem nannte der Bauer sie nie beim Namen, rief nur »Arbeitsmaid« und »Arbeitsmaid, hast wieder geschlampt«.

An einem Abend im August, kurz vor Mariä Himmelfahrt, liefen wir staubig und schmutzig von den Äckern heim.

Der Jean hatte noch mehr Sommersprossen bekommen, und seine roten Wimpern waren gelb vom Weizenstaub. Die Bäuerin, die Adelheid und ich gingen in den Stall, nahmen Eimer und Melkschemel und hockten uns unter die Kühe.

»Die Sauen!«, schrie die Therese.

Alle stürzten in den Saustall.

Acht Sauen, jede ein bis eineinhalb Zentner schwer, lagen reglos in ihren Koben. Einige hatten blaue und rote Flecken an den Ohren, am Hals, am Bauch. »Rotlauf«, flüsterte der Bauer und hielt sich am Gatter fest. »Die werden krepieren.«

Am nächsten Tag waren alle Sauen tot. Mit starrem Gesicht zog der Bauer eine nach der anderen ins Gülleloch. Tagelang sprach er kaum ein Wort, kniete vorm Herrgottswinkel und fuhr mit seinem Mercedes fort.

»Dora«, fragte die Bäuerin immer häufiger. »Dora, willst gar kein Gspusi?«

»Ich bin zu müd vom Schaffen.«

»Aber du kannst nicht nur ans Schaffen denken. Willst gar nicht heiraten?«

»Eine anständige Arbeit ist mir lieber als ein Kerl.«

Die Bäuerin sah mich an und schwieg.

Auch die Mutter fragte. Ich war fünfundzwanzig. Doch ich dachte noch immer an den Karl und andere Mannsbilder interessierten mich nicht. Ich schwätzte mit ihnen, doch ich traute keinem. Sie waren doch faul, launisch, tranken, prügelten. Ich wollte niemanden, der mich schikanierte. Alles, was ich wollte, waren mein Frieden, eine Arbeit, mein Geld, meine Tiere. Und ab und zu ein nettes Fest.

»Dora, willst gar kein Gspusi?«, fragte eines Tages sogar der Bauer. Ich schüttelte den Kopf und dachte still: Dann krieg ich vielleicht noch einen wie dich.

Der Bauer ging zu anderen Weibern, doch die Bäuerin bekam ein Kind nach dem anderen. »Willst bei der Geburt dabei sein?«, fragte sie, als das siebte unterwegs war.

»Ja.« Ich hatte Ferkel, Kälber, Kätzchen und Hundewelpen zur Welt kommen sehen, doch noch nie ein Baby.

Die Bäuerin wollte nicht ins Spital, und als die Wehen begannen, fuhr der Bauer nach Leutkirch und holte die Hebamme. Ich kochte Wasser und legte saubere Laken bereit.

Die Abstände zwischen den Wehen wurden kürzer, die Bäuerin presste, krampfte, keuchte. Die Hebamme hörte die Herztöne ab. Die Bäuerin schrie, bäumte sich auf, ein nasser, blutverschmierter Kopf kam zum Vorschein und dann war das Baby da. »Mir ist jedes Mal ein halbes Jahr speiübel«, keuchte sie, »aber wenn es so weit ist, geht's ganz leicht.«

»Wie bei einer Katze«, sagte die Hebamme, schlug dem Buben auf den Po, dass er krähte, und trennte die Nabelschnur durch.

Das Baby starb wenige Wochen nach der Geburt.

Im Februar war wieder Mariä Lichtmess und ich fuhr heim. Eine Woche musste der Bauer selbst melken, misten und schuften. Doch ich kehrte zurück. Ich tat es wegen der Bäuerin.

Im Frühjahr gaben die Kühe kaum noch Milch. Sie bekamen Blasen am Euter, an den Klauen und am Maul, der Speichel lief ihnen nur so heraus, sie fielen um und standen nicht mehr auf. Die Maul- und Klauenseuche traf das ganze Dorf.

Im Sommer kamen neue Arbeitsmaiden aus Stuttgart und erzählten von schweren Luftangriffen, von Bombenhagel und brennenden Straßen, von Toten, Verletzten und unzähligen Menschen, die alles verloren hatten.

Im Herbst kamen Uniformierte und holten drei der vier Kirchenglocken. Man schmolz sie ein, machte Kanonen und Granaten daraus.

Wir gingen in die Kirche und beteten. Wir fürchteten uns nicht. Wir dachten, das Allgäu bleibt verschont, wir sind brave Leut.

Im Radio sprachen sie immer noch vom Endsieg.

An einem Tag Ende April 1945 kamen französische Soldaten. Sie besetzten das Rathaus und die rote Fahne verschwand. Sie verhängten eine Ausgangssperre. Alle Dorfbewohner mussten ihre Waffen und Munition abgeben, Fotoapparate und Radiogeräte, ihre Gäule.

Der Jean und die anderen Kriegsgefangenen fielen den einrückenden Soldaten in die Arme, sie küssten sich, ihre Freude war groß. Auch die Menschen im Dorf waren froh. In den letzten Wochen hatte es Gerüchte gegeben, die Heeresmunitionsanstalt im Urlauer Tann solle beim Einmarsch feindlicher Truppen gesprengt werden. Man hatte Gasmasken an alle Einwohner verteilt, Frauen und Kinder waren mit Sack und Pack ans andere Ufer der Eschach geflüchtet. Doch dem zuständigen Kommandanten war es gelungen, die Sprengung hinauszuzögern, bis schließlich alliierte Truppen einmarschierten.

Die ehemaligen Gefangenen berichteten den neuen Machthabern, wie man sie behandelt hatte. In der Viehweid wäre beinahe ein Hof geplündert worden, und die Bäuerin sprach mit Engelszungen, um das Benehmen des Bauern schönzureden.

In den folgenden Wochen und Monaten kamen unzählige Flüchtlinge. Menschen, die nicht mehr besaßen als die Kleider, die sie trugen, und die Schlimmes erlebt hatten. Wir nahmen sie auf, sie halfen bei der Arbeit. Wir begriffen, welches Glück wir gehabt hatten.

Und wir bekamen einen neuen Bürgermeister.

Die Sonne schien, als ich den Weg am Hinterweiherufer entlanglief. Tauben gurrten und in der Kanne auf meinem Rücken schwappte bei jedem Schritt die Milch, die ich für die Eltern zur Käserei brachte. Ich strich durch mein kurzes Haar; ich hatte meine Zöpfe abschneiden und mir eine Dauerwelle machen lassen.

Kurz hinter der Gabelung, dort, wo das verwitterte Schild den Weg in die Viehweid wies, standen plötzlich drei Soldaten. Wie aus dem Nichts tauchten sie auf, in grünen Uniformen, die Gesichter dunkel wie Torf. Sie waren groß, jeder schien doppelt so groß wie ich. Sie lachten und zeigten blendend weiße Zähne. *»Bonjour Mademoiselle …«,* sagte einer.

Ich blieb stehen. Ich wusste nicht, was ich tun sollte.

»Allez …«, sagte ein anderer und bleckte die Zähne.

Wenn ich fortlief, würde ich die Milch verlieren.

»Isch … will disch … was zeigen …«, sagte der dritte.

Ich hatte Angst. Ich lächelte. Ein Eichelhäher schrie. Ich

tat einen Schritt auf die Soldaten zu. Sie lachten und sagten Dinge, die ich nicht verstand, doch ihre Worte klangen wie heitere Vögel, die sie hinausschickten in die Welt. Plötzlich zog einer eine Tafel Schokolade aus der Tasche seiner Uniform.

»Merci …«, stammelte ich.

Sie wandten sich um, winkten und liefen in Richtung Hinterweiher.

Das Leben ging weiter.

Wir pflügten und eggten, säten, setzten Kartoffeln, pflanzten Gurken, Bohnen, Kohl. Wir mähten die Wiesen und fuhren Heu ein. Wir mähten Korn, pflückten Äpfel und Beeren, klaubten Kartoffeln und rodeten Rüben. Kälber kamen zur Welt und Ferkel. Im Herbst pflügten wir wieder, düngten, droschen, mahlten, mosteten, schlachteten. Die Bäuerin und ich putzten endlich gründlich das Haus, weil dazu zwischen März und Oktober nie ausreichend Zeit war.

Mit dem Bauern ging es weiter wie eh und je, mal war er verträglich, meist war er launisch. Manchmal traf es mich, manchmal ein anderes Weib; bei den Knechten und Helfern war er umgänglicher, denn er fürchtete, sie würden ihm fortlaufen.

An Martini im November fuhren wir wieder in den Wald. Der Schnee lag hoch, es fror, und wir machten Holz, sägten Äste, schleppten Zweige, klaubten Reisig. Meine Handschuhe waren längst zerrissen, Rinde und Holzsplitter zerkratzten meine Hände. Schließlich waren meine Finger so kalt und taub, dass mir Reisig und Holzscheite herunterfielen.

»Pack an!«, schimpfte der Bauer, als ich meine Hände wärmte. »Ihr habt den ganzen Tag noch nichts getan.«

Da war es zu viel.

»Meine Hände sind kalt und bluten«, sagte ich. »Bei diesem Wetter kann man ohne Handschuhe nicht schaffen.«

Dem Bauern stand der Mund offen. Die Ader an seiner Stirn pochte.

Ich warf die zerrissenen Handschuhe in den Schnee. »Wenn das hier so weitergeht, geh ich heut Abend.«

Einen Moment war es ganz still. Nur ein Vogel hieb seinen Schnabel in einen Stamm, ein hartnäckiges Hacken.

»Ich geh auch«, sagte der Hütebub, der erst seit kurzem auf dem Hof war.

Der Bauer drehte sich um. Ohne ein Wort lief er fort, hinein in den Wald.

Am Abend lief ich heim zu den Eltern. Anderntags fuhr ich mit dem Sepp ins Dorf, und während er die Milch zur Käserei trug, stieg ich die Auffahrt zum Geislinger-Hof hinauf. Der Misthaufen dampfte und in den Ställen hörte ich das Vieh, die Sauen, die Rösser. Ein Gockel krähte. Der Hund leckte meine Hand und ließ mich nicht aus den Augen. In der Kammer packte ich meine Kleider, die Schuhe, das Gebetbüchlein und das Heft mit den Rezepten in den Koffer. Ich verabschiedete mich vom Opa, von der Elli, der Ida, dem Otto, dem Ludwig, der Sofie und vom Ferdinand. Er hatte Tränen in den Augen.

In der Küche umarmte mich die Bäuerin. Sie sagte nicht viel, nur »Leb wohl, Dora«.

Ich lief den Hausgang hinunter und zog die Haustür hinter mir zu. Es war dunkel und mein Atem schlug kleine Wolken. Im Stall molken die Oma und der Bauer das Vieh. »Gute Nacht!«, rief ich und lief die Auffahrt hinunter.

Der Bauer und sein Sohn

Im Ofen prasselte Feuer und es roch nach Graupensuppe. Auf dem Tisch lagen Brotkrümel und ein Löffel, ein Topf hatte einen dunklen Abdruck auf dem Holz hinterlassen. Ein Stuhl war beiseitegeschoben, als wäre jemand vom Tisch aufgesprungen und fortgelaufen. Unter der Eckbank standen schwere Stiefel, an ihren Sohlen klebte Erde.

Ich knöpfte meine Jacke auf.

Auf der Ofenbank stand ein Korb mit Wäsche. Jemand hatte nasse Socken auf den Kacheln ausgebreitet, eine Katze schlief zusammengerollt zwischen Decken und schnarchte leise. Im Herrgottswinkel stand eine Vase mit Astern vor verblassten Heiligenbildern. Die Fenster waren beschlagen. Die Pendeluhr zeigte zwanzig vor acht. Der Raum wirkte heimelig, obwohl er ein bisschen unaufgeräumt war. Ich zog den Stuhl heran und setzte mich. Von irgendwoher erklangen Stimmen, ein Mannsbild schimpfte und ein Weib rief, er habe keine Ahnung. Ein Kind weinte und ein Hund bellte. Die Katze wachte auf und hob den Kopf. Langsam streckte sie sich, erhob sich, trat mit ihren Pfoten ein paarmal auf der Stelle, drehte sich einmal um sich selbst und rollte sich wieder in die Decken. Wenig später ertönte ihr gleichmäßiges Schnarchen. Ich wischte die Krümel vom Tisch und zog meine Jacke aus.

»Sie streiten wieder.« Im Dunkel der Küche lehnte ein Mann am Herd. Er räusperte sich, legte ein Leintuch beiseite, stieß sich von der Herdstange ab, im Türrahmen blieb er stehen. Ich fragte mich, wie lange er mich schon beobachtet hatte. Er war nicht sehr groß, hatte eine schmale, gerade Nase und blaue Augen unter buschigen Brauen. Er trug ein kariertes Hemd, die Ärmel aufgekrempelt, und seine Füße steckten in Holzpantinen. Sein blondes Haar war kurz geschnitten und auf seinen Wangen und seinem Hals sprossen Bartstoppeln. Er hatte zwei ausgeprägte Falten um den Mund. Als er lächelte, bildeten sich Grübchen.

»Wer?«, fragte ich. Ich hatte diesen Mann schon einmal gesehen.

»Der Bauer und die Bäuerin.« Er nahm einen Korb mit Holz, der am Boden stand, und begann, die Scheite in eine Nische in der Wand neben dem Ofen zu stapeln. »Und wer bist du?«

»Die Prinz Dora.« Ich stand auf. »Ich bin die neue Magd.«

Er hielt inne und sah mich an. »Siehst der Schwester vom Bauern ähnlich.«

»Ich bin nicht verwandt mit dem Bauern.«

»Das weiß man nie.«

»Doch, das weiß ich. Meine Familie kenn ich.«

Er lachte, und wieder war sein Gesicht voller Grübchen. »In jeder Familie gibt's ein Geheimnis.« Er stand auf, öffnete das Ofentürle und warf ein paar Holzscheite hinein. Der Riegel quietschte, als er es wieder schloss. Mit einem Tritt schob er den leeren Korb neben die Ofenbank. »Ich bin der Egon.«

Ich nickte und setzte mich wieder. Er deutete auf meinen Koffer. »Bist grad erst gekommen?«

»Ja.«

»Woher?«

»Aus der Viehweid.«

»Ich mein, wo hast vorher geschafft?«

»Ich war Magd auf dem Geislinger-Hof.«

Er setzte sich auf die Ofenbank, lehnte sich zurück und

streckte die Beine aus. »Kann sein, ich hab dich schon mal in der Käserei gesehen?«

»Mhhh.« Ich legte die Hände ineinander und senkte den Blick. Eine Weile war nur das Lodern der Flammen zu hören und die Stimmen, das Weib und das Mannsbild, die noch immer stritten. Der Egon rieb mit der Hand über seine Bartstoppeln, es klang, als würde er über ein Stück Rinde schaben. Ich kicherte. Er lächelte. »Ist aber schon eine Weile her, dass ich dich gesehen hab.«

Mit dem Ärmel wischte ich einen Fleck von der Tischplatte. »Ich bin eine Weile ins Tagwerk gegangen.«

Er hob eine Braue. Er zog die Beine an, seine Holzpantinen schleiften über die Dielen. Die Katze sah auf und spitzte die Ohren. Er beugte sich vor, stützte die Arme auf, legte das Gesicht in beide Hände und sah mich an.

Ich räusperte mich. »Nun, der Bauer und ich haben gestritten.« Ich blies eine Haarsträhne fort, die sich gelöst hatte. »Eines Tages bin ich halt gegangen. Ich hab daheim geholfen und bin ins Tagwerk gegangen, wenn irgendwo ein Bauer Hilfe brauchte.«

Er sah mich unverwandt an. Sein Blick irritierte mich. Über seiner Nase stand eine schmale senkrechte Falte.

Ich schob die lästige Haarsträhne hinters Ohr. »Im Tagwerk machst mindere Arbeiten, Kartoffeln klauben und misten. Aber du kriegst ein bissle Geld.«

Er sah zu Boden.

»Tagwerker haben's besser als Dienstboten, denn wenn ein Bauer ein Hund ist, kannst jederzeit fortgehen.«

Irgendwo knallte eine Tür. Der Egon sah auf und lächelte. Die Falte auf seiner Stirn war verschwunden.

Der Gockel krähte noch, als längst alle am Frühstückstisch saßen. Die Gaile-Bäuerin brachte einen Laib Brot und Käse, ich trug Mehlsuppe herein und stellte den Topf in die Mitte vom Tisch. Der Egon nahm seinen Löffel. Wieder krähte der Gockel. »Dummes Tier, lernst es nimmer?«

Ich lachte.

»Er hält die Hühner zusammen.« Der Gaile-Bauer brach ein Stück Brot ab.

»Davon verstehst was, gell«, sagte die Oma.

Der Bauer antwortete nicht, steckte bloß das Brot in den Mund und kaute. Über den Rand meiner Tasse beobachtete ich ihn. Er war älter als die Bäuerin. Er trug sein Haar sehr kurz, doch man sah, dass es dünn wurde. Sein Schnurrbart war sorgfältig gekämmt, und er hielt sich aufrecht, beinahe wie ein vornehmer Herr. Er räusperte sich und schaute mich an. Hastig wandte ich den Blick ab und trank einen Schluck Malzkaffee. Er schmeckte bitter; er musste schon eine Weile auf dem Herd gestanden haben. Die Bäuerin goss sich Milch ein, tauchte einen Brocken Brot hinein und reichte ihn ihrem Sohn. Der Jakob verzog das Gesicht. »Iss«, sagte die Bäuerin. Sie trug ein kittelartiges blaues Kleid mit einem kleinen Kragen und einer Schürze darüber. Ihre Augen lagen tief in den Höhlen, ihr Gesicht war flächig, fast eckig. »Sonst kommst zu spät zur Schule.«

Widerwillig steckte der Bub das weiche Brot in den Mund. Die Oma zog ein Messer aus der Tasche, schälte die Rinde von einem Stück Käse und reichte es dem Opa. Er kaute schmatzend. Ein dünner Spuckefaden lief aus seinem Mundwinkel herab. Am Ende der Bank saß ein Mannsbild und schaukelte mit dem Oberkörper, den Blick starr auf den Tisch gerichtet, sein dickes schwarzes Haar stand wild vom Kopf ab. Er war der Bruder der Bäuerin, der Georg. Stumm saß er dort, tunkte nur ab und zu einen Brocken Brot in seine Milch.

Der Gockel krähte ohne Unterlass.

Der Bauer löffelte den Rest Mehlsuppe aus dem Topf,

der Egon wischte sich mit dem Ärmel über den Mund. Der Opa rülpste. Ich stand auf, sammelte Löffel und Becher ein, nahm den leeren Topf und trug das Geschirr in die Küche. »Treibst nachher Vieh auf die Weid?«, fragte die Bäuerin und half ihrem Sohn, seinen Ranzen aufzusetzen.

»Freilich«, sagte ich. »Gleich wenn ich hier fertig bin.« Draußen leuchtete der Himmel und die Hügel blitzten grün. Ein Schwarm Vögel stürzte in schnellem, steilem Flug auf die Obstbäume vor dem Küchenfenster zu.

Die Kühe hoben die Köpfe, als ich das Stalltor öffnete. Kauend musterten sie mich, auf ihren Nasen tanzten Fliegen, eine hob den Schwanz und ein kräftiger Strahl ergoss sich ins Stroh. Ketten klirrten. Ich zählte; der Bauer besaß zwanzig Stück Vieh. Ich stellte den Wassereimer ins Stroh, nahm eine Bürste und strich der ersten Kuh in der Reihe, einer mit einer weißen Blesse auf der Stirn, über den Rücken. »So, meine Gute, jetzt werd ich dich putzen.« Die Kuh schüttelte den Kopf, grüner Schaum tropfte aus ihrem Maul. Mit leichten Bewegungen strich ich über ihren Rist, den Rücken, den Bauch, die Flanken, und als ich merkte, dass es ihr gefiel, bürstete ich sie kräftig, bis ihr Fell glänzte. Ich nahm den Eimer, tauchte den schmutzverkrusteten Schwanz hinein und wusch ihn, kratzte Mist und Dreckklumpen herunter. »Gell, das gefällt dir.« Die Kuh hob den Kopf, eine Fliege krabbelte in ihr dunkles Nasenloch. »Wenn wir nachher auf die Weid laufen, wirst schön aussehen, das versprech ich dir.«

»Schwätzt mit dem Vieh?« Der Egon lehnte im Stalltor, doch die Sonne stand hinter ihm und ich sah nur einen schwarzen Schatten.

»Tiere sind wie Menschen«, sagte ich zu dem Schatten. »Sie brauchen auch ein bissle Liebe.«

»Ein bissle Liebe …« Er lachte und schob seinen Hut

zurück, trat in den Stall und lief ein paar Schritte den Futtergang entlang, wobei er seinen rechten Fuß ein wenig nachzog. Vor der Kuh blieb er stehen. Er kaute auf einem Strohhalm. »Pass auf, dass sie nicht auswirft.«

»Keine Sorge.« Ich bückte mich, fuhr mit leichtem Strich an den Beinen der Kuh hinab und lobte sie, weil sie stillhielt. »Bist ein braves Vieh.«

Der Egon beugte sich vor. Sein Atem roch nach Tabak. Sein Blick war freundlich und er sah aus, als hätte er alle Zeit der Welt. »Aber es ist doch bloß ein Vieh.«

Ich richtete mich auf. »Auch ein Vieh merkt, ob man's gern hat oder nicht.« Eine Schwalbe segelte über unsere Köpfe hinweg. »Und in der Früh saubere Kühe austreiben, das hab ich schon immer mögen.«

Der Egon nahm den Strohhalm aus dem Mund und deutete damit auf mich. Er trug eine blaue Arbeitshose und das karierte Hemd mit den aufgekrempelten Ärmeln. Auf seiner Wange war ein blutiger Kratzer; er hatte sich rasiert. »Du bist eine rechte Bäuerin, was?« Etwas Seltsames lag in seiner Stimme. Einen Moment war ich nicht sicher, ob er mich nicht verspottete.

»Ich schaff halt gern.« Ich nahm den Eimer. »Und auf einem guten Hof sollte das Vieh gesund und sauber sein.«

Er trat einen Schritt zurück und ließ mich vorbei. Ich leerte den Eimer in die Güllegrube. Er warf den Strohhalm fort, zog seinen Hut ins Gesicht, murmelte etwas, was ich nicht verstand, und wandte sich um. Leicht vorgebeugt, die linke Schulter ein wenig tiefer als die rechte, lief er aus dem Stall und verschwand im hellen Licht. Erst jetzt bemerkte ich, dass ganz hinten im Stall der Georg ein Braunvieh putzte. Den Kopf gesenkt, den Oberkörper unermüdlich vor- und zurückschaukelnd stand er dort, bürstete die Kuh, und die schien daran gewöhnt, denn sie hielt ganz still. Ich nahm eine Kuhglocke von einem Haken an der Stallwand, öffnete die Schnalle an ihrem Gurt und legte ihn der Kuh um. Mit einem Zipfel meiner Schürze polierte ich die Glocke. »Jetzt siehst richtig fein aus.« Die Kuh senkte den Kopf und kaute.

Ich putzte die anderen Kühe und legte ein paar von ihnen ebenfalls Glocken um; es reichte, wenn eine Kuh eine Glocke trug, weil die Herde ihr dann folgte, doch ich mochte das Geläut. Das Vieh wurde allmählich unruhig, die Kühe stießen einander an, reckten die Köpfe, muhten. Im Winter hatten sie im Stall gestanden, Heu, Mehl und Rüben gefressen; jetzt merkten sie, dass ich sie auf die Weide treiben würde. »Bist fertig, Dora?«, rief die Bäuerin von draußen.

»Ja.« Ich nahm einen Stecken.

Die Bäuerin trug eine geweihte Kerze in den Stall und hielt schützend die Hand um die Flamme. Auch der Bauer, die Oma, der Opa, der Jakob kamen und sie riefen nach dem Georg. Der Bauer zündete Weihrauch an, das brachte Glück. Er faltete die Hände.

Herr, bewahre uns vor Unglück, schütze das
Vieh und hilf, dass ihm nichts Böses geschieht.
Amen.

Er betete noch ein Vaterunser und alle bekreuzigten sich. Die Kühe muhten, drängten, traten auf der Stelle. Ich löste die Kette der Kuh, die ich zuerst geputzt hatte. »Die Rosa ist unsere Beste.« Die Bäuerin strich ihr über den Rist. »Die gibt die meiste Milch.« Die Flamme der Kerze flackerte. »Pass gut auf sie auf«, sagte sie leise.

»Freilich.« Ich löste die Ketten der anderen Kühe. Manche schlugen mit den Hinterbeinen aus, stießen einander an den Schultern. Sie drängten aus dem Stall und der

Jakob und ich trieben sie mit Stecken und gaben acht, dass sie zusammenblieben. Eine Kuh, die Linda, war trächtig, sie bewegte sich langsam und behäbig.

Der Hund lief mal voraus, mal hinterher. Er schnüffelte an Büschen und Bäumen, hob sein Bein, wühlte in der Erde, jagte einem Hasen nach. Immer wieder blieb er stehen, spitzte die Ohren, schoss im nächsten Augenblick davon, kam eine Weile später zurück, sprang hechelnd an dem Jakob oder an mir hoch, strich uns um die Beine. Er war jung und verspielt, um das Vieh scherte er sich nicht und die Kühe scherten sich nicht um ihn. Sie trabten den Pfad hinunter zur Weide, schnaubten, und ab und zu keilte eine vor Freude aus. Die Sonne schien, ein paar weiße Schlierenwolken zogen über den Himmel, es roch nach frischem Gras und wilder Kamille. Wir trieben die Herde zu einer Baumgruppe, dort hatten sie später ein wenig Schatten. Sie senkten die Köpfe, rupften, kauten, malmten, und ich setzte mich auf einen Baumstumpf und sah ihnen eine Weile zu. Dann lief ich zurück zum Hof, während der Jakob als Hütebub draußen blieb.

Am Nachmittag kehrte ich zurück. Ein paar Kühe lagen im Gras, ab und zu schlug eine mit ihrem Schwanz nach Fliegen. Die Rosa graste unter einem Ahornbaum. »Wo ist die Linda?«

»Da drüben.« Der Jakob deutete auf einen Heustadel.

Die Linda lag im Gras und wälzte sich. Unter ihrem Schwanz schaute etwas Helles, Feuchtes hervor – ein Stück Fruchtblase. Ich kniete nieder, strich der Kuh übers Fell, sie hob den Kopf und sah mich an, mit wehem Blick. Ein Schauer lief mir über den Rücken. Viele Kühe brachten ihre Kälber allein zur Welt, doch ich würde bleiben und helfen, wenn es nötig war. Ich hob Lindas Schwanz. Ihr riesiger Leib zuckte und bebte. Die Wehen hatten bereits eingesetzt und sie schwitzte, presste, muhte und sank jedes Mal erschöpft ins Gras, doch kurz darauf setzte schon die nächste Wehe ein. Eine Klaue schob sich heraus, ein Bein, ich griff danach und rutschte ab, das Fell war nass und glitschig. Ich rupfte Gras ab, wischte über das Bein, versuchte es mit der nächsten Wehe ein Stück weiter herauszuziehen. Die Linda brummte, muhte und presste. Mit einer der nächsten Wehen rutschte der Kopf heraus. »Gut gemacht, das Schwerste hast hinter dir.« Ich streichelte die Kuh und hielt den Kopf des Kalbs und zog es mit jeder Wehe weiter heraus in die Welt. Ich strich ihm den Schleim aus den Nasenlöchern und rieb seine Brust ab, um den Kreislauf in Gang zu bringen. Die Linda atmete schwer, doch sie richtete ihre Vorderbeine auf, stemmte sich hoch und begann sofort, ihr Junges, das still am Boden lag, abzuschlecken, es sah beinahe aus, als würde sie es fressen.

Da tat das Kalb seinen ersten Atemzug.

Es hob den Kopf, schüttelte sich, seine weichen Ohren wackelten. Es war so braun wie seine Mutter und hatte einen schmalen weißen Fleck auf der Stirn, sein Fell glänzte feucht. Mir standen Tränen in den Augen. Die Linda leckte ihrem Kalb den Bauch, die Stelle, wo die Nabelschnur gerissen war, und muhte unablässig. Ich stand auf. Auch das Kalb versuchte aufzustehen, doch seine Beine knickten weg, es fiel ins Gras. Die Mutter stupste es, das Kalb versuchte erneut auf die Beine zu kommen, ich half ein wenig, schließlich stand es und sah sich um. Die ersten Fliegen umkreisten sein Maul, landeten auf seinen Nüstern. Es stieß seinen Kopf gegen den Leib seiner Mutter, sanft stupste sie es Richtung Euter, es fand eine Zitze und saugte gierig die erste Milch. »Ich nenn dich Ella«, sagte ich, streichelte das Junge und klopfte der Linda, die die Nachgeburt fraß, stolz auf die Flanke.

Die anderen Kühe rupften Gras oder lagen in der untergehenden Sonne, als wäre nichts geschehen. Manche muhten, ihre Euter waren prall. Der Jakob hockte im Gras und kaute auf dem Stengel einer Kleeblume. Als er das Kalb sah, sprang er auf.

Wir warteten noch eine Weile, bis wir die Herde heimtrieben. Das Kalb lief bereits allein. »Wenn du wüsstest, wie lange ich meine Geschwister herumgetragen habe, bis sie laufen konnten.« Ich kraulte seine Ohren. Es sah mich an und gab einen Laut von sich, der eher nach einem Blöken klang als nach einem Muhen.

Auf dem Hof fütterten die Bäuerin und die Oma die Hühner. Der Bauer mistete im Kuhstall und der Egon warf frisches Stroh vom Heuboden herunter. »Wo kommst jetzt her?«, fragte der Bauer ungehalten. »Das Vieh muss längst gemolken werden.«

»Die Linda hat gekalbt.«

»Warst dabei?«

Ich nickte stolz, als hätte ich selbst ein Junges zur Welt gebracht. Der Bauer stellte die Mistgabel beiseite und betrachtete das Kalb von allen Seiten. »Das ist viel zu klein«, sagte er. »Und wieso hast du es nicht getragen?«

»Weil es alleine laufen kann.« Ich holte Luft; jedes Kalb konnte etwa eine Stunde nach der Geburt laufen.

»Es ist viel zu schwach.« Der Bauer hielt den Kopf des Kalbs, schaute ihm ins Maul. »Das überlebt doch nicht.« Er spuckte aus.

»Du verstehst nichts von Kühen«, schnaubte die Bäuerin. Wütend starrte der Bauer sie an. Sie starrte zurück. »Du … hast … keine … Ahnung …« Sie spuckte jedes Wort aus wie ein fauliges Stück Obst.

Der Bauer sah sich um und blickte in das spöttische Gesicht seiner Schwiegermutter. Der Opa stand da, als gehöre er nicht dazu. Auch der Egon schwieg, fuhr nur mit seiner Stiefelspitze durch den Staub; auf seiner Stirn sah ich die schmale Falte. Ich wollte in keinen Streit geraten und trieb die Kühe in den Stall, legte sie an ihre Ketten. Der Georg hockte im Stroh und schaukelte. Ich winkte ihm, doch er reagierte nicht. Ich bereitete dem Kalb ein weiches Bett, dann nahm ich einen Eimer und einen Melkschemel und begann, die Kühe zu melken.

Später kam die Oma und hockte sich unter ein Braunvieh. »Meine Tochter ist ein tüchtiges Weib, aber mein Schwiegersohn ist ein Schwätzer.« Mit geschickten Händen strich sie über die Zitzen und die Milch spritzte. »Weißt, Mädle, der Oskar war ein Hühnerhändler, bevor er die Martha geheiratet hat. Hat Hennen und Gockel verkauft und Eier, und das auch noch schlecht. Nicht einmal einen eigenen Hof hat er gehabt, in einem winzigen Häusle mit nur einem Zimmer hat er müssen wohnen.«

Ich stand auf und nahm den Eimer. Drüben im Haus hörte ich den Bauern und die Bäuerin streiten. Ich dachte an den Jakob; er tat mir leid, er war erst acht.

»Und den Egon hat er auch mitgebracht«, sagte die Oma und schwenkte ihren Eimer.

»Der Egon ist der Sohn vom Bauern?«

»Der Oskar war Knecht auf einem Hof, und eines Tages war die Magd in anderen Umständen. In der Früh, auf dem Weg zum Futtergrasschneiden, hat sie die Wehen gekriegt und ihr Kind zur Welt gebracht, im Straßengraben. Als alle wieder auf dem Hof waren, hat der Oskar müssen einspannen und das Kind zu seiner Mutter bringen. Der Bauer hat es so wollen.« Die Oma goss ihre Milch in die Kanne.

Ich holte Luft. Ich dachte an unsere erste Begegnung, an Egons Worte, dass es in jeder Familie ein Geheimnis gab.

»Der Bub ist bei seiner Oma aufgewachsen, aber viel hingebracht hat das Weib nicht. Der Egon taugt so wenig wie sein Vater.«

Jäh fuhr ich herum und hätte beinahe die Kanne mit der Milch umgestoßen.

An einem Sonntag Ende Juni 1948 kam die Schwester der Bäuerin, die Futscher Maria, mit ihrer Familie aus Ottmannshofen zu Besuch.

Ich stand in der Küche und schnitt einen Hefezopf auf. »Ja, Dora …« Die Maria schloss mich in die Arme, ich hatte kaum Zeit, mir die Hände abzuwischen. »Wie lang haben wir uns nicht gesehen?«

»Zwölf Jahre«, sagte ich und trat einen Schritt zurück. Um ihre Augen hatten sich Falten eingegraben, doch sie leuchteten noch immer grün wie das Wasser in einem Weiher im Wald. Ein kleines Mädle zupfte an ihrem Rock, zwei größere standen abseits im Türrahmen. Im Hausgang sah ich einen hochaufgeschossenen Buben. »Jakob!« Ich schlug die Hand vor den Mund. »Bub, was bist groß geworden. Ich hätt dich fast nicht wiedererkannt.«

Er lächelte, brav und etwas verlegen.

»Wie alt bist jetzt?«

»Zwölf.«

»Freilich, so ein kleines Butzele bist gewesen, als ich bei euch geschafft hab …« Ich wischte eine Träne fort.

»Grüß dich, Dora.« Der Futscher-Bauer nahm seinen Hut ab. »Hast dich ja gar nicht verändert.«

»Nur die Haare sind ab«, sagte die Maria.

»Fein«, sagte der Futscher Ullrich und lachte. Er war noch immer ein kräftiges Mannsbild mit knochigem Gesicht und einem spitzen Kinn. »Aber gewachsen bist nicht.« Er zwinkerte.

»Schaffen kann ich trotzdem«, gab ich zurück und streckte die Schultern. Er musterte mich, wie er mich an jenem Schmerzhaften Freitag anno 1936 in der Stube seines Hauses gemustert hatte, doch es lag nichts Argwöhnisches mehr in seinem Blick. »Ich weiß, Dora, ich weiß.« Er rieb sein Kinn. An seiner Weste hing die Uhrkette.

»Wie alt warst damals?«, fragte meine Bäuerin. Das kleine Mädle schmiegte sich an seine Mutter und verbarg sein Gesicht in dem dunklen Stoff ihres Kleides.

»Sechzehn.« Ich dachte daran, wie ich am Nikolaustag im Stall gesagt hatte: Ich bleib, wenn die Obermagd geht.

Die Maria stellte einen Korb auf den Küchentisch. Sie zog ein Tuch beiseite und hob einen Guglhupf heraus. »Seit's das neue Geld gibt, kannst wieder Obst und Konserven und Mehl kaufen. In der Stadt sind die Auslagen der Geschäfte voll, Lebensmittel gibt's, Schuhe, Kleider, alles.«

»Aber teuer ist's.« Ihre Schwester nahm Teller und Tassen aus dem Schrank.

»Eier haben gestern fünfmal so viel gekostet wie vor einer Woche, bevor sie das neue Geld ausgegeben haben. Ich bin froh, dass wir Hennen haben.«

Die Bäuerin seufzte und trug das Geschirr in die Stube, wo die Mannsbilder und der Futscher Jakob am Tisch saßen und der Gaile Jakob und die Mädle vor der Ofenbank und der Kiste mit den Katzenjungen hockten. »Wie geht's der Zenz und der Zilli?«, fragte ich.

»Wie immer.« Die Maria schob den Kuchen auf ein Brett und griff nach dem Messer, um ihn aufzuschneiden.

»Und was … ist aus der Obermagd geworden?«

Sie sah auf, zögerte einen Moment und lächelte. »Sie hat geheiratet. Manchmal treff ich sie auf dem Markt.« Im Hausgang schlurfte die Oma die Stiege herab und ich nahm eine Kanne mit Wasser, um frischen Malzkaffee zu kochen.

Während alle in der Stube um den Tisch saßen, Kuchen aßen und schwätzten, wanderte mein Blick immer wieder zu den Schwestern. Die eine war schmal und blond, die andere kräftig und dunkel, doch beide hatten einen entschlossenen Zug um den Mund. Beide hatten ihren ersten Sohn Jakob genannt. Und beide hatten ganz unterschiedliche Männer geheiratet. Die Maria hatte einen tüchtigen Bauern gewählt, ein Mannsbild, das zupackte. Die Martha hatte einen gewählt, der jeden Sonntag einen Anzug trug und sich im Stall nicht sehr geschickt anstellte.

Ich schenkte frischen Kaffee ein und stellte die Kanne auf den Ofen. Der Futscher-Bauer gab Milch in seine Tasse. »Wie lange hast angestanden, um dein Kopfgeld zu holen?«, fragte er seinen Schwager.

»Den halben Tag.« Der Gaile-Bauer strich über seinen sorgfältig gekämmten Schnurrbart. »Und ich frag mich, was ich mit vierzig D-Mark anfangen soll. Allein die Dora kostet mich jeden Monat fünfundzwanzig Mark.« Er zog ein Etui aus seiner Jackentasche und nahm eine Zigarette heraus. »Die Maschinen, der Hof, das ganze Vieh – niemand weiß, was das jetzt wert ist.«

Der Futscher Ullrich trank einen Schluck Kaffee, der Gaile Oskar zündete die Zigarette an. Ich biss in eine Scheibe Guglhupf und zupfte eine getrocknete Weinbeere heraus. »Als sie im Radio gesagt haben, wann's neue Geld kommt«, sagte der Ullrich und lehnte sich zurück, »da kam ein Nachbar, der zwei Mutterkühe bei mir gekauft hatte. Er wollt schnell noch seine Schulden mit Reichsmark bezahlen.« Er lachte und schlug auf den Tisch, dass die Tassen klirrten. »Der Hund!«

Der Gaile-Bauer rauchte und blies blaue Wolken in die Luft. »Immerhin verschwindet der Schwarzmarkt, wenn's in den Geschäften wieder was zu kaufen gibt.« Neben ihm auf dem Kanapee stopfte sich der Egon Kuchen in den Mund. Als hätte er meinen Blick bemerkt, sah er auf. Ich errötete und senkte den Kopf. »In ein paar Wochen wollen sie die Kurse für die Umstellung der Sparbücher bekanntgeben.« Der Gaile-Bauer strich einen Fussel von seinem Anzug. Der Futscher Ullrich zog die Uhr aus seiner Westentasche und ließ den Deckel aufschnappen. Alle hatten Angst, ihre Ersparnisse zu verlieren, ich auch, darum hatte ich beschlossen, mein Sparbuch dem Vater zu bringen, der würde sich kümmern. Der Gaile-Bauer blies einen Schwall Rauch aus. Der Jakob hustete.

Am Nachmittag spannte der Futscher Ullrich die Gäule ein. »Müsst ihr schon wieder heim?«, fragte die Martha und umarmte ihre Schwester. Die Maria zuckte mit den Schultern.

»So war's damals auch«, sagte ich. »Der Kaffee war noch warm, da bin ich bei den Eltern schon wieder aufgesprungen, um rechtzeitig zum Melken in Ottmannshofen zu sein. Und die Obermagd hat's jedes Mal kontrolliert, als wär sie die Obrigkeit.«

»So ist's halt auf einem Hof.« Die Maria hielt ihre kleine Tochter auf dem Arm und strich ihr eine Locke aus dem Gesicht. »Willst ein freies Wochenende haben, musst in die Stadt gehen zum Schaffen.« Sie hob das Mädle aufs Fuhrwerk und stieg auf den Bock. Der Jakob half seinen Schwestern beim Aufsteigen. Sein Vater schnalzte, die Gäule zogen an und trabten den schmalen Weg vom Hof vor zur Dorfstraße und die Bäuerin und ich liefen mit und winkten und sahen zu, wie das Fuhrwerk den Hügel hinunterfuhr, am Gasthof Krone mit den vielen grünen Fensterläden vorbei, vorbei an der Abzweigung, die in die Viehweid und zum Hinterweiher führte, bis es schließlich hinterm Pfarrstadel beim Dorfplatz in der Kurve verschwand.

Die Bäuerin ging ins Haus. Ich nahm mein Fahrrad und fuhr heim, um dem Vater mein Sparbuch zu bringen.

Der Bauer hockte missmutig auf dem Fuhrwerk, die Bäuerin, ihre Eltern und ich liefen hinterher. Der Jakob sprang mit dem Hund über die Wiesen und der Egon schob einen Karren, darin stand ein Korb mit Brot und Käse und Most. Am Himmel zogen ein paar Wolken vorüber. Es war warm. Am Wegrand blühte wilde Kamille, auf den Weiden grasten Kühe, das Geläut ihrer Glocken tönte wie Musik über die Hügel und die Amseln sangen.

Die Wiese lag am Fuß eines Hügels. Der Bauer stieg vom Bock. Am Rain kniete er nieder und fuhr mit den Fingern durchs Gras. Die Oma bückte sich ebenfalls, befühlte die Halme und sagte: »Das ist schon recht.«

Der Bauer fuhr hoch. »Weißt wieder alles besser?«

Ich wetzte meine Sense. Das Gras war weich unter meinen Füßen und noch feucht von der Nacht, Löwenzahn blühte und Klee. Ich holte aus und mähte. Das Gras fiel wie dahingeweht. Der Egon schloss auf, er holte weiter aus, mähte in größeren Bögen, bald zog er an mir vorbei. Ich mähte schneller. »Überschlag dich nicht!«, rief die Oma. »Sonst rammst die Sense noch in den Boden.«

»So ungeschickt bin ich nicht.« Ich schaute mich um, doch statt der Oma traf mein Blick den Bauern, der seine Sense wetzte. Ich biss mir auf die Zunge.

»Bist halt klein, da geht's nicht schneller«, giftete die Oma.

»Lass, Mutter«, sagte die Bäuerin. Der Hund sprang durch das Gebüsch am Rain, schnüffelte an jedem Stein, blickte sich hechelnd um. Der Jakob lief ihm hinterher. Der Wind rauschte durch die Apfelbäume, ihre Blätter knisterten, ihre weißen Blüten leuchteten. Ich sog den Duft des frisch gemähten Grases ein und sah dem Egon zu, der zügig mähte. Wenn er schnell lief, hinkte er. Sein rechter Fuß war steif, eine Verletzung aus dem Krieg.

»Los, Dora, du schaffst ja nichts!«, rief der Bauer.

»Schau, was wir schon geschafft haben, während du bloß deine Sense wetzt«, rief die Bäuerin.

»Das alte Ding taugt nichts.«

»Ich komm gut mit ihr zurecht«, sagte die Oma. »Willst vielleicht meine haben?«

Der Bauer brummte etwas und der Egon zog in immer schnelleren Bewegungen über die Wiese. In der Ferne sah ich den Geislinger-Bauern mit dem Traktor über seine Wiesen fahren. Nach Martini hatte ich ein paarmal die Fanny besucht, ihm war ich nie begegnet. Es hätte mir nichts ausgemacht, ich hatte mir nichts vorzuwerfen; doch er ging mir aus dem Weg.

»Bist schon eine rechte Bäuerin.« Der Egon stand am Rain, im Schatten eines Apfelbaums, die Hände auf die Sense gestützt. Sein Hemd war offen und in seinem Gesicht sprossen Bartstoppeln.

»Hast dich wieder nicht rasiert?« Ich biss mir auf die Lippe; es war mir so herausgerutscht. Er fuhr sich mit der Hand über die Wange. Wieder klang es, als schabe er über ein Stück Rinde. Er lachte und sein Gesicht war voller Grübchen. Ich streckte den Rücken und schlug nach einer Fliege. Der Himmel war jetzt blau wie Enzian.

Ich nahm die Sense und mähte weiter.

Nach einer Weile hatten wir genug Gras gemäht und luden es auf. »Was nicht auf den Wagen passt, holen wir morgen«, sagte der Bauer.

»Das fahren wir alles heut ein«, sagte die Bäuerin.

»Den Rest holen wir morgen, sag ich!« Der Bauer spießte die Heugabel in den Boden und trat gegen einen Stein, der in hohem Bogen davonflog.

»Das ist Futtergras und das fahren wir heut ein«, sagte die Oma. Der Bauer stieg auf den Bock. Die Bäuerin griff nach einem Rechen, der am Wagen lehnte, im selben Moment trieb der Bauer die Gäule an und sie stolperte.

»Sakrament!«, schrie der Opa. »Bleib stehen!«

Der Bauer drehte den Kopf, rief: »Das Gras holen wir morgen, hab ich gesagt!« und hieb mit der Geißel auf die Gäule ein.

»Gockelhändler!«, schrie die Oma.

Ich wandte mich ab.

»Komm«, sagte der Egon, »wir laufen heim, holen ein Fuhrwerk und fahren das Futtergras allein ein.«

Die Sensen geschultert, stapften wir quer über die Wiesen. Drüben auf dem Weg liefen schimpfend die Bäuerin und ihre Eltern. Der Egon fuhr sich mit der Hand über die Wange, er lachte leise. Er zog eine Zigarette aus seiner Tasche, strich sie glatt, roch daran und klemmte sie hinters Ohr. »Gehst heut Abend mit zum Hinterweiher?«

Der Hinterweiher

Die Sonne war schon hinter den Hügeln verschwunden und über den Wiesen lag oranges Licht. Am Ufer raschelte Schilf, ein Käuzchen schrie. Ich lehnte mein Fahrrad an den Stamm einer Birke und sah mich um. Ich war spät dran; nachdem ich die Milch zur Käserei gebracht hatte, hatte die Bäuerin mir aufgetragen, die Stube zu putzen, weil Besuch käme, jetzt war es fast neun Uhr. Ich schob die Zweige beiseite und schlüpfte zwischen den Bäumen hindurch hinunter zum Wasser. Der Weiher schillerte dunkelgrün. In der Nähe des Ostufers trieb ein leeres Boot. Falter flatterten durch die Dämmerung und es roch nach Jasmin. Ich strich über mein Kleid und hockte mich ins Gras.

Die Luft war angenehm kühl. Ich ließ einen Marienkäfer über meine Hand spazieren und dachte daran, wie ich mit dem Sepp hergekommen war, als er klein gewesen war und ich ihn stets hatte hüten müssen. Inzwischen war er neunzehn, schaffte als Maurer und half dem Vater auf dem Hof. Er sang gern; wenn er die Milch fortbrachte, lief er singend durch den Wald. Er spielte Schlagzeug in einer Kapelle und trat auf Festen auf. Die Weiber liefen ihm hinterher.

Im Boot richtete sich jemand auf. Es war der Egon. Er winkte und griff nach den Rudern. Wellen schlugen ans Schilf, als er aufs Ufer zuhielt, er legte sich mächtig ins Zeug. »Magst ein bissle Boot fahren?«, rief er, als er heraussprang. Wasser spritzte. Er hatte seine Hosen hochgekrempelt. Er hatte ziemlich große Füße.

Ich schüttelte den Kopf. »Lieber behalt ich Boden unter den Füßen.«

»Hast Angst?«

»Nein, aber ich steh lieber fest.« Er zog das Boot über den lehmigen Grund ans Ufer, es rutschte und kippte zur Seite. Er warf die Ruder hinein, lief die Böschung hoch und ließ sich neben mir ins Gras fallen. Er roch nach Wasser und Moor.

Eine Weile saßen wir schweigend nebeneinander und schauten aufs Wasser, das langsam seine Farbe veränderte, bis es fast schwarz war.

»Wie gefällt's dir auf dem Hof?«

Ich zuckte mit den Schultern.

Der Egon bohrte seine Zehen in den weichen Boden. Er lachte, doch es klang nicht fröhlich. Ich wusste nicht, was ich sagen sollte, also sagte ich nichts und wartete ab. Ein grün schillernder Käfer krabbelte über mein Bein, ich wischte ihn fort. Zwischen den Fichten stieg Dunst auf. Der Egon wandte sich um und sah mich an. Er war unrasiert und seine buschigen Augenbrauen standen wild ab. »Du denkst, der Bauer ist ein Hund, stimmt's?«

Ich spürte, dass ich rot wurde.

»Macht doch nichts.« Er lachte und diesmal klang es unheimlich. »Das denken ja alle.«

Ich rückte ein Stück zur Seite. Er bemerkte es und griff nach meinem Arm. Sein Griff war fest, er tat mir weh. »Es macht nichts, denn es stimmt«, zischte er. »Er hat keine Ahnung und er ist ein Hund.«

»Aber …« Ich zog meinen Arm zurück und starrte aufs Wasser, mein Mund war trocken.

»Aber?« Der Egon lehnte sich zurück. So plötzlich wie er aufgebraust war, war er wieder still.

»Nun …« Ich schluckte und holte Luft. »Er stellt sich wirklich nicht sehr geschickt an, aber ich bin noch nicht lang auf dem Hof, vielleicht irre ich mich.« Ich wusste, dass die Bäuerin diejenige war, die den Hof führte, doch es war mir peinlich, das vor dem Egon zu sagen. Immerhin war der Bauer sein Vater.

Der Egon stand auf und nahm einen Stein vom Boden. Er holte aus und warf ihn flach übers Wasser, der Stein hüpfte ein paarmal über die Oberfläche, bevor er versank. »Immerhin bin ich sein Sohn, darum magst nicht sagen, was du denkst, stimmt's?« Er sah mich an. Mir war heiß, mein Gesicht brannte.

»Ja«, sagte ich leise.

»Es muss dir nicht peinlich sein. Alle wissen, dass er nichts taugt.« Er warf noch einen Stein übers Wasser. »Und ich tauge auch nichts – jedenfalls sagen das die Leut.«

»Nein …« Ich wusste nicht, was ich sagen sollte. Ich wünschte, ich wäre gar nicht hergekommen. Eine Fledermaus flog vorbei.

»Dabei bin ich eigentlich ganz nett.« Der Egon hockte sich wieder neben mich ins Gras. Sein Atem roch nach Tabak, obwohl ich ihn noch nie eine Zigarette hatte rauchen sehen. Er pflückte eine Butterblume. »Ich bin eigentlich wirklich ganz nett.« Er steckte mir die Blume ins Haar.

Ich stand auf. »Ich muss jetzt gehen. Es ist schon dunkel.« Ohne abzuwarten, was er tat, lief ich über die Wiese und die Böschung hinauf zu meinem Fahrrad.

Ende August, als das Korn eingefahren war, feierte Herlazhofen ein Fest. Daheim lud die Mama Verwandte ein, und auch die Bäuerin erwartete Besuch und ich putzte das Haus. Sie war keine begeisterte Köchin, darum zeigte ich ihr mein Kochbuch. Sie blätterte darin, seufzte, las, runzelte die Stirn, schüttelte schließlich den Kopf. »Das ist zu aufwendig«, sagte sie. »Und zu teuer.«

Ich hatte längst bemerkt, dass sie sparsam war mit Zutaten. An manchen Tagen gab es kaum mehr als Mehlbrei zu essen.

»Wir machen Kässpätzle und ein paar Apfelküchle.«

Ich steckte das Heft in meine Schürzentasche und zuckte mit den Schultern.

Am Morgen des Festtags wusch ich mich, als ich aus dem Stall kam. Ich zog das weiße Kleid mit dem Blumenmuster an, kämmte mein Haar, das sich in kleinen Locken kringelte. und schlüpfte in ein paar flache Schuhe. Ich schaute in den Spiegel – ich war zufrieden.

Zum Gottesdienst kamen die Eltern ins Dorf und wir trafen uns auf dem Kirchplatz, wo bereits ein Karussell aufgebaut war. Nach der Prozession lud der Vater uns auf einen Sprudel ins Gasthaus ein. »Kommst noch mit heim, Mädle?« Die Mutter strich über meine Locken.

»Ich bin eingeladen.«

»Wer hat dich eingeladen?«, fragte die Monik.

»Geht dich nichts an.«

»Aha, ein Verehrer.«

Ich strich einen Fussel von meinem Kleid.

»Wer ist's denn?« Die Monik schüttelte ihr Haar.

»Du kennst ihn sowieso nicht.«

»Wer weiß ...« Keck sah sie mich an. Auch die Mutter schaute mich an, mit leisem Glanz in den Augen. Nur der Vater schaute drein wie immer und kaute auf einem Zigarrenstumpen. Ich stand auf und suchte meine Tasche. »Amüsier dich, Mädle«, sagte die Mutter und steckte mir unterm Tisch zwei Mark zu. »Und komm bald wieder heim.«

Als ich aus dem Adler trat, blendete mich die Sonne. Mit der Hand schirmte ich meine Augen ab und sah über den Platz. Gegenüber der Bäckerei spielte der Sepp mit einer Blasmusikkapelle, ein paar Leut tanzten. Am Eingang zur Kirche stand der Geislinger-Bauer mit dem Bürgermeister. Ich nahm meine Tasche und lief zum Wurststand. Der Pfarrer ließ sich grad eine Wecke reichen und der Mesner, eine dicke Zigarre im Mund, hob einen Krug Most. Ich sah den Gaile-Bauern, der an der Theke stand, in der Rechten ein Glas, mit der Linken strich er über seinen Schnurrbart. Der Schmied redete eifrig und wild gestikulierend auf ihn ein. Ich traf Nachbarn und Bekannte, blieb hier und da stehen, schwätzte, lief weiter. Am Karussell drängten sich die Leut und die Geislinger Fanny winkte ihren Kindern, der Sofie und dem Ludwig, die auf hölzernen Kettenpferden ritten. Ich lief weiter und wieder hinauf zur Blasmusikkapelle. Die Trompeten und Posaunen der Musiker glänzten in der Sonne. Ich entdeckte die Schwester der Fanny, die Helene, sie winkte, ich winkte zurück. Etwas abseits lehnte ich mich an eine Hauswand. Die Sonne schien mir ins Gesicht. Die Kapelle spielte *Tirol, du bist mein Heimatland* und ich wippte im Takt mit. Der Wilhelm, der Knecht vom Müller, prostete mir zu, und als er sah, dass ich nichts zu trinken hatte, verschwand er und kam gleich darauf mit einem Glas Most zurück. »Wie geht's der Monik?«, fragte er.

»Gut«, sagte ich. »Sie sitzt mit den Eltern im Adler.« Ich prostete ihm zu. Die Kapelle spielte *Ein Prosit der Gemütlichkeit* und der Wilhelm zog an seiner Zigarette.

Da sah ich ihn.

An der Treppe zum Friedhof stand der Egon. Er trug einen guten Anzug und einen Hut. Er hatte sich rasiert, sogar seine Schuhe waren geputzt. Neben ihm stand die neue Magd vom Geislinger-Hof. Sie war sehr jung und hochgewachsen. Sie trug ein rotes Kleid mit weißen Tupfen und weiße Schuhe mit Riemchen und Absätzen. Ihr dunkles Haar war hochgesteckt und ein paar Strähnen kringelten sich um ihr Gesicht. Sie lächelte.

Und der Egon lachte, dass seine Grübchen blitzten.

»Da bist ja, ich hab dich überall gesucht«, rief eine Stimme und ich fuhr herum. »Wo hast bloß gesteckt?«

»Hier.« Ich richtete mich auf und wischte den Staub aus meinem Gesicht. »Ich dresch schon den ganzen Morgen.«

»Im Stall brüllt das Vieh.« Der Bauer stolzierte durch die Scheune wie ein nervöser Gockel. »Du musst sofort melken gehen.«

»Aber wir haben die Kühe in der Früh gemolken und

jetzt ist es Mittag«, antwortete ich. Die Bäuerin schlug die Augen zum Himmel. Die Oma nahm eine Garbe Roggen.

»Du gehst jetzt melken!«, rief der Bauer.

»Es wird nichts rauskommen«, sagte die Bäuerin.

»Ach, weißt schon wieder alles besser? Hast du das Vieh brüllen hören oder ich?«

»Vieh brüllt manchmal, das ist normal.« Die Oma legte den Roggen in den Trichter der Dreschmaschine und ich drehte die Kurbel, die das Rad im Inneren antrieb, ohne weiter auf den Bauern zu achten. Ich konnte es nicht mehr hören, die ständigen Streitereien waren eine Strafe.

»Herrschaftszeiten, wer ist hier der Bauer?!« Er stampfte mit dem Fuß auf wie ein wütender Bub.

»Dass du der Bauer bist, heißt nicht, dass du auch weißt, wie man einen Hof ordentlich führt.« Die Stimme der Oma war leise und schneidend.

Der Bauer wurde blass. Er packte mich am Arm, zog mich mit sich. »Du fährst jetzt und holst den Tierarzt.«

»Was in Gottes Namen soll der Tierarzt hier?«, rief die Bäuerin und beinahe hätte sie den Kasten mit der Spreu umgestoßen.

»Sie fährt und holt den Tierarzt und der wird sagen, ob es seine Ordnung hat, wenn die Kühe brüllen.«

Ich wusste nicht, was ich zu so einer dummen Anweisung sagen sollte, doch ich wollte fort, und wenn er darauf bestand, holte ich eben den Tierarzt. Ich versuchte, mich aus seiner Umklammerung zu lösen. »Soll ich mit dem Fuhrwerk fahren?«

Der Bauer hielt inne, ließ mich los. Erstaunt sah er mich an, fast als sähe er mich zum ersten Mal. Dann schlug das Staunen in unverhohlene Verachtung um. »Du weißt«, sagte er, »ich lass dich nicht mit meinen Gäulen fahren.«

In dem Moment packte mich eine heilige Wut.

Ich rieb meinen Arm und starrte auf seine großen groben Hände. Mein Gesicht brannte, das Blut rauschte in meinen Ohren. »Ich mache alle Arbeit, ich schaff wie ein Knecht, aber ich darf nicht einmal mit den Gäulen fahren – als wär ich zu deppert dafür!«

»Das ist keine Arbeit für Weiber!« Der Bauer hieb mit der Faust auf die Dreschmaschine.

»Ich will wissen, warum in Gottes Namen der Tierarzt kommen soll?«, schrie die Bäuerin.

»Aber dreschen, das ist Weiberarbeit? Und misten, eggen, Heu laden, das ist alles Weiberarbeit und dafür bin ich nicht zu deppert, ja?«

»Jetzt reicht's! Ihr Weiber seid's doch alle narrisch!«

»Wir sind die Einzigen, die hier mit Verstand und Fleiß schaffen, ohne uns wär der Hof längst ruiniert«, zischte die Oma und legte scheinbar ruhig Roggen in die Dreschmaschine. »Du Gockelhändler!«

»Jetzt reicht's!« Wieder hieb der Bauer auf die Dreschmaschine und diesmal hätte er beinahe die Messer getroffen. »Und wo ist überhaupt der Egon?«

»Ja, wo ist denn der Egon?«, fauchte die Bäuerin.

»Wir haben deinen nichtsnutzigen Sohn noch nicht gesehen«, sagte die Oma. »Liegt er vielleicht im Bett und schläft einen Rausch aus?«

»Verfluchtes Weiberpack, hol euch der Teufel!« Der Bauer brüllte, dass es wohl das ganze Dorf hörte.

Ich hielt mir die Ohren zu und lief hinaus.

Am Abend zerließ die Bäuerin Fett in einer Pfanne, goss einen Liter Wasser darüber und rührte Mehl hinein, bis ein fester Brei entstand. Dann quirlte sie ein Ei darunter und trug die Pfanne in die Stube.

»Schon wieder Stopfer?« Der Bauer sah missmutig in die Pfanne. Die Bäuerin scherte sich nicht darum, holte ein Brot vom Vortag aus der Speis und setzte sich. Der Bauer sprach ein Tischgebet, und kaum hatten wir »Amen« gesagt, langten alle zu. Im Nu war die Pfanne leer. Hungrig stand ich vom Tisch auf.

»Schau nicht so, wir essen auch nicht mehr«, fuhr der Bauer mich an und wischte sich mit dem Ärmel über die Lippen. Der Opa rülpste. Stumm drehte ich mich um, trug die leere Pfanne und die schmutzigen Löffel in die Küche. Vor ein paar Tagen hatte mich der Bauer erwischt, als ich in der Speis ein Stück Brot abgebrochen hatte. Vor Wut hätte er beinahe ein Glas Wurst nach mir geworfen; im letzten Moment besann er sich und stellte das Glas vorsichtig zurück ins Regal.

Ich wusch das Geschirr, trocknete ab und holte Holz und Reisig, um in der Früh den Herd zu feuern. Dann nahm ich meine Jacke und lief hinüber zum Nachbarhof. Die Schwester der Geislinger-Bäuerin schnitt Rote Rüben in eine Schüssel. »Hast Hunger?«, fragte sie bloß.

Ich nickte. »Alle Tage gibt's Stopfer und es langt nicht einmal für alle.«

Sie wischte ihre roten Finger an einem Lumpen ab, ging in die Speis, kam mit einer zweiten Schüssel Rote Rüben und einem dicken Stück Brot zurück und stellte beides vor mich hin. Ich aß, bis nichts mehr übrig war.

Die Helene goss zwei Becher Most ein und setzte sich mir gegenüber. Mit vollem Bauch und beißender Wut starrte ich in meinen Becher. »Ich will nicht mehr als Magd gehen«, flüsterte ich. Sie zog eine Braue hoch und trank ihren Most.

Auf dem Heimweg sah ich, wie der Egon in der Dunkelheit die Dorfstraße hinunterlief. Beim Gasthof Krone blieb er stehen. Die Tür schwang auf, Musik drang auf die Straße, Licht fiel auf den dunklen Schotter. Zwei johlende Mannsbilder riefen Egons Namen, einer schlug ihm auf die Schulter, dann torkelten sie grölend weiter und der Egon verschwand in der Wirtschaft.

In dieser Nacht betete ich ein Vaterunser für die Mutter, eins für den Vater und eins für die Bäuerin. Für den Bauern betete ich keins mehr. Und für den Egon schon gar nicht.

Ich hatte geträumt und nur langsam begriff ich, dass die Kirchenglocke nicht im Traum schlug. Von der Dorfstraße hörte ich Stimmen und Schritte, Männer, deren Stiefel auf dem Schotter knirschten. Ich sprang aus dem Bett und lief zum Fenster.

Hinterm Pfarrhaus loderten Flammen.

Ich zog mich an, stürzte die Stiege hinab in den Hausgang und wäre beinahe mit der Bäuerin zusammengeprallt. Wir liefen in die Küche, griffen Eimer und Kessel, der Bauer zerrte einen Zuber unterm Fenster hervor. Draußen blies ein Wehrmann das Brandhorn. Wir liefen die Dorfstraße hinab, aus allen Häusern kamen die Leut, Hunde bellten, in den Ställen muhte das Vieh. Die Luft roch nach verbranntem Holz, nach brennendem Heu und Stroh. Wir liefen am Pfarrhaus vorbei, am Rathaus und bogen um die Kurve.

Vor uns lag der Diepolder-Hof, die Scheune brannte lichterloh.

Flammen schossen in den Himmel, Funken flogen und versengtes Holz barst. Die Luft flirrte vor Hitze. Die Wehrmänner zogen die Spritze über den Hof und rollten Schläuche aus, steckten sie zusammen, führten sie hinunter zum Löschteich. Nachbarn schleppten Eimer, kippten Wasser in die Flammen, doch das Feuer war so mächtig, es zischte nur und im nächsten Moment schossen die Flammen umso höher. Der Wind trieb das Feuer zum Wohnhaus, wo, das Gesicht verzerrt vor Schreck, die Diepolder-Bäuerin im Eingang stand. Wehrmänner riefen ihr zu, sie solle herauskommen. Verängstigte Kinder deuteten auf ein Fenster neben der brennenden Scheune, und als ich hochsah, entdeckte ich hinter einer Scheibe im ersten Stock einen Schatten, erkannte ich die Oma; mit weit aufgerissenen Augen und offenem Mund starrte sie in die Flammen. Die Kinder plärrten. Zwei Wehrmänner liefen ins Haus, ein anderer lehnte eine Leiter an die Hauswand, doch sie reichte nicht bis hinauf zum Fenster.

Vieh brüllte, Gäule wieherten, Sauen quiekten, Kühe rissen an ihren Ketten, ihre Angstschreie füllten die Luft. Der Bauer rannte in den Stall und ohne eine Sekunde zu zögern lief ich hinterher. Der Knecht riss die Riegel der Stalltüren auf, löste die Ketten der Kühe, ein paar Männer trieben sie mit Stecken, Besenstielen und Forken hinaus. Ich half, die Ketten zu lösen, schob mich zwischen Kühen und Kälbern hindurch, die panisch austraten, einander ihre Hörner in die Seiten stießen und muhten, dass man sich die Ohren zuhalten wollte. Weiter hinten im Stall drosch der Bauer auf seine Sauen ein, die sich quiekend in die Ecken drückten. »Wir müssen sie raustreiben!«, rief er. »Sie haben Angst, sie wollen den Stall nicht verlassen.«

Ich griff eine Mistforke. »Hinaus mit euch!«

»Raus mit euch, verdammte Viecher!«, schrie der Bauer, in seinem Gesicht Wut und Panik. Irgendwo stürzte ein Balken herab, krachte donnernd zu Boden, ein Weib schrie, ein Mann stöhnte. Die Gäule wieherten, ich hörte sie mit den Hufen auf dem nackten Boden scharren, auch ihr Stall war voller Rauch, ich hustete, meine Augen brannten, ich sah nichts, tastete mich vor, spürte ein Tor, suchte nach dem Riegel, doch er war zu hoch, ich reichte nicht heran. »Raus!«, rief der Bauer. »Raus, bevor es zu spät ist!« Irgendwo klirrten Fensterscheiben, jemand packte mich am Arm, zog mich mit. Hustend und blind taumelte ich ins Freie.

Der Hof war hell erleuchtet und voller Menschen, die sich bewegten wie in einem Traum. Ich sah den Löschzug, der aus Leutkirch gekommen war. Ich sah den Egon und den Opa, die halfen, Schläuche auszurollen. Die Wehrmänner aus dem Dorf hielten auf die Flammen, doch die wuchsen nur, schlugen immer höher. Die Bäuerin stand mit ihren Kindern abseits und betete zum Herrgott. Ein Huhn mit versengten Federn flatterte umher, ein Mädle versuchte, es zu fangen.

Es war das vierte Mal, dass der Diepolder-Hof brannte.

Der Wehrmann blies noch immer das Brandhorn, obwohl längst das ganze Dorf auf den Beinen war. Mit ein paar Buben lief ich hinter den Kühen her, trieb sie vom Hof und über die Straße auf eine Weide auf der anderen Seite vom Pfarrhaus. Mannsbilder versuchten, die panischen Schweine zusammenzuhalten, ein Eber wühlte im Obstgarten in der Erde, ein paar Sauen rannten wild und quiekend zwischen den Wehrleuten hin und her. Auch im Stall schrien noch Sauen, der Bauer raufte sich die Haare. Irgendwann verstummten die Schreie der Tiere. Da schrie der Bauer. Er verdächtigte seinen Cousin, mit dem er sich zerstritten hatte; doch bislang hatte er ihm nichts nachweisen können.

Meine Augen brannten, die Luft war heiß, jeder Atemzug schmerzte. Mein Herz klopfte und meine Haut kribbelte. Ein Wehrmann schrie: »Der Löschteich ist leer!« Ein anderer rief: »Dann müssen wir ans Gülleloch.«

Es dämmerte, als die Wehrmänner das Feuer gelöscht hatten. Ein paar richteten ihren Schlauch noch auf den Stall, der nur noch ein verkohltes Gerippe war und in dem noch immer Stroh, Heu und Balken glühten. Der Wind hatte sich gelegt. Überall stiegen dicke Schwaden auf. Der

Bauer, sein Bruder und ein paar Nachbarn zogen die verbrannten Gäule aus den Trümmern.

Ich schaute zur Seite.

Unter einer halbverkohlten Linde stand, mit aufgelöstem Haar und immer noch vor Schreck geweiteten Augen, die Oma. Jemand hatte ihr eine Decke umgelegt, doch sie schien die Kälte nicht zu spüren. Die Bäuerin betete ein Vaterunser nach dem anderen, die Kinder plärrten und die Fanny und die Helene versuchten, sie zu trösten. Die Gaile-Bäuerin legte der Oma eine Hand auf den Arm. Plötzlich, als habe sie der Blitz getroffen, entfuhr der Alten ein wunder, durchdringender Schrei. Sie schlug ein Kreuz und sank weinend auf dem nassen Boden zusammen.

Die Schuhe lagen auf einem Haufen, alle durcheinander, ein Paar schmutziger als das andere. Ich kniete nieder und begann, sie zu sortieren, fischte die größten zuerst heraus, stellte sie nebeneinander, suchte Stiefel zu Stiefeln und Halbschuhe zu Halbschuhen, stellte passende zueinander und saß am Ende vor einer langen Reihe, einen einzelnen Kinderstiefel in der Hand. Er gehörte dem Jakob; doch wo hatte der Bub den zweiten Schuh versteckt?

Ich legte ihn beiseite und nahm einen Arbeitsstiefel des Bauern. Mit einer groben Bürste löste ich die Erdkrumen. Schuheputzen war Aufgabe der Großmutter, doch heute saß sie in der Küche und beaufsichtigte den Jakob bei den Hausaufgaben, denn die Bäuerin lag mit einer Bettflasche auf dem Kanapee. Alleweil lief sie ins Bad. Kam sie zurück, hatte sie Tränen in den Augen und hielt sich den Bauch.

Ich griff nach einer feineren Bürste. Den ganzen Morgen hatten die Bäuerin und der Bauer gestritten, denn im Holzkästle in der Schlafkammer fehlte Geld. Der Bauer verdächtigte mich. »Die Dora ist ehrlich«, war ihm die Bäuerin über den Mund gefahren. »Ich hab schon manchmal Geld auf dem Nachtkästchen liegenlassen und wenn sie die Kammer gekehrt hat, hat sie nie etwas genommen.«

»So hat man mich erzogen«, hatte ich nur gesagt und war in den Hühnerstall gelaufen, wo zwei Bruthennen Küken bekommen hatten. Als ich zum Mittagessen zurückgekommen war, hatten sie immer noch gestritten. Die Bäuerin hatte den Egon im Verdacht.

Ich nahm den anderen Stiefel und kratzte mit einem Messer Lehm von den Sohlen. Der Egon war seit Tagen verschwunden. Im Stall mistete und fütterte ich allein, beim Melken halfen die Bäuerin und die Oma, der Georg putzte die Kühe. Ich schrotete Mehl für die Sauen, hackte Holz und band Reisig. Die Bäuerin schimpfte, weil ich so viel schaffte, der Bauer sagte, das sei schon recht.

Die Hacken an Egons Schuhen waren schiefgetreten und vorne an den Zehen war das Leder brüchig. Die Schuhe vom Bauern waren neu, das Leder fest und dick. Ich nahm ein Tuch und gab etwas Schuhwichse darauf; die Oma schimpfte, wenn ich nicht sparsam damit war. Mit sanftem Druck rieb ich die Paste ins Leder. Ich mochte den Geruch. Mir gefiel, dass selbst das schäbigste Leder sie aufsog, um danach, wenn man es polierte, zu glänzen wie neu.

Jemand riss die Stubentür auf. Die Bäuerin stürzte heraus und lief ins Bad.

Die Schuhe der Bäuerin waren auch alt und ausgebeult und ich nahm einen feuchten Lappen und wischte den gröbsten Schmutz ab. Der Gaile-Hof war nicht so groß wie der Geislinger-Hof, doch die Bäuerin wusste ihn zu führen, sie war nicht arm. Aber sie war geizig, sogar gegen sich selbst.

Als sie wieder aus dem Bad kam, blieb sie im Türrahmen stehen und wischte sich die Stirn. Sie betrachtete die lange Reihe von Schuhen, zog einen Schemel heran und setzte sich. Sie war blass, doch ihre Wangen schienen zu glühen. »Die Blase …« Unter ihren Augen lagen Schatten. »Die Kälte und die ganze Arbeit, weißt?«

Ich nickte und nahm den Schuh vom Jakob, lief zur Bank vor und bückte mich. Mit der Hand tastete ich über den Boden. »Der Schuh liegt oben in der Kammer«, sagte die Bäuerin. »Ich sag dem Jakob, er soll ihn holen.«

Ich kniete am anderen Ende der Reihe nieder und begann, die eingewichsten Schuhe zu polieren, erst mit einer Bürste, dann mit einem Lumpen. Die Bäuerin fuhr hoch und lief erneut ins Bad. Ich sah ihr nach. Ich verstand nicht, warum sie den Gaile-Bauern geheiratet hatte. Am erträglichsten waren noch die Tage, an denen beide nicht miteinander sprachen. Dass sie den Egon verdächtigte, Geld genommen zu haben, verstand ich allerdings. Jeden Abend ging er in die Wirtschaft und zu Weibern. Morgens kam er nicht aus dem Bett. Seine Haare hingen über den Kragen, er rasierte sich nicht, er lief herum wie ein Lump. Er war nicht mehr das Mannsbild, das ich am ersten Tag auf diesem Hof kennengelernt hatte.

In der Stube schimpfte die Oma mit dem Jakob, der rief: »Ich will das nicht!«

Ich stellte die sauberen Schuhe nach Größe sortiert vor der Wand gegenüber der Treppe auf und legte Bürsten, Lumpen, Messer und Schuhwichse in den Kasten. Den einzelnen Kinderschuh stellte ich ans Ende der Reihe.

Dann stieg ich in meine Pantinen und ging in den Stall.

Graues Licht lag über den Schneeresten auf den Hügeln und in den kahlen Bäumen hockten Raben, ganze Schwärme, die, wenn sie sich erhoben, ein fürchterliches Geschrei machten. Der Pfad zwischen den Wiesen war matschig und die Gäule rutschten, immer wieder fiel Mist vom Wagen. Vor einer Weile hatte die Straße nach Leutkirch eine Makadamdecke bekommen, doch im Dorf und in der Flur waren die Wege wie immer, wenn der Schnee schmolz, voller Pfützen und Matsch. Manches änderte sich – es gab die neue Straße, das neue Geld, das Land hieß jetzt Bundesrepublik Deutschland, der Adenauer Konrad war Kanzler, und unten bei der Feldkapelle hatten sie die alte Linde gefällt. Sonst änderte sich nichts.

Es regnete, meine Hände waren kalt. Ich rieb sie an den warmen Hälsen der Gäule. Sie waren schöne Tiere, zwei Hengste mit rotbraunem Fell und heller Mähne, kleiner als die meisten Gäule, deshalb konnte ich sie leichter einschirren. Der Gaile-Bauer hatte ihnen keine Namen gegeben; er spannte sie vor den Pflug und vors Fuhrwerk, ansonsten waren sie ihm egal.

Auf der Höhe der Mühle lenkte ich den Wagen auf einen Acker. Drüben im Dorf schlug die Kirchturmuhr zwölf. Ich hatte Hunger. In der Früh war die Bäuerin nach einem Streit mit dem Bauern erschöpft auf einen Schemel in der Küche gesunken. »Heut ist Samstag, ich geh zur Beichte, vielleicht wird's dann besser«, hatte sie gesagt. Das will ich sehen, hatte ich gedacht. Sie war in ihre Kammer hinaufgestiegen, hatte ihr gutes Kleid angezogen, und als sie wieder herunterkam, ihren Hut aufsetzte, in ihre Stiefel schlüpfte, Mantel und Handtasche nahm, lief ihr der Egon über den Weg und sie trug ihm auf, Mist auszubringen. Anfangs hatte ich geholfen, doch der Egon klatschte stumm Gabel um Gabel auf den Mistwagen, schien kaum zu merken, dass ich mit ihm schaffte. Eine Gänsehaut lief mir über den Rücken, obwohl ich von der schweren Arbeit schwitzte. Dann hatte der Egon seine Mistgabel beiseitegelegt und war verschwunden, ohne ein Wort. Schließlich hatte ich die Gäule eingespannt und war allein losgefahren.

Ein Hund bellte und die Raben flogen auf. Matsch und Nässe drangen in meine Schuhe, meine Füße waren taub, mein Rock klebte schwer an meinen Beinen. Der Wind hatte gedreht und schlug mir ins Gesicht. Ich zog mein Kopftuch tiefer. Mit der Gabel stach ich in den Mist, tropfend und dampfend hing er in den Zinken. Ich warf ihn auf den Boden. Ich richtete mich auf – und plötzlich packte mich Wut. Ich stach die Gabel in den Haufen, rammte sie hinein und schleuderte den Mist auf den Acker, wieder und wieder, bis ich atemlos und erschöpft innehielt.

Was war der Egon für ein Lump.

Was war der Bauer für ein mieser Hund.

Was war die Bäuerin für ein niederträchtiger Geizhals.

Schwalben segelten durch den Stall und zum Tor hinaus, Fliegen kreisten um meinen Kopf. Die Rosa schrie und schlug aus, obwohl ich ihr Euter ganz sanft berührte. Es war gerötet. »Hast gestern zu lang in der Sonne gelegen, was?« Keilte sie weiter aus, musste ich ihr die Beine zusammenbinden; aber manchmal fielen die Kühe dann beim Melken um.

Draußen schimpfte der Bauer. In der Nacht hatte ein Marder ein Loch in die Gitter vor den Luken im Hennenstall genagt und sieben Hennen den Hals durchgebissen, ausgeblutet hatten sie im Stroh gelegen. »Wo steckt dieses Weib?«

Ich erschrak und hatte die unheimliche Ahnung, dass er mich suchte. Wütend stapfte er in den Stall, den Futtergang hinunter. Hinter der Rosa blieb er stehen. »Pass auf, sie schlägt aus«, sagte ich. »Sie hat Sonnenbrand am Euter und ist gereizt.«

»Sonnenbrand? Bist jetzt ganz narrisch geworden?«

Ich schwieg.

»Steh auf, komm her und schau mich an, wenn ich mit dir red!« Nebenan sah die Bäuerin hinter einem Braunvieh hervor. Die Oma richtete sich auf. Langsam erhob ich mich von meinem Melkschemel. Der Bauer sah aus wie im Fieber, sein Gesicht war rot. Ehe ich mich's versah, schlug er mir ins Gesicht. Meine Zähne schlugen aufeinander, ich taumelte. Kühe wichen zurück, Ketten klirrten, die Bäuerin schrie. Der Bauer brüllte, sie stürzte sich auf ihn, er schrie, sie kreischte, die Oma keifte. Wie in einem Nebel nahm ich meinen Eimer, lief zu den Milchkannen, leerte ihn. Dann hockte ich mich unter eine Kuh am anderen Ende des Stalls. Ich molk, während der Bauer und die Weiber stritten, und als alle Kühe gemolken waren, brachte ich die Milch zur Käserei. Dann lief ich in die Küche, wo die Bäuerin Malzkaffee aufbrühte. Ich wusch meine Hände. »Ich geh jetzt. Und heut Abend komm ich nimmer.«

Die Bäuerin setzte die Kanne auf den Herd und rieb sich die Hände an ihrer Schürze. Sie strich sich eine Strähne aus dem Gesicht, dann nahm sie einen Becher, goss Kaffee hinein und reichte ihn mir. »Ich versteh dich, Dora.«

Ich trank einen Schluck von dem bitteren Kaffee. Die Bäuerin brach ein Stück Brot ab und reichte es mir.

»Ich komm nicht zurück.« Meine Stimme war heiser vor Wut und Schmerz, und um nicht loszuheulen, biss ich ins Brot, stopfte das ganze Stück auf einmal in den Mund und kaute. Es war Sonntag und draußen spazierten die ersten Kirchgänger in guten Kleidern, mit frisch gewaschenen Kindern an der Hand, zum Kirchplatz.

Ich drehte mich um und ging.

In der Messe traf ich die Mutter. »Wie siehst denn aus, Mädle? Was ist passiert? Und warum hast deinen Koffer dabei?« Ich schüttelte den Kopf. Ich wollte nicht heulen.

Nach dem Gottesdienst fuhren wir gemeinsam nach Reichenhofen, zur Maria, einer von Mamas Schwestern, die sie eingeladen hatte. Wir traten in die Pedale und als ich im Garten der Tante vom Fahrrad stieg, war ein Teil meiner Wut verraucht. Die Tante nahm mich in den Arm. »Mädle, was ist los mit dir?« Ich schüttelte den Kopf. »Kommt, ich koch Kaffee und Hefezopf hab ich auch gebacken.«

Ich aß den halben Hefezopf auf, und als die Tante sah, welchen Hunger ich hatte, stieg sie hinab in die Speis und kam mit Wurst, Käse, Rauchfleisch und eingelegten Gurken zurück. Sie goss mir einen großen Becher Most ein, ein Glas Milch und wärmte eine Flädlesuppe vom Vortag auf. Still hörten sie und die Mutter zu, als ich vom Bauern und der Bäuerin erzählte, von den Streitereien und den Schlägen in der Früh. »Und genug zu essen scheint's auch nicht zu geben, so ausgehungert wie du bist«, sagte die Mama, als ich geendet hatte.

Ich nickte. Ich war müde und ratlos.

»Was willst tun, Mädle?« Die Tante streichelte ihre alte Katze, die auf dem Rücken eine kreisrunde kahle Stelle hatte.

»Ich weiß nicht.«

»Willst heimkommen?«, fragte die Mama.

Ich schüttelte den Kopf. Ich konnte den Eltern helfen, doch ich würde kein Geld bei ihnen verdienen.

»Willst dir einen anderen Bauern suchen?«, fragte die Tante.

Ich schüttelte den Kopf und starrte auf die kahle Stelle auf dem Rücken der Katze. »Ich will nicht mehr als Magd gehen. Ich schaff wie ein Knecht, verdien 25 Mark im Monat und hab grad mal am Sonntag ein paar Stunden frei.«

Die Katze streckte sich, machte einen Buckel, streckte

sich wieder und sprang mit einem Satz auf die Dielen. »Dann musst heiraten, Mädle«, sagte die Tante.

Ich lachte, obwohl mir eher zum Plärren zumute war. »Damit wird nichts besser. Dann schaff ich auch am Sonntag und verdienen tue ich nichts.« Ich sah der Katze nach, die auf die Ofenbank sprang und ihre Vorderpfote leckte. »Am Ende hab ich gar noch so einen Hund im Haus wie den Bauern.«

Die Tante kicherte wie ein Mädle. Sie stand auf, wobei ihre Knie knackten, und nahm ein Stück Stoff, das neben ihrer Nähmaschine lag. Aus ihrem Handarbeitskorb fischte sie eine Nadel und eine Garnrolle.

»Du kannst heimkommen und ins Tagwerk gehen.« Die Mutter stellte das schmutzige Geschirr zusammen.

In den Fünfzigerjahren schafften immer mehr Bauern Maschinen an

»Ins Tagwerk zu gehen ist nicht mehr so einfach. Die Bauern brauchen weniger Leut, weil sie Maschinen haben.«

Der Geislinger-Bauer war nicht mehr der Einzige mit einem Traktor und einige Bauern besaßen Mähwerker, Mähbinder, Heuauflader. Die Tante spannte das Tuch in einen Ring. Ich sah zu, wie sie stickte und je flinker sie ihre Stiche setzte, desto träger wurden meine Gedanken.

Am Abend fuhr ich zurück zum Bauern.

Schnee

Am Dreikönigstag 1952 reichte der Schnee bis ans Stubenfenster. Kein Vieh war zu hören, als ich hinaustrat, kein Ross, keine Henne, nur ein Hund bellte irgendwo, doch der Schnee schluckte sein Gebell und es blieb nur ein heiseres Krächzen. Über dem Türrahmen stand mit frischer Kreide *19 * C + M + B * 52* geschrieben. Dicke Flocken fielen herab und die nahe Dorfstraße schien hinter einem weißen Vorhang zu liegen. Ich schlug den Kragen hoch und wickelte den Schal fester, eine Krähe hockte auf dem Brunnenrand, legte den Kopf schräg. Bei jedem Schritt knirschte es unter meinen Sohlen, noch waren die Fußstapfen vom Morgen zu sehen, doch der Neuschnee hatte ihre Umrisse verwischt und sie waren längst nicht mehr so tief wie in der Früh, als ich die Milch zur Käserei gebracht hatte.

Das blasse Gesicht meines Bruders stand vor mir wie ein Bild aus einem Alptraum.

Auf der Dorfstraße räumten die Bauern mit dem Schneepflug, ächzend und knarrend fraß sich der hölzerne Keil durch eine Wand aus Schnee. Ich nahm die Abkürzung über den Hof der Käserei und lief weiter Richtung Unterdorf. Vor dem Wirtshaus parkte ein Volkswagen, er war eingeschneit, auf seinem runden Dach lag eine schwere weiße Haube. Ein altes Weib mühte sich und schob ein Fahrrad die Gasse zum Kirchplatz hinauf. Ich bog um die Ecke und nahm die Abzweigung hinaus zum Hinterweiher. Auf den Wiesen trieb der Wind den Schnee in Böen vor sich her, Heerscharen tanzender Flocken stürzten mir entgegen, kratzten kalt im Gesicht, brannten in den

Augen, krochen unter Schal und Kragen. Ich zog den Kopf ein. Ein Hund hatte eine Spur gezogen, die Abdrücke waren noch frisch. An der alten Mühle saßen Raben in den kahlen Büschen, eine weiße Katze sprang die Böschung hinab.

Die Stimme meines Bruders klang noch in meinen Ohren.

Schnee kroch in meine Stiefel, meine Socken waren nass und scheuerten, mein Rock war feucht und schwer. Ich lief schneller. Hinter der Mühle, wo der Weg auf den Wald zuführte, blies der Wind stärker. Er trieb dunkle Wolken über den Himmel. Er rüttelte an den Fichten, wehte Schnee von ihren Zweigen, er fuhr mir ins Haar, riss, zerrte. Ich wickelte den Schal um meinen Kopf, verhüllte Kinn, Mund und Nase. Ein Schatten huschte durchs Gebüsch. An der Gabelung, wo sonst das Schild den Weg in die Viehweid wies, ragte ein schwarzer Pfahl empor. Der Bach war ein vereistes Rinnsal. Um mich herum war es beinahe unwirklich still, ich hörte nur das Geräusch meiner Schritte, meinen keuchenden Atem, die Stimme meines Bruders.

Komm nach Haus, sobald du kannst, hatte er gesagt.

Meine Lungen brannten und mein Hals kratzte. Ich lief am Ufer des Hinterweihers entlang, am Wegkreuz. Vor mir lag weißes weites Land, die sanft geschwungenen Hügel. Mein Herz klopfte, mein Kopf rauschte. Kurz bevor ich um die letzte Kurve bog, rissen die Wolken auf und ein Bündel feiner Lichtstrahlen legte sich über die Landschaft. Der Schnee blendete. Bäume warfen lange Schatten. Ein Heustadel hob sich scharf vor dem Hintergrund ab. Eine Krähe schrie. Ich folgte dem Weg, den ich Tausende Male gelaufen war, und doch war es, als liefe ich ihn zum ersten Mal.

Ich hatte Angst anzukommen.

Hinter den Stubenfenstern brannte Licht, die Scheiben waren beschlagen. An der Tür waren die Kreidebuchstaben vom Vorjahr kaum noch zu erkennen. Ich klopfte Schnee aus meinen Haaren, Kleidern, Schuhen, meine Hand zitterte, als ich nach der Türklinke griff.

Ich trat ein.

Im Hausgang standen Vaters Schuhe, unter ihren Sohlen hatten sich Pfützen gebildet. Ich löste meinen Schal, öffnete den Reißverschluss meiner Jacke, klaubte Eisklumpen aus meinem Rocksaum. Meine Finger waren zu steif, um die vereisten Schnürsenkel meiner Stiefel aufzubinden.

Die Mutter lag in der Stube auf dem Kanapee, eingehüllt in eine Decke. Sie öffnete die Augen, als ich eintrat. Sie lächelte. In ihrem Blick lag etwas, das ich nie zuvor gesehen hatte. »Grüß Gott, mein Mädle …«

Sie streckte ihre Hand nach mir aus und ich ergriff sie, hielt sie fest; sie war rauh und warm. Die Mutter trug ein Nachthemd und eine Strickjacke darüber, und wie alle Tage hatte sie ihr Haar zu einem Knoten gebunden. Sie war blass. »Hast du Schmerzen?«, fragte ich. Sie schüttelte den Kopf. Die Katze hatte sich zu ihren Füßen zusammengerollt, die Pendeluhr tickte leise.

»Es ist ein Krebs«, sagte sie und schaute zum Fenster hinaus. »Er sitzt im Magen.«

Der Vater räusperte sich und stand vom Tisch auf. Auch in seinem Blick lag etwas, was ich nie zuvor gesehen hatte. Etwas in meiner Brust brannte. Ich sah zum Herrgottswinkel hinüber, zur Muttergottes, die auf das Kind in ihren Armen blickte und lächelte.

»Der Arzt sagt, man kann nichts machen.« Es klang, als würde die Mutter über jemand anders reden. »Ich muss sterben, doch wann, das weiß er nicht.«

Der Vater setzte seinen Hut auf und ging hinaus. Die

Mutter schloss die Augen. Meine Beine waren schwer, als könnte ich nie wieder einen Schritt von hier fortgehen.

Am Nachmittag kam der Sepp aus der Stadt, die Monik aus dem Tagwerk und die Frida von ihrem Bauern. Sie kochte eine Grießsuppe und ich brachte der Mama eine Schale, doch sie schüttelte den Kopf. Die Monik schnitt eine Scheibe vom Hefezopf und wärmte Milch. Die Mama schüttelte den Kopf.

Ich lief in den Stall. Ich molk das Vieh, fütterte und mistete. Dann kroch ich zur Luise ins Stroh, drückte mein Gesicht an ihr warmes Fell. Sie senkte den Kopf und schnupperte an meiner Schulter. Aus ihren Nüstern quollen weiße Dampfwolken, auf ihrer Nase tanzten Fliegen. Mit ihrer rauhen Zunge schleckte sie über meine Wange und ich weinte.

Danach weinte ich nicht mehr. Ich fügte mich, so, wie die Mutter es tat. Es war Gottes Wille.

Am Abend klopfte eine Gruppe Sternsinger an die Haustür. Ihre Umhänge waren weiß vom Schnee und unter ihren Kronen war ihr Haar gefroren. Sie sangen ein Lied, sprachen ein Gebet, ich gab ihnen etwas Geld und den Hefezopf. Sie segneten das Haus und schrieben mit geweihter Kreide *19 * C + M + B * 52* über die Tür, *Christus mansionem benedicat.*

Der Herr schütze dieses Haus.

Jeden Morgen trug der Vater die Mutter die Stiege hinab und bettete sie aufs Kanapee. Wir hüllten sie in eine Decke, ich kämmte ihr Haar, wie sie früher meines gekämmt hatte, und band es zu einem Knoten. Die Monik bereitete gebackene Grießknödel, häbernes Mus und Spätzle, doch die Mutter schüttelte nur den Kopf. Wenn sie aß, erbrach sie. Oft war ihr übel, manchmal hatte sie Fieber, sie war blass und schwach.

Doch sie klagte nie.

Ich brachte ihr Sprudel und Milch. An manchen Tagen kam der Arzt und sah nach ihr, er gab ihr Tabletten und sie schluckte sie, unter Mühen.

Es änderte nichts.

Ich lief ins Dorf zum Gaile-Hof. »Ich geh heim«, sagte ich zur Bäuerin und packte meinen Koffer. »Die Mutter ist todkrank.« Zum Bauern sagte ich nichts. Vier Jahre hatte ich als Magd bei ihm geschafft, doch kaum war ich fort, schien die Zeit wie ausgelöscht.

Der Vater arbeitete alleweil im Stall, er fuhr in den Wald und machte Holz für andere Leut, um Geld zu verdienen. Der Sepp ging als Maurer, die Monik und ich pflegten die Mutter, versorgten das Vieh, führten den Haushalt.

Die Mutter wurde immer dünner.

Die Katze und der Hund legten sich zu ihren Füßen und wachten über sie, wenn sie schlief. Verwandte und Nachbarn kamen, brachten Kerzen, Wein, Kuchen, nahmen Abschied.

Draußen versank die Welt im Schnee.

An Mariä Lichtmess gab es kein Fest. An Fastnacht hatte der Sepp ein Konzert im Schloss Zeil, Jagdmusik mit seiner Kapelle. »Bub, du musst gehen«, sagte die Mutter, als es schon zwei Uhr war. Zögernd stieg der Sepp in sein Fastnachtskostüm. Die Frida kam, holte Mehl, Butter, Eier, Milch und ein Glas eingeweckte Zwetschgen aus der Speis und machte Ofennudle. Ich nahm den Korb mit dem Nähzeug, setzte mich zur Mutter und begann, alte Socken zu stopfen.

»Ade«, sagte der Sepp und kalte Luft blies herein, als er den Kopf zur Stubentür hereinsteckte. »Ade, ich fahr.«

»Ade, mein Bub«, sagte die Mutter. »Pass gut auf dich auf.«

Einen Moment erstarrte der Sepp, dann grinste er. »Freilich.«

Ich stach mir in den Finger, ein winziger Tropfen Blut quoll aus der Fingerspitze. Die Frida rührte Teig und murmelte.

Gegrüßet seist du, Maria,
voll der Gnade,
der Herr ist mit dir,
du bist gebenedeit unter den Weibern,
und gebenedeit ist die Frucht deines Leibes,
Jesus ...

Am Nachmittag fiel die Mutter in unruhigen Schlaf. Als es Zeit war, das Vieh zu melken, kam der Vater. »Bleibt bei ihr. Ich geh allein in den Stall.«

Die Erinnerung bleibt: die Mutter zu Lebzeiten, hier im Studio des Fotografen Felix Osswald in Leutkirch

Die Stube duftete nach warmen Zwetschgen und Zimt. Im Herrgottswinkel brannte eine Kerze und die Frida flüsterte ein *Ave-Maria.* Ich legte die Socken beiseite, nahm Mamas kalte, rauhe Hände in meine und streichelte sie.

Ihr Atem ging flach.

Um sechs am Abend ging sie von uns.

Am Tag nach ihrem Tod lag der Schnee zwei Meter hoch und der Leichenbeschauer kam auf Skiern. Er nahm die Totenwäsche vor und zog der Mutter ihr Hochzeitskleid an. Nachbarn halfen Kränze zu flechten.

Es schneite ohne Unterlass.

Drei Tage lag die Mutter aufgebahrt im Bett, denn der Leichenwagen kam nicht in die Viehweid. Erst am vierten Tag war ein Durchkommen und der Bestatter brachte den Sarg und der Müller seinen Schlitten und die Mannsbilder luden den Sarg darauf. Ein langer Leichenzug zog durch das weite Land, über die weißen Hügel ins Dorf und begleitete die Mutter auf ihrem letzten Weg. Die Luft klirrte vor Kälte, an den Bäumen hingen Eiszapfen und im Wald schrien die Rehe.

Als die Rösser den Sarg zum Kirchplatz hinaufzogen, läutete die Glocke. In der Gasse hatte jemand Sägemehl gestreut und oben auf dem Platz Asche. Die Leut kamen aus ihren Häusern, weinten, drückten Hände, schlossen sich dem Leichenzug an. Mannsbilder liefen mit gesenkten Köpfen, Weiber wischten sich die Augen. Am Friedhof hoben die Nachbarn aus der Viehweid den Sarg vom Schlitten. Der Totengräber hatte ein Grab ganz nah an der Kirche ausgehoben, überall lagen Kränze. Die Stöckles waren gekommen, die Prinz', die Geisslers, die Bahles, die Brandls. Die Tante Maria und Mutters Geschwister, Vaters Geschwister, die Tante Agatha. Die Geislinger Fanny mit den Kindern, die Helene. Die Näherin vom Reutlinger-Hof. Die Pauline drückte meine Hand.

»Sie war noch so jung«, sagte die Tante Maria.

»Sie war so eine tüchtige Bäuerin«, sagte die Tante Agatha.

»Sie war so eine gute Frau«, sagte der Vater.

Die Menschen drängten sich aneinander, umarmten einander, Mütter zogen ihre Kinder an sich. Ich schüttelte Hände, die Frida sprach Gebete, der Vater weinte. Der Pfarrer betete und spritzte geweihtes Wasser, der Sarg wurde hinuntergelassen, in aller Stille; bei Weibern spielte keine Kapelle. Nacheinander traten alle vor, spritzten ebenfalls Weihwasser, hielten inne, nahmen Abschied. Im Gottesdienst sagte der Pfarrer, auch in der Ewigkeit sei die Mutter bei uns, denn sie war eine gute Christin und ein guter Mensch.

»Für mich war sie alles«, flüsterte ich.

An einem Abend im Mai dämmerte es über den Hügeln, Maikäfer brummten im Birnbaum vor dem Küchenfenster, Insekten schwirrten durch die Luft. Ich schloss das Fenster. Neben dem Spülbecken stand eine leere Schüssel, ich nahm sie, öffnete die Tür zur Speis und stieg in den Keller hinunter. Unten war es kühl und ein wenig feucht, es roch nach altem Gemäuer, Erde und Würsten. Vor dem Regal mit dem eingeweckten Obst stand ein Eimer auf dem Boden. Ich schob den Deckel beiseite. Die Milch war kühl, eine dicke Schicht Rahm hatte sich gebildet und ich schöpfte sie in die Schüssel. Die Katze streifte um meine Knöchel. »Fang dir Mäuse«, sagte ich und schob sie fort. Die Katze hob ihren Schwanz, kerzengrad stand er in die Höhe, die Spitze leicht gebogen. Sie miaute. Ich schloss den Deckel und scheuchte sie die Treppe hinauf.

Ich hob das Butterfass vom Sims und goss den Rahm hinein. Er war nicht sehr fest und der Stampfer ließ sich leicht bewegen, das Holz am Griff war glatt vom vielen Benutzen; schon die Mutter hatte immer damit gebuttert. Meine Hände waren rauher als das Holz und die Nägel noch schwarz von Erde, obwohl ich sie mit der Wurzelbürste geschrubbt hatte. Den ganzen Tag hatte ich Kartoffeln und Kohlrabi gesetzt. Kohl musste gepflanzt werden, Gurken, Bohnen. Auf den Wiesen wuchs das Gras, das erste Heu musste gemäht und eingefahren werden.

Oben in der Stube hörte ich die schweren Schritte vom Vater. Er zog einen Stuhl über die Dielen. Dann hörte ich flinke, leichte Schritte. Das musste die Monik sein, die vom Tagwerk zurückkehrte. »Die Maultaschen stehen auf dem Sims!«, rief ich.

Moniks Kopf tauchte in der Tür auf. »Hast auch schon Suppe gekocht?«

»In der Kasserolle auf dem Herd ist Brotsuppe.«

Der Hund tappte über den Küchenfußboden. Ein Topfdeckel klapperte, die Kasserolle wurde über den Herd gezogen. Der Stampfer ließ sich nicht mehr so leicht bewegen, ich hob den Deckel vom Butterfass, der Rahm war zu Sahne geworden. Ich schob mein Kopftuch zurück und krempelte die Ärmel meiner Bluse hoch.

Plötzlich sah ich die Mutter vor mir.

Es dauerte nur einen Augenblick, dann verschwand ihr Bild wieder. Mir war, als liefe alle Kraft aus mir heraus, wie Wasser, das durch einen Abfluss rann. Der Stampfer fühlte sich schwer an. Mühsam stieß ich ihn gegen den Boden vom Butterfass. In meinem Hals saß ein Kloß.

Ich schluckte und riss mich zusammen, umfasste den Griff und stieß, stieß, stieß. Eine Haarsträhne fiel mir ins Gesicht und schlug bei jedem Stoß gegen meine Wange, eine Fliege krabbelte über meine Lippen, ich schnappte nach ihr. In der Stube wurde ein Stuhl gerückt, wieder hörte ich die Schritte vom Vater, dann schlug die Stubentür zu. Er ging in den Stall. Es war Zeit zu melken, zu füttern, zu misten. Ich stieß schneller. Es brauchte immer mehr Kraft, den Stampfer gegen den Boden zu stoßen, doch jedes Mal, wenn ich den Deckel beiseiteschob, sah ich nur Butterklümpchen, an der Oberfläche bildete sich Buttermilch. Ich goss etwas kühles Wasser dazu und stieg auf einen Kasten, so war ich größer und hatte mehr Kraft. Das rhythmische Stoßen machte müde, meine Arme schmerzten. Getreide musste noch gemahlen, das Brot für die nächsten Tage gebacken werden. Ich hatte die Hühner noch nicht gefüttert, die Eier nicht eingesammelt. In der Kammer lag Wäsche, der Sepp wollte seine Hose geflickt haben. Obwohl ich um fünf Uhr aufstand, um die Kühe zu melken, weil der Milchwagen um halb sieben kam, und abends, wenn es dunkel war, noch buk, einkochte und flickte, wurde ich mit der Arbeit nie fertig.

Die Zeit reichte nie.

Im Sommer hacken die Schwestern (rechts die Monik, links die Dora) Kartoffeln

An einem Morgen im Herbst 1953 stieg ich in der Früh, nachdem der Milchwagen die Milch geholt hatte, auf mein

Fahrrad. Auf den Weiden lag Tau, er glänzte in der Dämmerung und feuchte Spinnweben schillerten in den Zweigen der Bäume, als ich am Ufer des Hinterweihers entlangfuhr. Am Wegkreuz legte ich Blumen nieder, sprach ein Vaterunser für die Mutter. Dann radelte ich weiter ins Dorf.

Ich fuhr die Dorfstraße hinauf zum Geislinger-Hof. »Grüß dich, Dora!«, rief der Bauer, als ich die Auffahrt hinauffuhr. »Wie geht's?«

»Passt schon«, sagte ich und lehnte mein Fahrrad an die Hauswand. Innerlich lachte ich; ich hatte nicht vergessen, dass er mir, nachdem ich gekündigt hatte, lange aus dem Weg gegangen war. Doch heuer brauchte er mich. Sein Knecht lag mitten in der letzten Heuernte im Spital, ein Bulle hatte ihn getreten und sein rechtes Knie war zertrümmert.

»Wie geht's daheim?« Der Bauer schob seinen Hut zurück und blinzelte.

»Ist schon recht.« Der Misthaufen dampfte und der Moritz steckte den Kopf zum Stalltor heraus und wieherte. Ich zog einen Brocken Brot aus meiner Schürzentasche und seine weichen Lippen tasteten über meine Hand. Ferkel quiekten, Kühe muhten und hinter den Obstbäumen liefen Hühner und Gänse durchs Gras. Neben der Garage standen der Traktor, ein Gülletank, ein Mähbinder. Und der Mercedes.

Aus dem Kuhstall trat die Bäuerin, sie trug eine Milchkanne. Hinter ihr lief die Elli. »Dora, grüß dich.«

»Grüß dich, Mädle. Jesus, was bist gewachsen.«

Sie half ihrer Mutter, die Kanne auf den Milchwagen zu heben. »Ich bin ja schon einundzwanzig.« Sie wischte sich die Hände an ihrer Schürze ab.

»Dann hast sicher schon ein Gspusi?«

Die Elli errötete.

»Auf jeden Fall ist das Mädle eine rechte Hilfe und das können wir grad brauchen.« Die Fanny umarmte mich. Der Bauer nahm seinen Hut ab und fuhr sich durchs Haar. Es war dünner geworden und an den Seiten grau. Seine Haut war braun wie Leder. Er war immer noch kräftig, doch sah er nicht mehr so stattlich aus, eher etwas hager, ausgezehrt. Ein Mannsbild trat aus der Scheune, es trug einen Heurechen.

»Ferdinand!«

Er sah auf. Ein Lächeln ging über sein Gesicht. »Dora, grüß dich.«

»Wie geht's dir?«

»Passt schon.«

»Bist ja ein rechtes Mannsbild.« Ich dachte an den Buben, der an meinem ersten Tag auf dem Hof hinter dem Vorhang hervorgekrochen war und mit piepsiger Kinderstimme »Dora, bleibst da?« gefragt hatte.

Der Bauer lief in die Scheune, kurz darauf kam er wieder. »Ich hab jetzt einen Motormäher.« Ich trat einen Schritt vor. In der Viehweid sprach man davon, doch gesehen hatte ich den Mäher noch nicht. Er hatte zwei Räder und ein Gehäuse, in dem der Motor saß, vorn waren zwei Griffe, hinten blitzte dicht über dem Boden ein Balken mit Messern. »Wirst sehen, damit dauert's grad halb so lang.«

»Das will ich erleben.«

Er schob die Maschine auf den Anhänger und stieg auf den Traktor. Im Stall wieherten die Gäule, als wollten sie sich beschweren. Der Jakob half mir auf den Hänger und ich winkte der Fanny und der Elli, die wieder in den Kuhstall liefen. Der Himmel war voller zarter Wolken und am Horizont zog sich ein breiter goldglänzender Streifen Sonne über die Hügel. Der Bauer steuerte den Traktor einen Pfad entlang durch die Wiesen und ich schaute mit Ehrfurcht auf die großen Reifen mit den roten Felgen, die tiefe Abdrücke im Boden hinterließen.

»Jetzt zeig ich's dir.« Er drosselte den Motor und hielt den Trecker neben einem Apfelbaum an. Der Ferdinand ließ zwei Bretter vom Hänger und sein Vater schob den Motormäher hinunter. Er ließ ihn an und die Maschine röhrte und machte einen gewaltigen Lärm, schwarzer Qualm drang aus dem Gehäuse. Der Bauer schob den Motormäher auf die Wiese und die Messer fraßen sich durchs Gras – es fiel schneller, als man es je mit einer Sense hätte schneiden können, schneller auch als ein Gespannmäher es mähen konnte. Der Ferdinand nahm zwei Heugabeln von der Ladefläche.

Um neun Uhr hatte der Bauer so viel Heu gemäht wie sonst an einem ganzen Vormittag und wir brachten den Rest des Tages damit zu, es zu wenden und auf anderen Wiesen Heu zusammenzurechen und aufzuladen. Auf dem Hof luden wir es auf ein Förderband, das es auf den Heuboden hinauffuhr.

Nachmittags gab mir der Bauer zehn Mark. »Morgen brauchst nimmer kommen, Dora. Die restliche Arbeit schaff ich mit dem Ferdinand, dem Otto und den Maschinen.«

Ich nickte und steckte das Geld in meine Schürzentasche.

In der Küche stellte die Fanny Brot, Käse und Wurst auf den Tisch, dazu einen Becher Most. »Iss, Dora, und erzähl mir, wie's daheim geht.« Sie rührte in einem Topf mit Linsen. »Wie lang ist die Mutter nun schon fort?«

»Eineinhalb Jahre.«

Die Bäuerin seufzte. »Ach, Mädle …« Sie drückte meine Hand.

Ich schluckte; mir wurde immer noch das Herz schwer, wenn ich an die Mama dachte. »Wir kommen zurecht.«

Die Sonne glühte rot über den Hügeln, als ich heimfuhr, hier und da zog eine Wolke vorüber, sie glänzten blau und violett. Auf den Wiesen lag rosa Licht. In der Ferne mähte der Geissler-Bauer mit seinen Gäulen und dem Gespannmäher seinen letzten Acker. Ein paar Bauern hatten schon gepflügt. Es sah aus, als läge ein Flickenteppich aus Wiesen, Stoppelfeldern und Äckern über den Hügeln und Senken. Zwei Nachbarmädle liefen den Weg hinauf zum Hinterweiher, ihre Kleider schwangen bei jedem Schritt. Heuer trugen die Mädle kürzere und buntere Kleider, den Mannsbildern gefiel es, mir auch, es sah netter aus als die langen dunklen Kleider der alten Weiber. Am liebsten hätte ich allerdings Hosen getragen, die waren so praktisch; doch das war undenkbar, kein Weib hatte je Hosen getragen.

Vor dem Haus lehnte ich das Rad an die Stallwand, zog die Schuhe aus und lief zum Brunnen. Der Hund folgte mir und sprang auf den Brunnenrand und soff. Ich wusch meine Hände und ließ den Wasserstrahl über meine Arme laufen. Hinter der Hügelkuppe sank die Sonne, die Wolken leuchteten orange, als würden sie brennen. Vögel sangen und eine schwarze Katze sprang durchs Gras und spielte mit einer toten Maus. Ich wusch mein verstaubtes Gesicht und trank eine Handvoll Wasser.

In der Stube saß der Vater über Papiere gebeugt. Ich griff in meine Schürze und zählte ihm das Geld auf den Tisch. »Mehr hat er dir nicht bezahlt?«

Ich schüttelte den Kopf. »Eine Mark in der Stunde.«

Die Monik trug einen Korb Wäsche herein. Sie nahm einen Stapel gefalteter Hemden und Socken heraus und legte ihn auf die Ofenbank. »Das muss geflickt werden.« Ich nickte. Der Vater schob die Papiere beiseite, lehnte sich zurück und fuhr sich mit dem Ärmel übers Gesicht. Er sah müde aus. »Holt mir den Sepp.«

Ich fand meinen Bruder hinter der Scheune, wo er Mundharmonika spielte.

Zu viert saßen wir um den Tisch in der Stube. Ich zündete die Kerze im Herrgottswinkel an, die Monik holte einen Krug Most. Alle sahen den Vater an, doch der schwieg und kraulte den Hund. Sein Blick war nach innen gewandt. Mich fröstelte.

»So geht's nicht weiter«, sagte er schließlich. »Eine von euch muss heiraten.«

Aufbruch

Trübes Licht lag über den Wiesen der Ebene, der Himmel war wolkenverhangen, nur die Blätter an den Bäumen leuchteten gelb und rot. Regen setzte ein, als wir nach Heggelbach hineinfuhren. Vor dem Gasthaus Hirsch stand der Postbote. »Wohin des Wegs?«

»Nach Eberhardzell.«

»So weit fort?« Ich nickte und winkte.

An der Kirche bog der Sepp ab, fuhr am Schulhaus vorbei, am Dorfplatz. In Willerazhofen trat grad ein junges Weibsbild aus dem Haus Nummer 22, der Spezerei-Handlung von Kreszentia Müller, die inzwischen vom vierten Nachfolger betrieben wurde, sie trug einen Einkaufskorb und hielt einen Buben an der Hand. Vor der Schmiede brannte der Geselle einem Gaul die Hufe aus. An der Abzweigung zum Ellerazhofener Weiher nahmen wir den Weg durch die Wiesen. Ein Ross kam an den Zaun galoppiert, hier und da weideten Schafe oder Geißen und in der Ferne sah ich Schloss Zeil, die Fürstenresidenz, weiß und mächtig am Hang über der Stadt.

Bei Reichenhofen ließ der Regen nach. Die Straße war schmal und jedes Mal, wenn ein Auto kam, mussten wir ausweichen, bis der Sepp auf die geteerte Hauptstraße bog, die nach Bad Wurzach führte. Ein einziges Mal war ich den Weg gefahren, kurz vor der Hochzeit, als wir den Willi geholt hatten. Er und die Monik hatten sich beim Schützenfest in Biberach kennengelernt. Der Willi kam aus der Nähe von Königsberg, im Krieg war er mit seiner Mutter und acht Geschwistern nach Westen geflohen. »Was meinst, was der Vater sagt?«, hatte die Monik gefragt.

»Musst ihm halt schöntun und fragen, ob er mal in die Viehweid kommen darf«, sagte ich. Schon am Sonntag darauf hatte er uns besucht. Wir fuhren Korn ein und er half gleich mit.

»Der taugt was«, sagte der Vater.

»Der schmeißt das Geld zum Fenster hinaus«, hatte die Mutter gesagt, als sie mitbekam, dass der Willi die Löcher in seinen Socken nicht stopfen ließ, sondern neue kaufte. Der Bauer in Eberhardzell, bei dem der Willi als Knecht schaffte, wollte ihn aber nur gehen lassen, wenn er jemanden brachte, der seine Stelle übernahm. Ich wollte nicht mehr als Magd schaffen, doch schließlich willigte ich ein, damit die Monik und der Willi heiraten und den Hof vom Vater übernehmen konnten.

Ein Hase schoss aus dem Gras. Der Sepp bremste, die Reifen rutschten, Haken schlagend lief der Hase weiter, bis er kurz vor einem Wegkreuz in der Böschung verschwand. Ich schaute hinter mich; mein Koffer saß fest auf dem Gepäckträger. Die Wolken hingen immer noch tief, doch es wurde langsam heller. Wir fuhren durch Weiler, vorbei an Kirchen, Wirtshäusern, Höfen, einer Käserei, einer Kapelle. Im Osten zogen sich flach die Wiesen hin, im Westen ragten Hügel auf. Kühe grasten auf feuchten Weiden. Ein Habicht erhob sich und glitt mit wenigen Flügelschlägen auf einen Wald zu.

Bei Niedermühle fuhr der Sepp in eine scharfe Kurve, das Motorrad lag beinahe auf der Straße und ich klammerte mich an meinen Bruder. Er lachte nur. Bald darauf erreichten wir Bad Wurzach. Ein weißer Kirchturm ragte in den Himmel, auf seiner Spitze leuchtete ein goldenes Kreuz. Auf gepflasterten Straßen flanierten Kurgäste, Frauen schoben Kinderwagen vor sich her, Mannsbilder steuerten Autos durch die engen Gassen. Wir fuhren am Rathaus vorbei, am Schloss, hinter dem sich ein Park erstreckte. Am Stadtbrunnen spielten Kinder, eines rief laut »Verlierer!« Bei der Stadtpfarrkirche bogen wir ab. Der Sepp fuhr, als wäre er daheim.

Hinter der Stadt veränderte sich die Landschaft. Am Wegrand wuchsen Schilf, wilde Sträucher und Birken. In Gräben und Moorteichen glänzte das Wasser dunkel, auf Riedwiesen blühten letzte Blumen, überall stand hohes Gras. Der Weg zog sich so flach hin, als würden wir über eine große Tischplatte fahren. Ich dachte an den Bauern in Eberhardzell; er besaß vierzig Morgen Land, elf Kühe und elf Kälber, dreißig Sauen, zwei Gäule und reichlich Hennen. Er war allein mit seiner Frau, einem Baby und der Oma.

Bald war ich sein neuer Knecht.

Am Straßenrand stand ein Wegkreuz mit der Muttergottes, daneben wuchsen knorrige Bäume. Der Sepp blinkte. »Wir fahren über Füramoos, das ist eine Abkürzung.«

Ich nickte und hielt mich fest. Der Wind blies schärfer. Der Weg führte bergan und er wurde immer kurviger. Die Wiesen waren nicht mehr sanft geschwungen wie daheim, sondern zogen sich steil den Hang hinauf. An einer Kapelle fuhren wir in eine enge Kurve und ich hielt die Luft an. Keuchend kämpfte sich das Motorrad die Steigung hinauf.

Auf der Höhe blies eisiger Wind, ich fror unter meiner Jacke. Vor uns lag das Tal und ohne den schweren Himmel hätte man wohl einen schönen Blick gehabt. Doch die Wolken schienen zum Greifen nah. Der Sepp zündete sich eine Zigarette an und rauchte. Ich schlug den Kragen hoch und betrachtete, was mein neues Zuhause werden sollte. Ein Schwarm Spatzen flog aus einem Busch auf, einer ließ im Flug etwas fallen, ein weißgrauer Fleck landete auf meinem Koffer. Das bringt Glück, dachte ich und zog ein Taschentuch heraus.

Wir fuhren weiter nach Adelshofen, von dort ging es nach Füramoos und Richtung Eberhardzell, bis wir schließlich nach Oberhornstolz kamen, einer Ansammlung von drei Höfen, einem Weiler, kleiner noch als daheim die Viehweid.

Um halb fünf wachte ich auf. Es war still im Haus, nur der Wind heulte und riss an den Fensterläden. Ich tastete nach dem Lichtschalter. Der Bauer hatte mir eine Kammer in einem kleinen Haus hinter den Ställen zugewiesen. In der Kammer gab es ein Bett, einen Schrank, in den ich meine Kleider hängte, eine Truhe, in die ich meine Aussteuer legte, ein Nachtkästchen und einen Herrgottwinkel, in dem ich meine Muttergottes und ein paar Marienbilder aufstellte.

Ich schob die Decke beiseite, stand auf und zog mich an. Draußen war es kalt und dunkel, nirgendwo brannte Licht. Leise stieg ich die Holztreppe hinunter. In dem Häuschen wohnte noch ein altes Weible mit ihrem Mann, Flüchtlinge, hatte der Bauer am Abend gesagt; doch ich hatte niemanden gesehen oder gehört. Im Stall hoben die Kühe die Köpfe; auch hier war niemand. Ich schloss das Tor und lief zum Wohnhaus.

Die hintere Tür war nicht verschlossen und ich trat in den Hausgang. Eine Katze miaute, irgendwo schnarchte jemand, eine Uhr tickte. Ich tastete nach dem Lichtschalter, stieß gegen eine Kommode, etwas fiel mit dumpfem Knall zu Boden. Das Schnarchen wurde zu einem Gurgeln, dann war es still. Vorsichtig setzte ich einen Fuß vor den anderen und schob mich an der Wand entlang, bis ich den Schalter ertastete. Eine Lampe unter einem vergilbten Schirm gab schummeriges Licht. Ein Gesangbuch lag auf dem Boden, ich hob es auf. Auf einem Schemel stapelten sich Jacken, achtlos übereinandergeworfen, schmutzige

Schuhe standen auf den Dielen, am Fuß der Treppe, die hinaufführte, lag ein Flickenteppich, Erdklumpen hingen in den Fransen. Unter den Stufen hatte jemand Holz und Reisig gestapelt. An der Wand über der Haustür hing ein Kruzifix.

Das Schnarchen setzte wieder ein.

Ich öffnete die Tür am Ende des Hausgangs und trat in die Küche. Der Herd war kalt. Auch der Ofen in der Stube brannte nicht und ich ging zurück, holte Holz und Reisig. Ein Katzenjunges saß auf dem Treppenabsatz und putzte sich. Ich schichtete Reisig und dünne Holzstücke in den Ofen und als das Feuer brannte, warf ich ein paar Holzscheite in die Flammen. Meine Knie knackten, als ich aufstand. Auf dem Tisch stand ein leerer Mostkrug und auf dem Kanapee räkelte sich eine alte gelbe Katze, träge verfolgte sie meine Bewegungen. Es gab eine Eckbank, einen Tisch und einen Herrgottswinkel, wie in jeder Allgäuer Bauernstube. Auf einer Kommode neben dem Ofen stand ein Radiogerät, ein Kasten aus poliertem Holz mit zwei schwarzen Knöpfen an beiden Seiten der Skala. An der Wand hing eine Fotografie. Ich trat näher. Sie zeigte ein Hochzeitspaar; der Bräutigam trug einen schwarzen Anzug und einen Hut und er war groß und stattlich, die Braut wirkte neben ihm beinahe winzig. Sie hielt einen Blumenstrauß in den Händen. Sie war ein schönes Weib, eine, mit der man auskommen konnte, dachte ich.

Im Stall war es immer noch dunkel, doch das Vieh begann zu muhen. Alle Kühe hatten Kälber, einige sogen gierig an den Eutern ihrer Mütter. Ich lief den Futtergang hinunter, ließ die Kühe an mir schnuppern, streichelte sie, kraulte die Kälber an ihren weichen Ohren. »Euch geht's gut, gell?« Das Vieh schien kräftig und gesund und es war geputzt. Der Bauer kümmerte sich also um seine Kühe.

Ich nahm einen Schemel, einen Lumpen, einen Eimer.

Ich ließ die Kälbchen trinken, wartete, bis sie satt waren, und molk dann den Rest der Milch, füllte sie in Kannen und trug sie zum Stalltor. Ich verteilte Heu im Futtergang und füllte frisches Wasser in die Tröge, holte einen Schubkarren, den ich neben dem Misthaufen gesehen hatte, und begann zu misten. Die Kühe kauten, ihre Kiefer mahlten. Als ich fertig war, mistete ich im Schweinestall und bei den Gäulen, fütterte die Sauen, die Rösser, die Hühner.

Draußen dämmerte es. In der Stube brannte jetzt Licht. Das Wohnhaus war frisch gestrichen, Ställe und Scheune hatten aus Ziegeln gemauerte Sockel, alle Dächer waren mit neuen Schindeln gedeckt; der Bauer schien seinen Hof gut zu führen. Hinterm Haus in der Garage standen ein Pflug und ein Traktor. Ich öffnete das Scheunentor. Es dauerte einen Moment, bis sich meine Augen an die Dunkelheit gewöhnten. In einer Ecke sah ich eine Schrotmühle, in der anderen lagerte Holz. Der Heuboden war prall gefüllt.

»Die Milch wird abgeholt«, sagte eine Stimme und ich fuhr herum. Der Bauer sah verschlafen aus, sein dickes, dunkles Haar stand vom Kopf ab. Er trug ein kariertes Hemd mit einer dicken Weste darüber, blaue Arbeitshosen und die Stiefel, die vorhin noch im Hausgang gelegen hatten. Ein Hund folgte ihm dicht auf den Fersen. »Das Milchauto muss gleich kommen.«

»Die Milch steht schon draußen.«

»Du musst sie auf die Rampe stellen, damit der Fahrer sie besser aufladen kann.« Er nahm eine Kanne und lief ums Haus. Ich nahm die andere Kanne und folgte ihm. »Hast das alles von Hand gemolken?«

»Freilich.«

Der Bauer lachte und wandte sich um. »Ich hab eine Melkmaschine.« Vor einer Rampe unter einem Birnbaum blieb er stehen. Sie war so hoch wie ein Fuhrwerk. Ich hob die Kanne hinauf. Der Bauer trat einen Schritt zurück und musterte mich. »Bist ganz schön kräftig, dafür, dass du so klein bist.«

»Ja«, sagte ich. Was sollte ich sonst sagen?

Er hob die andere Kanne hinauf und rieb sich die Hände. »Komm, jetzt gibt's erst mal Frühstück. Ich hab einen Bärenhunger.«

Du hast doch noch gar nichts geschafft, dachte ich.

Nach dem Frühstück spannte der Bauer die Gäule ein. »Willst fahren?«, fragte er. Seine buschigen Augenbrauen standen wie spitze Bögen über seinen Augen.

Einen Moment zögerte ich. »Ja, wenn du mich lässt.«

»Ich hab zugeschaut, wie du sie geputzt hast. Scheint, du verstehst dich mit Viechern.«

»Ich komm gut mit ihnen aus.« Ich stieg auf den Bock und nahm die Zügel. Die Gäule, eine Stute und ein Wallach mit glänzendem Fell und dunklen Schweifen, zogen an und ich lenkte das Fuhrwerk vom Hof. Vor uns lag ein weiter Acker, er war schon gepflügt. An seinem Rand stand ein Wegkreuz. Der Wind war eisig, zu kalt für Oktober, doch er hatte die schweren Wolken vertrieben. Bis zum Horizont streckten sich Äcker und Wiesen, hier und da standen ein paar Bäume, ein Hof, ein Weiler, ein Kirchturm. Auf dem Nachbarhof führte ein schmächtiges Mannsbild mit hochgezogenen Schultern einen Bullen an der Kette. Der Bauer grüßte, das Mannsbild rief etwas, was ich nicht verstand. Ein Schäferhund bellte. »Zum Kübler-Bauern kannst jederzeit hingehen, wenn du Hilfe brauchst.«

Wir folgten dem Weg, der eine Kurve machte. Vor einer Scheune bündelte ein Weib Reisig. »Grüß Gott!«, rief der Bauer, das Weib winkte. Die Höfe lagen hier dicht beieinander, anders als in der Viehweid, wo man immer über die

Wiesen laufen musste, um zu den Nachbarn zu kommen. »Zu Benteles kannst auch jederzeit hingehen.«

Ich nickte. Der Wind brannte auf meinen Wangen, meine Finger waren kalt und ich zog die Ärmel über die Hände.

»Hier oben ist es kälter als im Tal, gell?«

»Eisig.«

»Das Hochgeländ, so heißt das hier bei uns, ist wie ein riesiges Plateau. Von Nord nach Süd knapp acht Kilometer, von West nach Ost gut drei Kilometer und wir sind auf siebenhundert Metern. Da pfeift der Wind schärfer als anderswo.« Er lachte, als würde ihn das freuen. »Manche nennen die Gegend Schwäbisch Sibirien. Wart ab, bis es erst Winter ist.«

Ich schüttelte mich. Er lachte wieder und deutete auf einen Stadel. »Halt dort drüben.« Mit steifen Fingern lenkte ich die Gäule auf einen schmalen Pfad. Auf einem Stoppelfeld äste ein Reh, es hatte uns noch nicht gewittert. »Sag, Dora …« Der Bauer nahm die Hände aus seinen Hosentaschen und zog eine Zigarette hinterm Ohr hervor. Er wandte sich um und zündete im Schutz meiner Schulter ein Streichholz an, zog an der Zigarette, blies eine Wolke Rauch aus und musterte mich. »Kannst auch reiten?«

Das Reh sah auf und sprang davon.

»Fahren kann ich.« Ich blinzelte, meine Augen tränten. »Reiten hab ich bei den anderen Bauern nie dürfen.« Dass der Gaile-Bauer mich nicht einmal hatte fahren lassen, sagte ich nicht; er war ein Saubauer gewesen, ich wollte nicht einmal an ihn denken.

»Wenn du willst, bring ich's dir bei.« Er zog an seiner Zigarette.

»Freilich will ich«, antwortete ich, ohne zu zögern.

Beim Stadel hielt ich die Gäule an und der Bauer sprang vom Bock. »Kannst sie ausspannen, sie müssen den Kartoffelroder ziehen.« Er stapfte in den Stadel.

Der Kartoffelroder hatte ein Rad, an dem, ähnlich wie die Schaufeln an einem Mühlrad, Spindeln saßen, die die Kartoffeln aus der Erde gruben; man brauchte keinen Pflug, musste kein Kraut hacken. Der Bauer trieb die Gäule an, ich bückte mich und klaubte. »Wer die Maschine erfunden hat, war nicht der Dümmste.«

Er lachte und wieder standen seine Brauen wie spitze Bögen über seinen Augen. »Sag, was macht der Willi?«

»Bis gestern ging's ihm gut.« Ich warf die Kartoffeln in den Korb.

»Schad, dass er fort ist, er war ein guter Knecht. Aber seine Brüder kommen manchmal vorbei.«

»Ich hab sie erst einmal gesehen, bei der Hochzeit.«

»Der Konrad ist Bierfahrer in Biberach und der Gebhard schafft als Dolmetscher bei den Franzosen.« Er ließ die Geißel knallen. Der Wind zauste durch mein Haar und fegte mir um die Beine. Ein toter Maulwurf lag zwischen den Kartoffeln und ich hob ihn auf und warf ihn fort, der Hund jagte hinterher, schnüffelte daran, stieß mit der Schnauze nach dem Kadaver, warf ihn hoch, spielte damit. »Und, hast selbst auch ein Gspusi?«

Ich richtete mich auf. »Ich will lieber eine anständige Arbeit.«

Er sah mich an und schien nicht recht zu wissen, was er von dieser Antwort halten sollte.

»Ich schwätz mit jedem und geh gern auf ein nettes Fest«, sagte ich. »Aber ich will meinen Frieden.«

Langsam verzogen sich seine Mundwinkel zu einem Grinsen. Ich bückte mich und klaubte weiter Kartoffeln.

Am späten Vormittag machten wir eine Pause, fuhren zurück zum Hof und vesperten. Die Oma brachte Bratkartoffeln und Blutwurst und holte Brot aus der Speis. Der Bauer biss in ein Stück Wurst. Ich riss einen Kanten Brot ab. »Es schafft sich leichter, wenn die Äcker eben sind.«

»Bei euch daheim gibt's mehr Buckel, gell?«

»Manchmal ist's arg und wenn die Gäule den vollen Heuwagen heimziehen, kannst Angst haben, dass der Wagen umkippt.«

»Ist dir's mal passiert?«

Ich schüttelte den Kopf. »Wo ist eigentlich die Bäuerin?«

Der Bauer hörte auf zu kauen. Er schluckte, legte seine Gabel auf den Tisch. »In Weißenau«, sagte er und rieb sich einen Brotkrümel von der Wange.

Ich erschrak.

Er betrachtete die Blutwurst auf seinem Teller, kratzte sich am Ohr. »Nach der Geburt vom Buben ist sie seltsam geworden.«

Ich sagte nichts, wartete ab.

»Der Karl war grad geboren, da ist sie aus dem Fenster gesprungen.«

Am Morgen vor Heiligabend fuhr der Bauer mit seinem Volkswagen nach Weißenau.

In der Küche roch es nach Gänsebraten, Äpfeln und Lebkuchen. Die Oma schnitt Gelbe Rüben, in einer Kasserolle köchelte Blaukraut, im Ofen backten Plätzchen. Unterdessen putzte ich das Haus, räumte die Stube auf, schrubbte die Dielen, kehrte den Hausgang und wusch den Flickenteppich. In den Kammern zog ich neue Bettwäsche auf. In der Waschküche heizte ich den Kessel ein, schnitt Seife in Stücke und rührte sie in kochendes Wasser, bis es schäumte.

Draußen wehte der Wind den Schnee über den Hof. Der Hund lief hinter einer Henne her und scheuchte sie zurück in den Stall. Ich fischte ein Hemd aus der Waschlauge und wrang es aus. In der Früh, als alle noch geschlafen hatten, hatte ich die Stube eingeheizt und das Hochzeitsbild angeschaut. Die gelbe Katze räkelte sich auf dem Kanapee, während ich dastand, die Bäuerin in ihrem weißen Kleid betrachtete und mir vorzustellen versuchte, dass sie tatsächlich aus dem Fenster gesprungen war.

Ich goss Seifenlauge auf das Hemd und rieb es mit der Wurzelbürste. Die Scheiben waren beschlagen, die Luft in der Waschküche war stickig und feucht, mein Rock klebte mir an den Beinen. Warum tat jemand so etwas – noch dazu eine Mutter, die grad ein Kind zur Welt gebracht hatte?

Am Nachmittag, ich stampfte die letzte Weißwäsche, hörte ich, wie ein Auto auf dem Hof vorfuhr. Mit dem Ärmel wischte ich den Dunst vom Fenster. Eine schmächtige Frau stieg aus, sah sich um, als wüsste sie nicht, wo sie war. Langsam ging sie zur Haustür. Der Bauer trug einen Koffer und lief voraus.

Bei der Vesper saßen alle schweigend am Tisch. Meine Finger waren rot und schmerzten, je wärmer sie wurden. Die Oma brach Brot ab und schnitt Käse vom Laib. Der Bauer schenkte Most ein. Verstohlen schaute ich zur Bäuerin hinüber. Sie aß sehr langsam. Es schien, als koste jede Bewegung sie große Mühe. Als der Bub aufwachte, legte die Oma ihn ihrer Schwiegertochter in den Schoß.

Die Bäuerin sah aus, als wüsste sie nicht, was sie mit dem Baby tun sollte.

Das Licht war fahl, wie oft im Januar, dabei war erst früher Nachmittag. Der Bauer und Willis Bruder, der Konrad, hieben abwechselnd ihre Äxte in die Kerbe in einer Buche, das Holz des Stamms knackte bereits. »Achtung, Baum fällt!« Der Gebhard, der andere Bruder meines Schwagers, sprang zur Seite. Holz splitterte, langsam neigte sich der Stamm, er fiel, krachte mit Getöse durchs Geäst der umstehenden Bäume und schlug schließlich mit lautem Donnern zu Boden. Schnee stob nach allen Seiten und Vögel kreischten.

»Auf geht's«, sagte der Gebhard, nahm einen Schluck aus der Schnapsflasche und reichte sie weiter.

»Gegen die Kälte in Schwäbisch Sibirien«, sagte der Bauer und zwinkerte mir zu. Die Spitzen seiner buschigen Augenbrauen waren gefroren.

Die Männer begannen, die Krone vom Baum zu trennen und Äste vom Stamm zu sägen. Ihre Motorsägen kreischten, ihre Äxte hieben dumpf, in einem monotonen Rhythmus. Ich zog Äste und Zweige beiseite, stapelte sie am Wegrand im Laub.

»Das ist eine rechte Arbeit für Mannsbilder.« Die Paula wischte sich über ihre rotgefrorene Nase. Sie sammelte schon den ganzen Vormittag Reisig.

»Ich mach's auch gern.« Ich richtete mich auf. »Es ist schwere Arbeit, aber ich schaff lieber draußen als im Haus.«

»Schon immer?«

»Schon daheim in der Viehweid.«

»Viehweid? Da kommst her?«

»Freilich.« Ich zog einen Holzsplitter aus meinem Handschuh. »Und woher bist du?«

Die Paula sah mich an, dann kicherte sie. »Aus Urlau.«

»Aus Urlau?«

»Ja.« Sie schob ihre Mütze zurück. Sie hatte blaue Augen, ein breites, flächiges Gesicht und volle Lippen. Sie war etwas jünger als ich. »Wie bist ausgerechnet hierhergekommen, zum Stadler Karl?«

»Mein Schwager war Knecht bei ihm. Damit er meine Schwester heiraten konnt, hab ich müssen seine Stelle antreten.«

Die Paula nickte, als wüsste sie das. Ihre Mütze rutschte ihr vom Kopf. Sie hatte lockiges blondes Haar. »Du musst mich besuchen kommen, dann können wir schwätzen.« Sie bückte sich, steckte die Mütze in die Tasche ihrer Jacke, hob ein Büschel Zweige auf und band sie zu einem Bündel.

»Freilich, gern.«

Sie beugte sich vor. »Sag, bist zufrieden mit deine Leut?«, fragte sie leise.

Ich nickte. Der Bauer war verträglich und über die Bäuerin wollte ich nicht reden; dass sie sich so langsam bewegte, dass sie am Heiligen Abend den ganzen Tag im Bett geblieben war, dass sie manchmal aussah, als würde sie gleich losweinen, verwirrte mich, ich konnte mir nicht erklären, was mit ihr los war.

»Komm doch morgen Abend zu mir.« Die Paula hob ein Bündel Reisig auf.

»Gern«, sagte ich.

»Dann bis morgen.« Sie wandte sich um und stapfte über den verschneiten Waldweg Richtung Weiler.

Am Abend saßen die Mannsbilder in der warmen Stube. Die Oma war mit dem Baby hinauf in die Kammer gegangen, ich schrubbte die Kasserollen und das Geschirr vom Nachtessen. Willis Brüder rissen Witze, alle lachten, jemand schlug mit der Hand auf den Tisch.

»Komm zu uns, Dora«, sagte der Bauer, als er neuen Most holte und ich das Geschirr in den Schrank räumte. »Trink mit uns.« Ich trocknete meine Hände, löste die Bänder der Schürze. Der Konrad sprang auf und holte mir einen Becher.

»Prosit!«, rief der Gebhard.

Niemand verlor ein Wort über die Bäuerin, die am Tag zuvor ins Spital zurückgekehrt war.

Am Sonntag nahm der Bauer mich mit zur Messe. Wir fuhren mit seinem Volkswagen ins Dorf, und als wir ankamen, war der Platz schon voller Leut. Die Oma und der Bauer grüßten, schwätzten mit Verwandten und Nachbarn, stellten mich vor. Ich schüttelte Hände, nickte, grüßte höflich. Hin und wieder schaute ich mich nach der Paula um, doch ich sah sie nicht. »Du wirst hier bald alle kennen«, sagte die Oma und wiegte das Baby. Ich nickte. Sie lächelte und drückte meinen Arm.

Die Glocken schlugen und die Leut gingen in die Kirche. Drinnen war es kühl, beinahe kalt, es roch nach feuchtem Mauerwerk. Schritte schlurften durch die Reihen, das Kirchengestühl knarrte. Alte Weiber beteten den Rosenkranz.

Gegrüßet seist du, Maria,
voll der Gnade,
der Herr ist mit dir,
du bist gebenedeit unter den Weibern,
und gebenedeit ist die Frucht deines Leibes,
Jesus …

Durch die bleiverglasten Fenster fiel kaum Licht, doch der Altar war schön geschmückt, überall standen Blumen, es roch nach Weihrauch; ich mochte den Geruch. Ich bekreuzigte mich, knickste und rutschte in eine Bank, neben die Oma. Ein paar Reihen vor uns entdeckte ich die Paula. Sie trug ein schwarzes Kleid und eine Weste, ihr blondes Haar war hochgesteckt. »Das ist ihre Bäuerin«, sagte die Oma und deutete auf ein korpulentes Weibsbild neben der Paula. Eine Alte ließ sich neben mir nieder, ihr Gesicht war hager, ihr Kopftuch fest gebunden. Ihre Nase lief. Vorne trat der Pfarrer vor den Altar; etwas war mit seinem Genick, er hielt den Kopf seltsam schief, und immer, wenn er zur Gemeinde sprach, schaute er zur Wand hinüber. Ich schlug mein Gesangbuch auf. Das erste Lied war *Lobe den Herrn*.

Lobe den Herrn,
den mächtigen König der Ehren!
Meine geliebete Seele,
das ist mein Begehren …

Ich dachte an den Vater, die Monik, den Willi, den Sepp, die jetzt in Herlazhofen in der Kirche saßen. An Mariä Lichtmess war ich zuletzt bei ihnen gewesen, denn mit dem Fahrrad fuhr ich zwei Stunden bis in die Viehweid.

Nach der Messe tauschten wir unsere Sonntagskleider gegen saubere Werktagskleider, der Bauer und ich sahen nach dem Vieh. Dann stiegen wir wieder in den Volkswagen und fuhren nach Füramoos, wo die Eltern der Bäuerin einen kleinen Hof hatten, ein paar Kühe, ein paar Hühner. Die Oma, ein schmales, redseliges Weib, tischte halbe Hennen auf, Krautbaunzen und Speckkartoffeln. Der Bauer sprach ein Dankgebet.

Im täglichen Mahl, o Herr,
erkennen wir deine Güte.
Wir danken dir und loben dich in Ewigkeit.
Amen.

Nach dem Essen fuhr die ganze Familie nach Weißenau. Ich lief heim und molk das Vieh.

So vergingen Wochen.

In der Früh um halb fünf stand ich auf und ging in den Stall. Ich molk; mit der Melkmaschine ging es schneller, und bei Kühen, die zäh zu melken waren, machte es die Arbeit leichter, doch ich hatte immer gern gemolken, manchmal vermisste ich es, mit den Daumen über die Zitzen zu fahren, auf und ab zu streichen, dass die Milch spritzte. Anschließend mistete ich und fütterte – die Kühe, die Gäule, die Sauen, die Hennen. Ich trug die Milch zur Rampe und wartete auf das Milchauto.

Kuhstall auf dem Stadler-Hof in Eberhardzell

Wenn der Bauer aufstand, hatte die Oma Frühstück bereitet. Danach droschen wir, mahlten Gerste, machten Silo, schroteten. Wir fuhren in den Wald und machten Holz. Bei schweren Arbeiten halfen Willis Brüder, doch meist schafften wir zu zweit.

Ich schaffte wie ein Knecht.

Doch der Bauer war verträglich. Wenn er verschlafen in den Stall kam und sah, dass alle Arbeit getan war, war er nachgerade brav. Abends, nachdem das Vieh versorgt und die Küche aufgeräumt waren und die Oma zu Bett ging, legte er im Ofen in der Stube Holz nach und lud mich ein, einen Most mit ihm zu trinken.

Manchmal besuchte ich auch die Paula.

In der Früh trieb ich die Kühe auf die Weide. Die Kälber sprangen, manche schlugen mit den Hinterbeinen aus, die Kühe rammten einander an den Schultern und stießen sich vor Übermut ihre Hörner in die runden Seiten. Mit einem Stecken trieb ich sie den Pfad hinunter, sie schnaubten und warfen die Köpfe hin und her. Die Sonne schien und am Himmel standen ein paar weiße Wolken, die aussahen wie hingemalt. Noch immer blies ein frischer Wind, doch es roch nach Gras und wilder Kamille, im Garten blühten Osterglocken.

Über grüne Wiesen lief ich zurück.

In der Küche bereitete die Oma Leberspätzle und geschmälztes Apfelmus. »Das mag sie gern und vielleicht hilft's ja.« Sie rieb Semmelbrösel über die gedünsteten Äpfel und hobelte die Leberknödelmasse mit dem Spatzenhobel ins Salzwasser. Ich sah aus dem Fenster, auf den Platz vor der Garage, wo sonst der Volkswagen stand.

»Vielleicht stimmt's sie auch fröhlicher, wenn alles sauber und aufgeräumt ist.« Ich nahm einen Besen und kehrte die Stube. Ich ließ Wasser in einen Eimer und schrubbte die Dielen. In den Kammern zog ich neue Laken auf, ich wusch den Flickenteppich und putzte die Schuhe im Hausgang. Am Ende lief ich in den Garten, schnitt ein paar Palmkätzchenzweige und stellte sie in die Stube. Als der Volkswagen auf den Hof fuhr, rückte ich grad das Hochzeitsbild zurecht und wischte eine Spinnwebe fort. Ich steckte den Putzlumpen in die Tasche meiner Schürze, strich mir die Haare zurück und ging zur Haustür.

Die Bäuerin stieg aus dem Auto und schaute sich um, als sähe sie das Haus und den Hof zum ersten Mal. Sie trug einen blauen Mantel, und ihr Haar war frisch frisiert, über ihrem Arm hing eine gelbe Handtasche. Sie hatte zugenommen, wirkte beinahe korpulent, trotzdem sah sie aus wie eine Dame, als sie sich beim Bauern einhängte, und bei jedem Schritt bauschte der Saum ihres Kleides unter dem Mantel hervor. »Du bist sicher die Dora?« Sie reichte mir die Hand und strahlte übers ganze Gesicht. »Herzlich willkommen bei uns.«

»Danke«, murmelte ich verwundert; sie war es doch, die man willkommen heißen musste. Außerdem kannten wir uns bereits.

Die Bäuerin zog ihren Mantel aus und hängte die gelbe Handtasche an einen Holzhaken im Hausgang. Sie schlüpfte in ein Paar Holzpantinen, was seltsam aussah zu dem geblümten Kleid mit dem Gürtel und dem runden Ausschnitt. Sie lächelte und ging in die Stube. »Wo steckt denn mein kleiner Karl?«, rief sie mit hoher Stimme.

Der Bub saß auf einer Decke auf dem Boden und kaute an einer Strohpuppe. Stumm betrachtete er die fremde Frau, die mit ausgestreckten Armen auf ihn zueilte. Ehe er sich's versah, hob sie ihn hoch und schwang ihn durch die Luft. Er verzog das Gesicht, lachte und kreischte.

Als wäre sie nie fort gewesen, kümmerte sich die Bäuerin fortan um den Haushalt und ihren Sohn. Der Bauer scharwenzelte um sie herum, las ihr jeden Wunsch von den Augen ab; er wirkte, als wäre eine schwere Last von ihm gefallen. Die Oma folgte ihrer Schwiegertochter anfangs auf Schritt und Tritt, sobald diese den Buben aus seinem Bett hob; nach einer Weile zog sie sich zurück und verbrachte die meiste Zeit in ihrer Kammer. Auch ich war froh, dass endlich alles war, wie es sein sollte.

Der Bauer und ich fuhren jeden Tag auf die Äcker, eggten, misteten, säten, wir brachten Gülle aus, setzten Kartoffeln, Kohl und Kohlrabi, wofür es jetzt auch eine Maschine gab. Ich pflanzte Gemüse, sammelte Eier und fütterte die Hennen. Ich molk das Vieh und mähte Gras, putzte die Kühe und die Gäule und fütterte die Sauen. Jeden Abend vorm Zubettgehen lief ich in den Stall, spritzte den Kühen ein wenig geweihtes Wasser auf die Stirn und wünschte ihnen eine gute Nacht.

Als ich aus dem Stall kam, stand oben am Fenster ihrer Kammer die Bäuerin und schaute auf das Wegkreuz vor der Hofeinfahrt, einen grauen Stein mit dem Bild der Muttergottes, vor den ich rote Geranien gepflanzt hatte. Wind rauschte durch den Hafer auf dem angrenzenden Acker, Amseln und Spatzen hüpften über den Sand. Das neue Baby schrie, die kleine Anna, doch die Bäuerin rührte sich nicht.

Ich lief zur Rampe unter dem Birnbaum und nahm eine von den Käswasserkannen, die der Bauer am Abend zuvor aus der Käserei geholt hatte, und ging in den Schweinestall. Die Sauen wühlten im Stroh, quiekten und drängten sich an den Trog, als sie die Kanne sahen. Ich nahm den Deckel ab und schüttete die Molke hinein. Die Sauen grunzten und schmatzten. »Euch schmeckt's, gell?« Ich schob eine Locke unters Kopftuch und wischte mir übers Gesicht. Draußen schimpfte der Karl, und im Kuhstall warf der Bauer Heu vom Heuboden. Die Kühe muhten, vor dem Fenster glitzerte eine Spinnwebe in der untergehenden Sonne.

Wieder schrie der Karl; er war ein ungeduldiger Bub, der alles allein machen wollte und sich nicht gern helfen ließ. Vor ein paar Monaten hatte die Bäuerin ein zweites Kind bekommen. Die ganze Schwangerschaft hindurch war sie verträglich gewesen, hatte sich um den Haushalt und den kleinen Karl gekümmert. Ich sollt ihr ständig Kinder machen, hatte der Bauer eines Tages gesagt und gelacht, doch das Lachen hatte bitter geklungen.

Die Sauen stießen ihre Schnauzen in den Trog, ihre fetten Körper drückten sich aneinander, schoben einander fort, sie stiegen übereinander, schleckten und schmatzten, ihre Nasen zuckten, ihre kleinen Augen blinkten, ihre blonden Wimpern schlugen auf und ab. Als der Bauer an Nikolaus gefragt hatte: »Dora, bleibst noch ein Jahr?«, hatte ich genickt. Er war einfach zu haben und gesellig, es gab gutes Essen und jeden Tag Most und ich verdiente achtzig Mark im Monat; wenn der Metzger kam und eine Kuh kaufte oder ein Kalb, bekam ich Stallgeld, fünf Mark für eine Kuh, eine Mark für ein Kalb. Auf meinem Sparbuch lagen bereits dreitausend Mark. Nur mit der Bäuerin ging es auf und ab. Bald nach der Geburt der Anna hatte der Bauer sie wieder für mehrere Wochen nach Weißenau bringen müssen; hatte sie zu viel Milch, stieg sie ihr ins Gehirn?

»Was tun wir nur?«, hatte der Bauer gefragt, wenn wir abends beisammengesessen hatten. »Was mach ich mit dieser Frau?«

»Lass sie sich auskurieren, dann sehen wir weiter«, hatte ich geantwortet. »Die Ärzte werden ihr schon helfen.« Er hatte Schnaps eingeschenkt. Unter seinen Augen hatten Schatten gelegen. Manchmal hatte ich ihn nachts draußen herumlaufen sehen, er hatte vorm Wegkreuz gekniet, gebetet. Auch ich hatte jeden Abend vorm Schlafengehen ein Vaterunser für die Bäuerin gebetet.

Die Sauen quiekten, reckten ihre Köpfe und stießen gegen das Gatter. Der Trog war leer. Ich goss das restliche Käswasser hinein und trug die leere Kanne zum Tor. Über dem Haferfeld leuchtete der Himmel rot wie Blut. Im Kuhstall stieg der Bauer die Leiter vom Heuboden hinunter.

Da hörte ich den Schrei.

Ich ließ die Kanne fallen und rannte hinaus. Der Karl hockte neben dem Misthaufen, das Gesicht erstarrt. Der Hund jaulte, und im Hausgang stand die Oma, kreidebleich, die Hand vor den Mund geschlagen. Auf dem Platz vor dem Haus lag die Bäuerin, das Gesicht im Staub, die

Beine seltsam verdreht. Oben vor dem Kammerfenster wehte die weiße Gardine im Wind.

Am Sonntag nach der Messe pflückte ich Blumen, und der Bauer stieg in den Keller und kam mit zwei Flaschen Most zurück. »Wann warst das letzte Mal daheim?«

»Vor sechs Wochen.«

Wir setzten uns in den Volkswagen, fuhren nach Füramoos und Adelshofen, an der Kapelle vorbei, die steilen, kurvigen Straßen hinab und durchs Wurzacher Ried, wo die Sumpfblumen blühten und das Wasser in den Gräben und Moorteichen dunkel glänzte. Wir fuhren durch die Gassen von Bad Wurzach, vorbei am Stadtbrunnen, am Schloss, am Rathaus, wo Spaziergänger und Kurgäste flanierten; je weiter wir fuhren, desto munterer wurde er.

In Willerazhofen spielten Kinder vor dem Haus Nummer 22, in Heggelbach stand der Parkplatz vorm Hirsch voller Autos. Über den Wiesen in der Ebene bei Leutkirch schien die Sonne. In Herlazhofen bat ich den Bauern, am Friedhof zu halten; vor einer Weile hatte der Glockenturm neue Glocken bekommen und das Geläut tönte wieder bis hinaus in die Wiesen. Ich nahm die Blumen, lief durch das niedere Tor und zum Grab der Mutter. Jemand hatte eine Geranie gepflanzt und ich kniete nieder, legte meine Blumen daneben, spritzte ein wenig geweihtes Wasser auf das Grab, schlug ein Kreuz und betete ein Vaterunser.

Daheim saß der Vater auf der Bank vorm Haus und rauchte eine Zigarre. Als er mich sah, huschte ein Lächeln über sein Gesicht. Er trug saubere Werktagskleider und Hosenträger über dem gestreiften Hemd, die Schuhe waren frisch geputzt und sein Haar war nass zurückgekämmt; zum ersten Mal fiel mir auf, wie grau es war. Der Vater stand auf, reichte dem Bauern die Hand, und ich dachte daran, wie er immer nach der Mutter gerufen hatte, wenn ich heimgekommen war. Ich reichte ihm den Most.

Die Monik hatte Schupfnudle bereitet. Der Vater trug den Most in die Küche und der Willi begrüßte den Stadler Karl. Ich setzte mich an den Tisch, der jetzt in der Ecke vor den Fenstern stand, so dass man beim Essen auf der einen Seite auf eine Wiese sah, auf der anderen Seite auf einen Hügel und den Weg, der sich in den angrenzenden Wald schlängelte. Es gab eine neue Eckbank, das Kanapee stand neben der Tür zum Hausgang. Hier war nun der Willi der Bauer; der Vater hatte seine Kammer unterm Dach und half auf dem Hof, der Sepp hatte vor kurzem die Tochter vom Reutlinger-Bauern geheiratet und wohnte drüben im Dorf. Die Frida lebte mit ihrem Mann in Nannenbach, doch sie kam selten heim. Manchmal dachte ich, sie hat uns nie richtig mögen, vielleicht waren wir ihr nicht christlich genug.

»Gut siehst aus, Mädle«, sagte der Vater.

»Ich bin viel draußen. Ich schaff jeden Tag mit dem Bauern.«

»Wie geht's den beiden Butzele?«, fragte die Monik; sie war in anderen Umständen.

»Gut.« Ich stach mit der Gabel in eine Schupfnudl.

Niemand fragte nach der Bäuerin, die wieder im Spital war.

Zum Kaffee hatte die Monik einen Hefezopf gebacken. Sie kam mit einer Schale Rahm aus der Speis herauf, als ich ihn aufschnitt. »Wie geht's der Paula aus Urlau?«

»Sie hat geheiratet und ist mit ihrem Mann an den Bodensee gezogen.«

»Ach.« Die Monik füllte den Rahm in ein kleines gläsernes Butterfass und schloss den Deckel. Dann hielt sie inne. »Weißt, was?«

Ich sah auf. Ihr Gesicht war gerötet, ihr Haar gelockt von

einer frischen Dauerwelle; nur die Frida trug noch die Gretchenfrisur, die sie schon als Mädle getragen hatte. »Nein, aber du sagst's mir sicher gleich.«

»Der Willi …« Die Monik kurbelte und der Rahm schwappte durch das Glas. Die Katze sprang auf den Sims am Fenster. »Ich …«

Ich leckte das Messer ab und schob die Kuchenstücke auf einen großen flachen Teller. »Ja?«

»Wir haben eine Heiratsannonce für dich aufgegeben.«

»Der Willi und du?«

»Nein, ich … Also, es waren unsere Cousinen, die Maria und die Frieda.«

»Eine Heiratsannonce? Aber ich will gar nicht heiraten.«

»Dora, du kannst doch nicht immer allein bleiben. Du bist schon über dreißig, willst eine alte Jungfer werden?«

»Nein, aber ich will kein Mannsbild im Haus haben und früher oder später stellt sich heraus, er ist ein Lump.«

»Nicht alle Mannsbilder sind so.«

»Ich hab genug getroffen, die so waren.«

Die Monik zuckte mit den Schultern und sah mich an, als wäre ich nicht bei Trost. »Du bist heikel bis dorthinaus.«

Ich zuckte ebenfalls mit den Schultern, nahm ihr das Butterfass aus der Hand und gab den Schlagrahm in eine Schale.

Auf dem Heimweg saß ich auf dem Beifahrersitz und sah aus dem Fenster. Der Bauer steuerte, er fuhr sehr sicher, er wusste genau, was zu tun war. »Willst auch mal fahren?«

»Was? Jesus, da bin ich gleich hin!«

Er lachte. »Meinst, du kannst nicht übers Lenkrad schauen? Dann legst dir halt ein Kissen auf den Sitz.«

»Wenn eins man reicht.«

»Auf dem Fuhrwerk kommst doch auch zurecht.«

»Das ist was anderes. Mit den Rössern ist es immer gut gegangen. Aber was mach ich, wenn mir auf der Straße ein Fahrzeug entgegenkommt? Gütiger Himmel, nein …« Ich fuhr gern Auto, aber selbst ans Steuer, das traute ich mich nicht.

Der Bauer lachte und packte das Lenkrad mit beiden Händen. Hinter Bad Wurzach wurde er stiller. Die letzten Kilometer sprach er nicht mehr. Als wir vor der Garage parkten und ausstiegen, sah er hinauf zum Kammerfenster. »Was tun wir nur?«

Am Mauervorsprung stieß ich mich ab und schwang mich hoch. Das Ross stand still, bis ich die Zügel anzog. »Brav, Hans.« Ich strich dem Wallach über den Hals und ritt hinter dem Bauern her. Wir trabten über die Stoppelfelder Richtung Füramoos. »Hast schon Antwort von den Herren?«

Ich zog die Decke zurecht, auf der ich saß, und nahm die Zügel kürzer. »Fünfundzwanzig Briefe.«

Der Bauer schnalzte. »Und was machst jetzt?«

»Weiß nicht.« Die Annonce hatte mich nicht begeistert, doch als ich die Briefe in der Hand gehalten hatte, hatte es mich amüsiert. Ein Mannsbild hatte auf blütenweißem Papier geschrieben, er wäre entzückt, meine Bekanntschaft zu machen; auf dem Umschlag stand in sauberer Handschrift die Chiffrenummer. Einer hatte seinen Brief mit der Schreibmaschine getippt und so viele Fehler gemacht, dass ich kaum lesen konnte, was er schrieb. Ein anderer hatte einen braunen Umschlag geschickt, auf dem eine durchgestrichene Anschrift und die Chiffrenummer standen; auf einem kleinen Zettel hatte er geschrieben: *bin interessiert, mehr demnächst.* Ein Brief war auf Luftpostpapier geschrieben und steckte in einem hellblauen Umschlag, und ein Ernst vom Bodensee hatte ein Gedicht geschickt. Einer hatte eine Fotografie beigelegt; den hatte ich gleich aussortiert, denn er war hässlich. Einer hatte geschrieben, er suche eine feine Dame; der wollte sicher keine Magd, also hatte ich ihn auch aussortiert.

»Lass sie einfach alle kommen.« Der Bauer schob seinen Hut zurück und ließ die Zügel locker, die Stute fiel ins Schritttempo. Ich gab auch mit den Zügeln nach und ließ den Wallach langsamer laufen. Der Bauer zündete sich eine Zigarette an.

»Ich weiß nicht. Was tu ich, wenn einer in der Tür steht und ich weiß auf den ersten Blick, er ist ein Hund?«

»Lass sie alle kommen. Mit denen werden wir schon fertig.« Er zog die Zügel an, legte die Beine fester an den Bauch der Stute. »Komm, wer zuerst in Füramoos ist.«

Ich trieb meinen Wallach an.

Am darauffolgenden Sonntag kam der Paul, der auf blütenweißem Papier geschrieben hatte, er wäre entzückt, meine Bekanntschaft zu machen. Ich hatte ihn zum Mittagessen bestellt. Er war groß gewachsen, sein Haar sauber gescheitelt, der Anzug tadellos. Er überreichte mir einen Strauß Astern und erkundigte sich höflich nach meinem Befinden. Er erzählte, dass er bei einer Versicherung tätig sei und bald befördert würde. Er stocherte in den Krautkrapfen und sah sich um. Es war offensichtlich, dass auch er eine feinere Dame suchte, als ich es war.

Der Gerhard kam, als der Paul grad ging, und ich holte Kaffee und Kuchen aus der Küche. »Wer war das?«, fragte er mit vollem Mund.

»Ein Bewerber«, sagte ich.

Er schluckte. Und ging kurz darauf.

Am Nachmittag kam der Ernst vom Bodensee, der Dichter. Er war ganz patent, nicht so weinerlich, wie ich erwartet hatte. »Man sieht sich«, sagte ich, als das Vieh muhte und es Zeit war zu melken. Doch man sah sich nicht wieder.

Am darauffolgenden Wochenende kamen der Helmut, der Viktor und der Reinhold. »Von denen taugt keiner«, sagte der Bauer am Abend.

»Recht hast«, sagte ich. Der Helmut hatte schmutzige Finger und aß wie ein ausgehungerter Hund. Der Viktor stotterte und hatte die unangenehme Angewohnheit zu furzen, wenn er lachte. Er sagte, er wolle lieber eine Bäuerin als eine Magd heiraten und ich wünschte ihm viel Glück. Der Reinhold besaß eine Mosterei, war aber arg beschränkt.

Am dritten Sonntag kamen der Bruno und der Albert. Der Bruno war blass, schmächtig und behindert, manchmal erinnerte er mich an den Georg, den Bruder der Gaile-Bäuerin, ich wartete nur darauf, dass er zu schaukeln begann. Der Albert war nett und konnte lustige Geschichten erzählen, doch nachdem er am Abend ging, hörte ich nie wieder von ihm, und eigentlich war ich auch nicht traurig drum.

»Lassen wir's gut sein«, sagte ich, obwohl der Bauer und die Oma sich arg amüsierten.

»Willst wirklich keinen von denen?«, lachte der Bauer.

Ich schüttelte den Kopf. Ich wollte nicht heiraten, ich wollte keine Kinder. Ich wollte leichtere Arbeit, eine, bei der ich einmal ein ganzes Wochenende frei hatte; als Magd bekam ich grad acht Tage im Jahr frei.

Doch das sagte ich nicht.

Der Bauer nahm die leeren Milchkannen von der Rampe und lief über den Hof. Der Hund leckte sich mit seiner langen Zunge über die Nase und lief hinterher. Er stupste den Bauern mit der Schnauze in die Kniekehle, der sah sich um, bückte sich und ließ dabei eine Kanne fallen, die mit lautem Getöse über den Boden rollte. Im nächsten Augenblick sprang der Bulle aus dem Stall. Den Strick am Nasenring hinter sich herschleifend, rannte er über den Hof, bockte, keilte aus, lief dem Gockel hinterher, der um sein Leben krähte. Er spießte seine Hörner in einen Ballen Stroh und wirbelte es durch die Luft. Dann blieb er stehen, hob den Kopf und sah sich um. Seine Augen blitzen angriffslustig.

Alles war so schnell gegangen, dass ich es kaum begriff. Reglos hockte ich auf dem Heuboden und schaute hinunter. In der Haustür erschien die Oma, sie schrie auf, als sie den Bullen sah. Der Häge wandte sich um, senkte den Kopf. Er scharrte mit den Klauen im Schotter, sein massiger Leib zitterte. Dann rannte er los.

Im letzten Moment schlug die Oma die Tür zu.

Brüllend stieß der Häge seine Hörner gegen das Holz. Der Bauer griff beherzt nach einer Mistgabel, die an der Wand lehnte. Vom Nachbarhof kam der Kübler-Bauer angelaufen, hinter ihm der Mangler-Bauer, ein schmächtiges Mannsbild mit glutschwarzen Augen. Als sie den Bullen sahen, blieben beide wie angewurzelt stehen. Langsam näherte sich der Bauer dem Bullen. Der ließ unvermittelt von der Tür ab und trabte zurück in die Mitte des Hofs, schüttelte zwei-, dreimal den Kopf und schnaubte. Der Bauer rief ihn beim Namen, rief beschwichtigende Worte, doch der Bulle schien ihn gar nicht zu hören, denn er verfolgte aufmerksam jede Bewegung des Mangler-Bauern.

Aus dem Stand raste der Bulle auf ihn zu und der Mangler-Bauer konnte sich nur mit einem Satz auf den Misthaufen in Sicherheit bringen. Das Schnauben des Bullen war jetzt ein rauhes Brüllen. Er stieß seine Hörner in den Misthaufen, wirbelte das nasse Stroh hoch, der Mangler-Bauer bekreuzigte sich. Vorsichtig pirschten sich die beiden anderen Mannsbilder an. Da drehte der Häge den Kopf.

Auge in Auge standen sich Bauer und Bulle gegenüber.

Blitzschnell griff der Bauer nach dem Strick, und ehe der Bulle begriff, was geschehen war, kamen die anderen angelaufen und drängten ihn in den leeren Schweinekoben außen an der Stallwand. Der Häge schnaubte, schüttelte den Kopf und ließ sich in den Koben drängen; offenbar hatte er die Lust am Spiel verloren. Die Mannsbilder schlossen das Gatter und legten einen Riegel vor. Der Bauer wischte sich den Schweiß von der Stirn. Dem Mangler-Bauern zitterten die Knie, seine Augen sprühten, ob vor Angst oder vor Wut, konnte ich nicht sagen.

Ich hastete die Leiter hinunter und in die Küche und holte eine Flasche Schnaps.

Die Sonne schien, der eisige Wind hatte nachgelassen. Es roch nach reifen Äpfeln und eine neugierige Henne stach ihren Schnabel in das Geflecht eines Korbs. Ich scheuchte sie beiseite und schüttete die Äpfel in einen Zuber. Die Henne gackerte und schimpfte.

Wochenlang hatten der Bauer und ich Getreide eingefahren, das letzte Heu gemäht, Obst und Gemüse geerntet, Kartoffeln und Kohlrabi geklaubt, wir hatten von früh bis spät geschafft und immer hatten wir Angst gehabt, es könne wieder etwas geschehen. Seit die Bäuerin aus dem Spital entlassen worden war, wechselten ihre Stimmungen ständig. An manchen Tagen blieb sie bis zum Abend im Bett und weinte, kam sie in die Küche, schien sie durch die Oma und mich hindurchzusehen, die Kinder waren verstört. Dann war sie wie ausgewechselt, fröhlich und emsig, sie lachte und packte überall an. Am ärgsten waren die Tage, an denen sie nicht stillstehen konnte. Wenn sie mir in den Stall folgte und das Vieh streichelte und neckte, während ich molk und fürchtete, die Kuh würde gleich austreten. Wenn sie mir dies und das auftrug und es im nächsten Moment vergessen hatte und mir andere Arbeiten auftrug. Wenn sie wie getrieben umherlief, die Küche putzte, das Sonntagsgeschirr, das Silber, bis ihr einfiel, dass sie ein neues Kleid für die Messe brauchte, alles liegenließ und sich an die Nähmaschine setzte. An diesen Tagen versuchte ich, ihr aus dem Weg zu gehen.

Ich lief zum Brunnen, um frisches Wasser zu holen. Der Bauer lud Körbe vom Fuhrwerk und stellte sie auf die Pflastersteine vor der Waschküche. Der Hund lag in einer windgeschützten Ecke, die Vorderpfoten gekreuzt, hielt er einen Stecken und nagte daran. Die Bäuerin wusch Äpfel in einer Wanne, so langsam, dass ich es kaum mit ansehen konnte; als säße ein Motor in ihrem Inneren und jemand hätte ihn auf die niederste Stufe gestellt.

»Ein guter Most gibt gute Dienstboten, gell?« Der Bauer zwinkerte; dabei tat er nur fröhlich, er wusste längst nicht mehr, was er mit seinem Weib anfangen sollte.

Ich stellte den Eimer ab und wischte mir die Hände ab. »Ich hol Schüsseln und ein Messer.« Der Bauer kratzte Maischereste aus der Presse und nickte.

Im Hausgang roch es nach Kartoffelsuppe. Daheim hatten wir unsere Äpfel alle Jahre zur Wirtschaft gebracht, bei der Krone und beim Adler gab es eine Mosterei, doch die Bauern in Oberhornstolz besaßen eine eigene Mostpresse und machten ihren Most selbst. In der Küche würzte die Oma grad die Suppe mit Kümmel und Muskatnuss. »Ich hab schon Hunger«, sagte ich.

»Wenigstens ein Weib im Haus, das isst«, sagte sie.

Ich nahm Schüsseln vom Sims und ein Messer aus der Lade unterm Tisch. Nebenan in der Stube lag die kleine Anna auf einer Decke, die die Oma auf dem Boden ausgebreitet hatte. Der Karl kitzelte sie mit einem Strohhalm.

Sie greinte. Als sie mich sah, verstummte sie. Ich winkte. Die Anna schaute mich aufmerksam an. Ich winkte noch einmal. Sie lachte und ihre Zähnchen blitzten. Ich steckte das Messer in meine Schürzentasche und wandte mich um. Die Anna begann zu plärren. Ich stellte die Schüsseln beiseite und ging in die Stube, nahm das Mädle hoch, setzte mich auf die Ofenbank, hielt seine Hand in meiner und strich der gelben Katze, die zusammengerollt auf einem Kissen lag, übers Fell. Die Katze hob den Kopf. Der Karl streichelte sie ebenfalls, kraulte ihren Bauch. Die Katze streckte sich, räkelte sich und schnurrte. Die Anna brabbelte. »Katze«, sagte ich.

»Atze«, sagte der Karl und sah mich mit ernstem Gesicht an.

Ich strich ihm übers Haar. »Komm, Bub, ich muss wieder schaffen.« Ich stand auf, trug das Baby zur Decke, hob die Katze mitsamt Kissen von der Ofenbank und bettete sie ebenfalls auf die Dielen. Sie blinzelte und ließ es sich gefallen, sie war alt und geduldig.

Der Bauer hatte eine Wanne unter die Presse geschoben. Ich füllte die gewaschenen Äpfel in die Schüsseln, sortierte die großen aus und zerteilte sie mit dem Messer. Die Sonne warf weiche Schatten auf die Wand neben der Tür zur Waschküche. Der Wind frischte auf und ich band mein Kopftuch fester. Der Bauer nahm eine Schüssel Äpfel und kippte sie in die Presse. Er lehnte sich gegen die Spindel, drehte mit aller Kraft, presste, seine Wangen leuchteten rot unter den spitzen Augenbrauen. Unten lief trüber Saft in ein Fass. Er öffnete die Presse, kratzte die Maische heraus und warf sie in einen Kübel; den würde der Förster holen und im Winter damit die Rehe füttern.

Die Bäuerin wusch immer noch Äpfel.

Am Nachmittag trugen wir die Fässer in den Keller. Es war düster und feucht und roch nach Alkohol. Der Bauer stellte die Fässer in einer Reihe an der Wand auf. Durch ein Loch im Deckel gab er Zucker in den Saft, in zwei Fässer füllte er auch Wasser. »Der andere wird Herrenmost.«

»Und den verdünnten Most kriegen die Dienstboten?«

Ein schmaler Lichtstreif fiel durch das hohe Fenster und auf seine großen Füße. Er richtete sich auf und lächelte. »Die guten Dienstboten kriegen auch Herrenmost.«

Draußen lehnte die Bäuerin an der Presse und starrte auf das Fass mit der Maische.

Seit Tagen gab die Lisa, eine Kuh, die der Bauer erst vor kurzem auf dem Viehmarkt gekauft hatte, keine Milch mehr. »Jetzt hock du dich mal drunter«, sagte ich am Abend zum Bauern.

Er nahm die Schläuche der Melkmaschine, stülpte die Zitzenbecher über die Zitzen. Es kam kaum Milch. Er streifte die Zitzenbecher ab und fuhr mit seinen Daumen über die Zitzen, wechselte flink hin und her, strich auf und ab und drückte. Ein dünner Strahl lief in den Eimer, der im nächsten Moment wieder versiegte.

»Sie geben alle weniger Milch, doch bei der Lisa ist es ganz arg. Dabei hab ich ihnen mehr Futter hingeworfen, morgens frisches Gras geholt, mit ihnen geredet, sie gestreichelt, ihre Euter massiert. Ich hab sie mit Weihwasser bespritzt und für jede Kuh ein Vaterunser gebetet.«

Der Bauer stand auf und schaute in den leeren Eimer. Eine Schwalbe schoss über seinem Kopf hinweg. Abwechselnd betrachtete er die Milch und die Kuh, als könnte er etwas sehen, was mir entgangen war. »Da müssen wir jemanden holen«, sagte er schließlich und fuhr sich durchs Haar.

»Weißt wen, der das kann?«

Der Bauer nickte.

Am nächsten Tag fuhr er mit seinem Volkswagen fort.

Als er zurückkam, saß ein Mannsbild auf dem Beifahrersitz. Der Fremde hatte dunkles, gelocktes Haar und einen Bart, er trug einen Jägerhut mit einem Gamsbart, eine dicke Joppe und derbe Hosen. Ich nahm die Suppe vom Herd, scheuchte die Katze aus der Küche und schloss leise die Tür. Durch den Hausgang lief ich hinaus und schlüpfte durch das Seitentor in den hinteren Teil des Stalls. Einen Moment sah ich nichts. Als sich meine Augen an die Dunkelheit gewöhnten, lehnte der Bauer an der Stallwand. Der Fremde hockte unter der Lisa und befühlte ihr Euter. »Was hat sie gefressen?«

»Heu und Gras. Die Magd treibt die Herde alle Tage auf die Weide.«

Ich duckte mich hinter einer Lattenwand; man wusste nie, über was für Kräfte solche Leut verfügten. Auch die Mutter war, als sie Magenschmerzen bekam, zu einem Gesundbeter gegangen und dem Vater hatte ein Heiler einen Furunkel am Hals kuriert. Ich hatte sogar von einem Buben gehört, den eine Schlange gebissen hatte, woraufhin sein Arm schwoll, und als er so blau und grün und dick war, dass die Doktoren ihn abnehmen wollten, ließ die Großmutter ein Weib mit besonderen Fähigkeiten holen. Am nächsten Tag war der Bub gesund.

»Was ist die Magd für eine?«

Ich zuckte zusammen.

»Für die leg ich meine Hand ins Feuer.« Der Bauer schob die Lisa beiseite und der Fremde hockte sich unter die Olga, befühlte ihr Euter. Nacheinander untersuchte er alle Kühe, dann stand er auf und wischte sich Stroh vom Ärmel. Er nahm seinen Hut ab und reichte ihn dem Bauern. Er stellte sich vor die Lisa, so dass ich ihren Kopf kaum noch sah, und krempelte seine Ärmel hoch. Eine Weile stand er reglos da. Dann rieb er seine Hände aneinander und legte sie auf den Kopf der Kuh. Wieder stand er ganz still, den Kopf gesenkt, und auch die Lisa rührte sich nicht. Ich hielt die Luft an. Der Bauer verharrte, das breite Kreuz gekrümmt, den Jägerhut mit dem Gamsbart in der Hand, neben dem Fremden wie festgenagelt. Es war totenstill im Stall, nicht einmal das Kauen der Kühe, das Mahlen ihrer Kiefer war zu hören.

Hypnotisierte der Fremde das Vieh?

Sprach er Flüche aus?

War der Herrgott im Spiel?

Nacheinander legte er jeder Kuh im Stall die Hand auf. Später sah ich, wie der Bauer dem Gesundbeter Geld und eine Flasche Most zusteckte. Dann fuhr er ihn mit dem Volkswagen heim.

Zwei Tage später gaben die Kühe Milch. Ich rief den Bauern, er lief in den Stall, tauchte seine Finger in den Milcheimer, kostete, dann hockte er sich unter die Lisa und strich über ihre Zitzen. Aus allen schoss ein kräftiger Strahl. »Sakrament ...« Er molk die anderen Kühe und alle gaben reichlich Milch. »Man muss einfach einen Glauben haben«, sagte er und fuhr sich über die buschigen Brauen.

Dann verfinsterte sich sein Gesicht. »Der Mangler-Bauer kommt mir nicht mehr auf den Hof, der hat unsere Kühe verflucht.«

Die Sonne stand tief, als der Bauer die Ladegabel in einen Haufen Heu stach und ihn hochstemmte. Auch der Kübler-Bauer und Willis Brüder stachen zu, holten aus und luden auf. Ich stand auf dem Wagen und verteilte das Heu, lud erst am Rand, dann in der Mitte. Es war der fünfte Wagen, den wir beluden und ich schwitzte. Überall juckte der Heustaub, ich nieste. »Prosit!«, rief der Kübler-Bauer.

Ich nieste wieder.

»Fahren wir!«, sagte der Bauer und stach seine Ladegabel in den Boden. Der Wagen war haushoch beladen.

Der Bentele-Bauer, dessen Wiese gegenüberlag, trieb seine Gäule an, auch auf seinem Wagen türmte es sich. »Wetten, ich hab mein Heu zuerst eingefahren?«, rief er.

»Die Wette gilt!«, rief ich, spießte meine Gabel ins Heu, um mich hinunterzuschwingen. Und rutschte.

»Dora!«, schrie der Bauer.

Ich schlug auf dem Boden auf. Einen Moment war alles still. Mein Brustkorb fühlte sich leer an, mein Kopf brannte.

»Dora!«, riefen der Bauer, der Kübler-Bauer und Willis Brüder. Sie beugten sich über mich, ihre Augen weit, ihre Münder offen.

Ich wollte etwas sagen.

Ich konnte nicht sprechen.

Ich bekam keine Luft.

Im Spital öffnete ich die Augen. Mein Kopf schmerzte, meine Brust, mein Rücken. »Wir geben Ihnen Spritzen«, sagte ein junger Doktor und hielt ein Röntgenbild gegen das Licht.

»Sie haben Glück gehabt«, sagte eine Schwester und maß meinen Puls.

»Was ist mit mir?«

»Sie haben sich einen Wirbel gebrochen. Aber operieren können wir erst, wenn die Schwellung vom Sturz abgeklungen ist.«

»Sie haben Glück gehabt«, sagte die Schwester wieder und drückte meine Hand.

»Ich hab eine Wette verloren«, murmelte ich und versuchte, mich nicht zu bewegen, weil jede Bewegung schmerzte. Verständnislos sahen die beiden mich an.

Am darauffolgenden Tag wurde ich operiert. Mit sieben Nägeln fügten die Ärzte meinen elften Wirbel wieder zusammen. Vom Hals bis zur Hüfte eingegipst lag ich in einem Bett auf der Station, den ganzen Tag kamen Schwestern und Doktoren, machten Visite, brachten Essen und Blumen, die der Bauer geschickt hatte. Ihre Schritte quietschten auf dem Linoleumboden, es roch nach Karbol und unter dem Gipsverband juckte meine Haut. Ich sah aus dem Fenster, vor dem eine alte Eiche stand, und dachte an die Heuernte, das Obst, das Gemüse, die Kartoffeln und Kohlrabi, die Kühe und Sauen. An die Oma, die mit dem Haushalt und den drei Kindern genug zu tun hatte; im Frühjahr hatte die Bäuerin wieder ein Baby bekommen und wieder war sie in der Schwangerschaft verträglich gewesen und nach der Geburt war ihr die Milch zu Kopf gestiegen und man hatte sie nach Weißenau gebracht.

Ein leiser Wind spielte durch die Blätter der Eiche. Ein Sonnenstrahl blitzte hindurch und blendete mich, ich wandte den Kopf. Ein stechender Schmerz fuhr mir den Rücken hinab.

Ich hielt die Luft an.

Plötzlich war mir, als überrollte mich eine Welle. Seit mehr als zwanzig Jahren pflügte, eggte, säte ich, fuhr Mist auf die Äcker und Gülle auf die Wiesen, holte Kälber auf die Welt und wachte die ganze Nacht bei der Sau, wenn sie Ferkel bekam und der Bauer verschlafen und vergessen hatte, mich abzulösen. Ich fuhr die höchsten Heuwagen ein, mähte und erntete und ritt schneller als die Mannsbilder. »Dora, ich glaub, von nun an machst du den Bauern und ich den Knecht«, hatte der Bauer vor einer Weile gesagt.

»Was glaubst eigentlich, wann du dann morgens aufstehen musst?«

Kleinlaut hatte er den Kopf eingezogen und mir einen raschen, reumütigen Blick zugeworfen.

Es war genug.

Ich liebte die Natur und die Tiere, doch ich wollte diese

schwere Arbeit nicht mehr tun. Ich wollte einmal ein ganzes Wochenende frei haben, ich wollte einmal Urlaub machen.

Und zu allem Übel war da auch noch diese verrückte Bäuerin.

In der Früh lag Tau auf den Weiden und ich musste laufen, um mit der Bäuerin Schritt zu halten, weil sie vorauseilte, während ich den Schubkarren schob. »Mach ein bissle schneller!«, rief sie und stapfte durch das hohe Gras, als wäre der Teufel in sie gefahren.

»Freilich.« Ich lief und bei jedem Schritt klapperte das Kuhhorn mit dem Wetzstein an meinem Gürtel. Das Gras glänzte in der Dämmerung, Tautropfen glitzerten auf den Halmen, doch ich hatte keinen Sinn dafür. Ich stolperte und hastete und mein Rücken schmerzte. Die Operation lag ein Jahr zurück, doch vor allem, wenn das Wetter umschwang, spürte ich die Narbe und, ich war mir sicher, jeden einzelnen Nagel in meiner Wirbelsäule.

Die Bäuerin blieb stehen. »Gib mir den Wetzstein.« Sie streckte die Hand aus. Gib mir *bitte* den Wetzstein, dachte ich und griff in das Kuhhorn. Sie zog ihn ein paarmal über das Sensenblatt, dann lief sie auf die Wiese.

Ich schärfte meine Sense und mähte ein paar Schritte entfernt.

»Mach ein bissle schneller.«

»Ich eil mich schon und so pressiert's auch nicht, das Vieh verhungert nicht.«

»Mach schneller, wir haben heut noch viel zu tun.« Sie lief vor und schlug die Sense eher ins Gras, als dass sie mähte. Seit sie aus dem Spital zurück war, mischte sie sich in alles ein, trug mir täglich mindere Arbeiten auf, sogar mit den Gäulen sollte ich nicht mehr fahren, fortan wollte sie das tun. Der Bauer ließ sie gewähren und tat mir schön; er wusste nicht, was er tun sollte. Oft hatte ich eingelenkt, war ganz zweierlei gewesen, wollte fortgehen und bleiben, meinen Frieden und Geld verdienen und unabhängig sein.

»Mach ein bissle schneller.« Sie stapfte zum Karren und nahm einen Rechen. Daheim riss der Bauer den Hof auf und verlegte Rohre; sonst wäre er zum Mähen mitgekommen. Ich nahm ein Büschel Löwenzahn und Klee auf.

»Mach ein bissle schneller«, sagte eine Stimme in meinem Nacken. »Ich bin die Bäuerin und wenn ich schneller sag, dann gehorchst, verstanden?« Ich spürte ihren heißen Atem, so dicht stand sie.

Ich drehte mich um. Ich straffte die Schultern und sah ihr ins Gesicht. »Freilich«, sagte ich, nahm den Rechen, rechte Gras zusammen und lud es in den Karren.

Auf dem Hof ging ich zum Bauern. Er stand bis zu den Schenkeln in der aufgewühlten Erde, schmutzig und schnaufend. »Karl, ich geh.«

Er schaute hoch, sah mich an, in spitzen Bögen standen die Brauen über seinen Augen. Er stellte keine Fragen, nickte nur.

Ich lief nach Füramoos zum Fahrradhändler, bei dem ich ein neues Rad bestellt hatte. »Die Teile sind alle gekommen, doch ich habe es noch nicht zusammengebaut.«

»Wann kann ich es abholen?«

Er kniff die Augen zusammen, überlegte. »Heut Mittag?«

Ich nickte.

Ich lief zur Mutter der Bäuerin, sie tischte Kesselfleisch auf, Brätspätzle und einen Rahmstrudel. »Ich geh«, sagte ich.

Sie nickte.

Um zwei Uhr lief ich wieder zum Fahrradhändler,

bezahlte mein neues Rad und fuhr zum Hof. Ich packte meine Kleider und Schürzen, meine Wäsche, meine Aussteuer, meine Schuhe in den Koffer, obendrauf die Muttergottes und das Gebetbüchlein. Ich verabschiedete mich von den Kühen und den Gäulen, von den Kindern und der Oma. »Ich geh.«

Sie nickte. »Wenn's nicht mehr geht, musst halt gehen.«

Ich klemmte den Koffer auf den Gepäckträger und stieg auf mein Fahrrad. Es war der 15. Mai 1958 und ich fuhr heim in die Viehweid.

Epilog

Eine Woche später trat ich meine neue Stelle in einer Baumschule in Leutkirch an. 1971 wechselte ich in eine Kugellagerfabrik, dort schleifte und polierte ich Schrauben, bis ich in Rente ging. Ich schaffte immer noch zehn Stunden am Tag, doch sonntags hatte ich frei, ich bekam drei bis vier Wochen Urlaub im Jahr und hatte viele nette Kollegen. Wir machten Betriebsausflüge. In der Fabrik gab es eine Kantine. Und wann immer es draußen regnete, stürmte oder schneite, stand ich in einer warmen Halle und verrichtete meine Arbeit im Trockenen.

Eine neue Zeit beginnt: Dora arbeitet in einer Baumschule

Wenn man weint, bleibt man am längsten. Warum? Ich weiß es nicht. Vielleicht war ich dumm und blieb deshalb viele Jahre bei schlimmen Bauern. Irgendetwas hielt mich und ich dachte nicht nach; war der Bauer grantig, hatte eben die Bäuerin ein Herz oder umgekehrt.

Und da war diese Liebe zu den Tieren, zur Natur.

Und ich wollt alles lernen und können.

Und ich wollt es allen zeigen.

Ich wollt meinen Platz finden und beim Schaffen konnt ich zeigen, dass ich etwas wert war.

Doch irgendwann war es Zeit, an mich zu denken.

Ich hab nie gefragt, ob ich bleiben darf.

Ich wollt schaffen, um Geld zu verdienen und unabhängig zu sein. Ich hab nicht immer gesagt, was ich denk; manchmal hab ich mich nicht getraut, überhaupt etwas zu sagen. Doch ich hab immer meinen eigenen Kopf gehabt.

Man muss grad bleiben im Leben.

Heute leb ich in einem kleinen Häuschen. Ich besitz einen Kühlschrank, eine Waschmaschine und einen Gasherd; doch ich heiz mit einem Ofen und in meiner Stube tickt die Pendeluhr, unter der ich einst saß, als die Hebamme kam und von dem Bauern erzählte, der ein Mädle zum Helfen suchte. Mit achtzig Jahren bin ich noch in den Wald gegangen und hab Holz geholt und Reisig gesammelt. Im Schuppen steht noch immer eine Sense (und sie ist immer noch größer, als ich es bin) und mit fünfundsiebzig Jahren hab ich noch an einem Sensen-Mähwettbewerb teilgenommen (und wurde Erste). Ich hab meinen Garten, meine Hasen, zwei Schafe, meine Wellensittiche, meine Katze.

Die Tiere und die Natur waren mein größtes Glück und Heil.

Der Vater starb 1960, die Frida und der Sepp 2003. Die Monik und ich haben sie überlebt.

Als Kinder wurden wir nicht verhätschelt. Wir haben früh angefangen zu schaffen, ich war selten krank und bin nie viel größer geworden als einen Meter vierzig (und vielleicht bin ich heut, beinah neunzig Jahre alt, sogar noch ein bissle kleiner). Trotzdem hatte ich eine schöne Kindheit. Ich weiß, wo ich hingehör, wo meine Wurzeln sind.

Vielleicht verklären die Jahre manche Erinnerung, doch wär ich noch einmal jung, ich würd wieder ein Leben auf einem Bauernhof wählen; allerdings würd ich auf freie Wochenenden bestehen und darauf achten, dass kein Bauer mich je zu etwas zwingen kann. Und ich würd mir beizeiten ein eigenes Häusle bauen.

Meine Schwester wohnt bis heut in unserem Elternhaus in der Viehweid und sonntags besuch ich sie. Ich lauf nicht mehr zu Fuß – doch wenn ich mal den Weg hinaus zur Mühle nehm, über den Bach in den Wald hinein und vorbei an der Gabelung, wo noch immer ein Schild den Weg weist, wenn ich dem Weg am Ostufer des Hinterweihers entlang folg und die sanft geschwungenen Wiesen vor mir seh, die Höfe, die sich in die Mulden schmiegen, dann klopft mein Herz.

Dann weiß ich, ich bin daheim.

Dora Prinz heute daheim in ihrer Gartenlaube

Danke

Wir möchten uns bei den vielen Menschen in der Viehweid, in Herlazhofen, Ottmannshofen und Eberhardzell, in Enkenhofen, Leutkirch und Neutrauchburg, in Urlau und Wolfegg, in Mergentheim und in Hamburg bedanken, die so großzügig ihre Türen, ihre Fotoalben, ihre Ställe geöffnet haben. Sie haben Erinnerungen, zahllose Geschichten und ihr Wissen über Ferkelzucht, alte Landmaschinen, Allgäuer Rezepte und Holzmachen im Winter mit uns geteilt und geholfen, dieses Buch zu schreiben.

*

Und danke Dir, Dora.

S. E.